Mara · Metzner
Matthias Platzeck

Michael Mara
Thorsten Metzner

Matthias Platzeck

Die Biografie

Diederichs

Bibliografische Information der Deutschen Bibliothek:
Die Deutsche Bibliothek verzeichnet diese Publikation in der Deutschen Nationalbibliografie; detaillierte bibliografische Daten sind im Internet unter http://dnb.ddb.de abrufbar.

Redaktion: Dr. Andreas Wirthensohn, München
Umschlaggestaltung: Martina Eisele, München
Produktion: Ortrud Müller
Satz: EDV-Fotosatz-Huber / Verlagsservice G. Pfeifer, Germering
Druck und Bindung: GGP Media GmbH, Pößneck
Printed in Germany 2006

ISBN-10: 3-7205-2780-8
ISBN-13: 978-3-7205-2780-4

Inhalt

Dritter Teil

Einleitung

Ein kometenhafter Aufstieg, der seinesgleichen sucht: Seit dem 15. November 2005 führt Matthias Platzeck, ein Potsdamer, Jahrgang 1953, die Sozialdemokratische Partei Deutschlands – 597 000 Mitglieder, älteste deutsche Volkspartei, gegründet 1869, geprägt von Persönlichkeiten wie August Bebel, Kurt Schumacher, Willy Brandt.

Platzecks Wahl auf dem SPD-Parteitag in Karlsruhe glich eher einer Krönung, einer Inthronisierung. Mit einer ungewöhnlichen Rede gelang es ihm, die Delegierten geradezu zu »verzaubern«. Für den Ministerpräsidenten von Brandenburg votierten 512 Genossen, nur zwei stimmten gegen ihn, einer enthielt sich. Die 99,4 Prozent für den, wie er selbst sagt, »spät berufenen« Sozialdemokraten aus Ostdeutschland, der erst 1995 in die Partei eintrat, waren sensationell. Das beste Ergebnis eines SPD-Vorsitzenden seit der Wahl Kurt Schumachers – und das war 1948. Weder Willy Brandt noch Gerhard Schröder oder Platzecks Vorgänger Franz Müntefering haben diese Marke jemals erreicht, selbst in ihren besten Zeiten nicht.

Die Frage drängt sich auf, wie schlecht es um die SPD stehen, wie tief die Sinnkrise der Partei sein muss, dass man sich so sehr nach einem Messias sehnte. Die Erwartungen an Matthias Platzeck sind jedenfalls so hoch, dass schon bald eine gewisse Ernüchterung folgt, dass der Homo Sympathicus aus der Mark Brandenburg an der Spitze der SPD erste Stürme bewältigen muss. Im Gegensatz zur neuen Bundeskanzlerin Angela Merkel, die seit 1990 bundespolitische Ämter innehat, einst Familien- und Umweltministerin im Kabinett von Helmut Kohl und dann Generalsekretärin der CDU war, die sich behaupten musste gegen Intrigen mächtiger Männer in ihrer

Partei, verfügt Matthias Platzeck kaum über bundespolitische Erfahrungen, über keine Hausmacht in der SPD. Er muss sich seine Autorität als Vorsitzender der Sozialdemokratischen Partei erst erarbeiten.

So kann es eigentlich nicht verwundern, dass sich bald nach seiner Wahl die ersten Zweifler und Skeptiker melden, dass in der Partei und in den Medien kritische Fragen gestellt werden: Hat der bodenständige Brandenburger das nötige Stehvermögen, die Führungsstärke, auch die Cleverness, um diese Partei mit ihren divergierenden Flügeln zu einen, die SPD wieder mit sich selbst zu versöhnen? Ist er jemand, der die harten Themen anpackt, die in Deutschland auf der Tagesordnung stehen? Warum gibt sein politisches Profil so vielen Rätsel auf? Kann ein Pragmatiker wie Platzeck der Partei wieder eine Richtung, ein Programm geben in dieser sich immer schneller verändernden Welt, in Zeiten der Globalisierung, in denen sozialdemokratische Gewissheiten so rasant schwinden?

Vor allem aber: Hat er das Format, bei der Bundestagswahl 2009 Kanzlerkandidat seiner Partei, ja Bundeskanzler zu werden? Oder wird der bundespolitische Alltag ihn »entblättern«, seinen anscheinend unaufhaltsamen Aufstieg stoppen? Wer Antworten auf diese Fragen sucht, kommt an der Herkunft, kommt am Lebensweg des Matthias Platzeck, seinen Eigenschaften und Einstellungen nicht vorbei. Es gibt viele Klischees und Schlagworte über diesen Mann: Grüner, Sonnyboy, Deichgraf, Hoffnungsträger, ewiger Retter, Ossi neuen Typs. Aber wer ist Matthias Platzeck wirklich, was hat ihn geprägt, wofür steht er, wie denkt, fühlt und lebt er? Welche Erfahrungen und Lebenstechniken hat er sich vor dem Zeitenwechsel im Jahr 1989 in der DDR erworben? Und danach in den Kärrnerjahren als Umweltminister, als Oberbürgermeister von Potsdam, als Brandenburger Ministerpräsident? Was ist das Geheimnis seines Erfolgs? Oder wird er, wie manche meinen, überschätzt?

Die Autoren, die Matthias Platzeck seit 1990 als Korrespondenten in Brandenburg journalistisch begleiten, versuchen eine

Antwort. Aus dem glaubwürdigen Impetus, mit dem er Politik macht, Menschen gewinnt und trotzdem unpopuläre Entscheidungen trifft, aus dem »Prinzip Platzeck« lassen sich Schlüsse ziehen – was die SPD, was Deutschland von diesem Mann zu erwarten haben. Dass dieser Blick auf den Menschen und den Politiker Matthias Platzeck von einer gewissen Grundsympathie gegenüber dem »Objekt« der Betrachtung geprägt ist, sei nicht verschwiegen.

März 2006

Erster Teil

Frühe Prägungen

Matthias Platzeck ist kein Sonntagskind, auch wenn das manchmal behauptet wird. Der Mann, der eine ansteckende Fröhlichkeit und Lebensfreude versprüht, dem alles zuzufallen scheint, wird an einem ganz normalen Dienstag geboren, am 29. Dezember 1953. Es ist einer dieser dunklen und nasskalten deutschen Wintertage, die aufs Gemüt schlagen. Das Baby kommt im Städtischen Krankenhaus in Potsdam gegen 12 Uhr auf die Welt. »Genau rechtzeitig vor dem Essen, das hat meine Mutter immer erzählt«, erinnert sich Matthias Platzeck, und ein gewisser Schalk in seiner Stimme ist nicht zu überhören. Der Knabe kommt also genau im richtigen Moment.

Seine Mutter Christa, die sich lieber Christine nennen lässt, weil sie Christa »irgendwie doof findet«, ist zum Zeitpunkt der Geburt 29 Jahre alt. Vielleicht hat sie am Morgen im Krankenhaus nach der üblichen Visite noch einen Blick in eine Zeitung vom Tage werfen können, in die »Brandenburgischen Neuesten Nachrichten« etwa, die die Familie abonniert hat. Dort wird auf der Titelseite berichtet, dass Silvester ein »großer Tag« für das Synthesewerk in Schwarzheide sein werde, »das früher als Rüstungsbetrieb den ostelbischen Braunkohlebaronen diente«. Zum Jahreswechsel soll das Werk von der Sowjetunion wieder »in die Hände des deutschen Volkes« übergehen. Die Zeit der Reparationen, die die ostdeutsche Volkswirtschaft nach 1945 zusätzlich geschwächt haben, ist vorbei.

Die zweite Top-Nachricht in dem 15-Pfennig-Blatt: Die Potsdamer Fußballer von Rotation Babelsberg haben in einem Freundschaftsspiel die Kicker von Minerva 93, dem Tabellenfünften der »Westberliner Vertragsliga«, geschlagen. Was heißt geschlagen, sie haben sie regelrecht überrannt mit einem Vier zu

Null. Was für die »Brandenburgischen Neuesten Nachrichten« deutsch-deutsche Dimensionen hat, denn noch proklamiert auch die DDR die deutsche Einheit: »In erfreulich starkem Maße wurden die Feiertage von den Fußballern unserer Republik dazu benutzt, um mit Fußballern aus Westberlin neue Freundschaftsbande zu knüpfen.«

Ansonsten kann Mutter Platzeck noch erfahren, dass in Stalins Sowjetunion gerade ein gewisser Berija, der mächtige Geheimdienstchef, verurteilt und hingerichtet worden ist und sich der französische Soldat Simon le Roi an die Regierung der DDR gewandt hat mit der Bitte, »ihm politisches Asyl zu gewähren«, nachdem er aus Indochina desertierte. Und sie kann sich beruhigt in ihr Wochenbett zurücklehnen: »Ministerpräsident Otto Grotewohl hat seinen Urlaub beendet und die Leitung der Regierungsgeschäfte wieder übernommen.« Außerdem weist der Rat der Stadt Potsdam auf die nächste Lebensmittelkartenausgabe im Stadtteil Klein-Glienicke hin, und die Potsdamer sind aufgerufen, in den Spitzenbelastungszeiten bis zum 31. Dezember von 6.30 bis 8.30 Uhr sowie von 15.30 bis 20.30 Uhr »den Strombezug wie gesetzlich vorgeschrieben einzuschränken«.

Das Konsumwarenhaus in der Brandenburger Straße, Potsdams traditioneller Einkaufsmeile, vermeldet »doppelt so hohe Umsätze wie im vorigen Jahr«, besonders gefragt sind »Fahrräder, Lampen und Gebrauchsgeschirr«. Die Potsdamer Feuerwehr ist besorgt, weil die Brände auffällig stark zugenommen haben, und warnt: »Vorsicht mit dem Bügeleisen!« Ein Stadtteil wird ausdrücklich gelobt: »Fest steht, dass die Einwohner Babelsbergs hinsichtlich des vorbeugenden Brandschutzes disziplinierter sind als gegenwärtig viele Potsdamer Hausfrauen.«

Das Wetter ist an dem Tag, an dem Matthias Platzeck geboren wird, ziemlich mies, »bei mäßigen westlichen Winden meist stark bewölkt mit örtlichen Regen- und Graupelschauern«, die Tagestemperaturen liegen bei »3 bis 5 Grad, nächtliche Tiefstwerte 1 bis 3 Grad«. Nicht einmal Schnee gibt es, der die

Kriegswunden und das Elend in der Stadt in einen weißen, glitzernden Mantel hätte hüllen können.

In diese ungemütliche Nachkriegswelt wird Matthias Platzeck also hineingeboren. Und ein bisschen seltsam ist es schon, wie stark sich seine weiteren Lebensbahnen einmal mit den neuesten Nachrichten aus Brandenburg vom Tage seiner Geburt kreuzen werden: Denn einige Jahrzehnte später wird er als Oberbürgermeister um die Wiedereröffnung ebenjenes Kaufhauses kämpfen, das Ende 1953 einen so guten Jahresumsatz meldete. Der Stadtteil Babelsberg, in dem die Hausfrauen so vorbildlich auf den vorbeugenden Brandschutz achteten, wird sein Kiez sein, aus dem er nicht wegziehen will. Und er wird einem Bundeskanzler, der ihn als Minister in sein Kabinett nach Berlin holen will, einen Korb geben, sogar einen Vizekanzler- und Außenminister-Posten in Berlin ausschlagen, weil ihm Potsdam und Brandenburg wichtiger sind. Vorerst jedenfalls.

Der kleine Matthias ist das zweite Kind in der Familie, die Schwester Petra ein Jahr älter als er. Dass der Name Platzeck schon damals einen besonderen Klang hat in Potsdam, liegt am Vater. Hans Platzeck, Jahrgang 1920, ist ein bekannter Arzt in der Stadt, ein Hals-Nasen-Ohren-Spezialist. Seine Praxis, in der Frau Christa zeitweise mithilft, befindet sich schräg gegenüber dem heutigen Rathaus in der Friedrich-Ebert-Straße, einem neobarocken Prunkbau, in dem vor dem Krieg die Verwaltung der Provinz Brandenburg ihren Sitz hatte. Außerdem operiert Hans Platzeck regelmäßig Patienten im katholischen St.-Josephs-Krankenhaus in der Innenstadt, gleich neben dem Park Sanssouci, wo das berühmte Lustschloss Friedrichs des Großen steht.

Das »Josephs«, wie es die Potsdamer heute noch nennen, ist wegen des hohen medizinischen Standards und der besonderen Fürsorge der Schwestern sehr beliebt. Hans Platzeck, der Familienvater, hat ständig zu tun, er ist Mediziner aus Berufung. »Er ging früh um acht und kam aus seinem geliebten Krankenhaus nicht vor halb neun Uhr abends wieder. Er fuhr jeden Samstag, jeden Sonntag ins Krankenhaus zur Visite bei seinen operierten Patienten. Das war für ihn keine Zumutung. Erzogen hat uns meine Mutter«, sagt Matthias Platzeck. »Er hat für seine Arbeit gelebt.« Das »nur« schwingt unausgesprochen mit.

Man spürt Respekt und ahnt die beständige Enttäuschung darüber, dass der Vater zu wenig Zeit für den Sohn hatte. Nur für die Arbeit leben will Matthias Platzeck nie, selbst wenn er tausendmal Bundesvorsitzender der SPD und Ministerpräsident von Brandenburg wäre. Er arbeitet hart, sehr hart sogar. Aber Menschen, die nur für die Arbeit leben, sind innerlich arme Menschen – das ist eine seiner Grundüberzeugungen. Und solche Menschen sind keine guten Politiker. »Ich bin zufrieden, wenn ich abends mit fünf, sechs guten Freunden zusammensitze, wenn wir Spaghetti essen und Rotwein trinken.«

Matthias Platzeck wird 1954 getauft, evangelisch. Er wächst in einem Elternhaus auf, das es im Arbeiter- und Bauernstaat der SED eigentlich gar nicht mehr geben sollte. Das Klima ist sehr bürgerlich, auch sehr kirchlich geprägt. Der Familie geht es in der DDR nicht schlecht, doch mit dem System hat sie nichts am Hut. Sein Großvater mütterlicherseits, Rudolf Stelzner, war Pfarrer. Er hat in den sechziger Jahren die sonntäglichen Morgenandachten im staatlichen Rundfunk der DDR gehalten. »Er war ein seelenvoller Mensch und wunderbarer Vorleser, er hat Gedichte und Geschichten geschrieben, Klavier gespielt«, erinnert sich Matthias Platzeck.

Der Großvater väterlicherseits, »die Nordhausener Linie«, war überzeugter Sozialdemokrat. Zu seinem 70. Geburtstag hat Hermann Platzeck die Delegation der SED-Kreisleitung nicht ins Haus gelassen. Er kandidierte nach dem Krieg noch für die SPD, trat nach der Zwangsvereinigung aber aus der SED aus. Als der Enkel älter ist, gibt ihm der Großvater einen Rat, den sich Matthias fest einprägen wird. »Es gibt nicht nur den Kopf, mein Junge. Du musst ein gutes Gefühl im Bauch haben.« Das wird zu einem grundlegenden Lebensmuster für Matthias Platzeck: Er muss mit sich selbst im Reinen sein.

Die Familie wohnt in der Berliner Vorstadt, gar nicht weit von der berühmten Glienicker Brücke entfernt, die Potsdam von Berlin trennt und später zum Symbol der Teilung Deutschlands wird, in den 50er Jahren aber noch geöffnet ist. Ein ganz besonders schönes Fleckchen. Die Berliner Vorstadt ist schon immer nobelste Villen-Gegend der preußischen Residenz gewesen, umrahmt vom Heiligen See, vom Tiefen See und vom Jungfernsee, unmittelbar an der Grenze zu Berlin gelegen. Dort, wo heute Wolfgang Joop, Günter Jauch und Nadja Auermann wohnen, wo neben Prominenten wieder Unternehmer, Bankiers, Anwälte und Ärzte leben und arbeiten.

Nach dem Krieg, in den 50er Jahren, sieht das anders aus. In den unzerstörten Potsdamer Vorstädten wie der Berliner Vorstadt hat man zahlreiche Institutionen, Verwaltungen, Behörden untergebracht. Dort zu wohnen ist schon eine Ausnahme. Neben den deutschen Behörden hat sich auch die sowjetische Siegermacht in vielen Prunkvillen einquartiert. Die russische Stadtkommandantur residiert neben dem Haus in der Berliner Straße, in dem die Familie Platzeck zunächst wohnt. Es liegt stadtauswärts in Richtung Wannsee auf der linken Straßenseite – neben der kleinen alten Tankstelle, die heute eine Harley-Davidson-Station und ein bekannter Biker-Treff ist. Eine Ecke weiter sendet der russische Soldatensender »Radio Wolga«. Die Offiziere stecken dem kleinen Matthias, der sich mit »Murat«, einem ihrer Schäferhunde anfreundet, schon mal Süßigkeiten zu.

Vater Platzeck ist nicht irgendwer in Potsdam. Der parteilose Mediziner, der dem jungen Arbeiter- und Bauernstaat distanziert gegenübersteht, gilt als »Institution«, er ist der führende HNO-Arzt in der Stadt und Umgebung. Sein Vater, erzählt man in Potsdam, habe jedem Gesprächspartner genau so tief und direkt in die Augen geschaut wie Matthias Platzeck. Und er habe die gleiche Geduld und Ruhe ausgestrahlt. Aber er sei auch distanzierter, förmlicher als der Sohn gewesen, immer ein Sie-Typ, während Matthias Platzeck später halb Potsdam duzen wird.

Unter denen, die sich von Hans Platzeck behandeln lassen, sind kleine Leute, aber auch Schauspieler und Regisseure aus den DEFA-Studios in Babelsberg, Intellektuelle aus der Kulturszene, aus der Wissenschaft, den Kirchen. Viele aus dem alten Bürgertum packen in dieser Zeit ihre Koffer, gehen bei Nacht und Nebel nach West-Berlin, der Volksaufstand vom 17. Juni liegt erst ein halbes Jahr zurück. Hans Platzeck, der Arzt, bleibt mit seiner Familie. Seine Patienten brauchen ihn.

»Wer kannte Platzecks Vater in Potsdam nicht?«, sagt Volker Gutsmuths. Er ist selbst Arzt und war Patient bei Platzecks Vater. Mit dessen Sohn Matthias kreuzt sich seine Lebensbahn auf besondere Weise. Aber das ist eine andere Geschichte, die später zu erzählen sein wird. »Sein Vater war ein klassischer Arzt, ein Mediziner, so wie man ihn sich vorstellt. Souverän, mit Autorität, sehr dezidiert, mit bürgerlicher Kultur, mit dieser richtigen Mischung aus fachlicher Kompetenz, menschlicher Nähe und nötiger Distanz«, erzählt Gutsmuths, Jahrgang 1936. Und er sei ein sehr gebildeter Mann gewesen, ein richtiger Akademiker.

Aber der Vater hatte eine große Schwäche. »Er konnte nicht mit Geld umgehen. Es wäre nie etwas übrig geblieben, wenn meine Mutter nicht darauf geachtet hätte«, erinnert sich Matthias Platzeck. »Er hat Patienten in Privatsprechstunden kostenlos behandelt, wenn jemand sagte, er habe kein Geld. Da hat Mutter manchmal gemeckert.« Aufschlussreich an dieser Erinnerung ist, dass es in der Kleine-Leute-Republik, dem nach dem Selbstverständnis der SED besseren, gerechteren und sozialeren Staat auf deutschem Boden, solche privaten Sprechstunden von Ärzten gegeben hat. Für die Entwicklung des jungen Platzeck ist es nicht ganz unwichtig, dass im nach außen einheitsgrauen Arbeiter- und Bauernstaat viele Zwischentöne und Schattierungen existieren, so wie die Andachten des Großvaters im DDR-Radio.

Der Vater gilt als warmherzig, aber auch streng. »Er hat gearbeitet wie ein Berserker. Es ging uns gut. Er war ein guter Vater, aber ich war sehr viel allein mit den Kindern«, erzählt Christa

Matthias Platzeck (M.) mit Schwester Petra und Großvater an Weihnachten 1956

Platzeck.[1] Matthias, der Sohn, das Nesthäkchen, sei »nie ein Rabauke« gewesen. »Er hat sich mit Worten verteidigt, nie mit Fäusten.« Die Mutter erzieht den Sohn liberal: »Die schlimmste Strafe war mal Fernsehverbot.«[2] Freunde sagen, er sei ein Muttersohn gewesen, aber kein Muttersöhnchen.

Der Sohn beschreibt die Mutter als liebevoll, weichherzig, geduldig und eher ein bisschen ängstlich, überängstlich, wenn es um ihre Kinder ging. »Wir durften möglichst nichts allein machen, wir sollten immer vorsichtig sein.« Immer vorsichtig sein. Wenn eine Mutter ihre Kinder so erzieht, kann das den Charakter prägen. Und vielleicht neigt ein so Erzogener sogar ein Leben lang zur Vorsicht. An Platzeck jedenfalls kann man diesen Charakterzug beobachten.

Der wohl behütete Knabe erlebt die Kindheit in der DDR als unbeschwert. Jeder Mensch erinnert sich an Bilder aus frühen Kindertagen, die sich fest eingeprägt haben. Für Matthias Platzeck ist das auch die Weihnachtszeit: Während die Schwestern es gar nicht erwarten konnten, bis Mutters Zimtsterne, Nussmakronen, Honigkuchen aus dem Ofen kamen, wartete der Junge sehnsüchtig auf die Butterplätzchen mit viel Zuckerguss und bunten Streuseln. Am ersten Weihnachtstag schlich er sich frühmorgens ins Wohnzimmer, um in Ruhe die neuen Spielsachen auszuprobieren: »Ganz für mich genoss ich das.«

Platzeck schwärmt auch vom idyllischen, großen Garten gleich hinter dem Haus in der Berliner Vorstadt, der hinunter bis zum Tiefen See führt, ein wahres Paradies für Kinder. Vom Ufer blickt man über das Wasser hinüber zum Park Babelsberg mit seinen Wahrzeichen, dem Schloss Babelsberg und dem weithin sichtbaren Flatowturm.

Es ist eine verträumte Landschaft, zu jeder Jahreszeit schön, aber auch nichts Besonderes in Potsdam, weil diese Stadt selbst etwas Besonderes ist, weil man fast immer irgendein Schloss, einen Turm, ein Belvedere, einen historischen Park sieht – und natürlich Wasser, wenn man seinen Blick schweifen lässt und Schönheit zu sehen vermag. Familie Platzeck war 1959 von der linken Seite der Berliner Straße auf die rechte Seite gezogen, von der Land- auf die Wasserseite. Dieser Umzug war für Matthias Platzeck prägend. Plötzlich gab es einen See hinter dem Haus. Erst lag am Steg ein Paddelboot, dann ein Ruderboot, und später eins mit Heckmotor. Etwas Besseres kann einem Kind nicht passieren.

Die Mietwohnung in der mittleren Etage des Hauses ist groß, für damalige Verhältnisse sogar sehr groß, die Kinder haben eigene Zimmer. Eine Wirtschaftshilfe, Elisabeth, kümmert sich um die Alltagsdinge, weil die Mutter wegen einer Krankheit den Haushalt mit Matthias und seinen zwei Schwestern – 1959 wird Corinna, die Jüngere geboren – nicht mehr allein schaffen würde. Elisabeth gehört zur Familie. Zu Hause geht es öfter hoch her: »Mit meinen Schwestern habe ich mich nicht selten gekloppt.«

Im Potsdam der Nachkriegsjahre, wo noch extreme Wohnungsnot herrscht, sind das paradiesische Zustände für ein Kind. Nestwärme in einem gebildeten Elternhaus, keine sozialen Sorgen, ein Garten und ein See, der eigentlich ja ein breiter Fluss ist: die Havel, die sich träge und dunkel dahinwälzt. Die Preußenresidenz ist schon immer ein einmaliger Platz gewesen, dieses »Eyland«, das nach dem Willen des Großen Kurfürsten ein »Paradies« werden sollte. Ein Ort für Könige, Architekten, Gartenkünstler, für Schöngeister und Feinsinnige. Mit den Schlossparks von Sanssouci, der barocken Altstadt, dem Holländischen Viertel.

Selbst in den 50er und frühen 60er Jahren, als Matthias Platzeck hier aufwächst, als der SED-Vorsitzende Walter Ulbricht die alte Preußenresidenz, zu der er keinerlei Beziehung hat, zum »neuen sozialistischen Potsdam« umbauen will, ist noch viel vom alten Charme, vom Zauber vergangener Tage zu spüren. Trotz der Zerstörungen beim britischen Luftangriff in den letzten Kriegstagen im April 1945. Die barocke Hof- und Garnisonkirche an der Breiten Straße ist eine Ruine, die Lange Brücke gesprengt, das Knobelsdorff'sche Stadtschloss auf dem Alten Markt, einst einer der schönsten Plätze Europas, liegt in Schutt und Asche. Das Wahrzeichen wird schon 1959/60 auf Befehl der SED abgetragen, gegen den Widerstand von Denkmalpflegern und Bürgern.

Der kleine Matthias bekommt von der beginnenden zweiten Zerstörung Potsdams wenig mit. Seine Welt ist die Berliner Vorstadt, und die ist bis auf einige Einschüsse in Häusern und wenige Bombentreffer unversehrt. Trotzdem hat er die prachtvollen Bürgerhäuser und Villen aus dem 19. und frühen 20. Jahrhundert als wenig einladend in Erinnerung. »Es war seit den 30er Jahren nichts daran gemacht worden. Die Fassaden wurden immer grauer. Das Haus, in dem wir wohnten, sah noch am besten aus.«

Der Junge ist sieben Jahre alt, als Walter Ulbricht am 13. August 1961 die Mauer bauen und die Glienicker Brücke sperren lässt, sodass aus der am meisten benutzten Ausfallstraße von Potsdam nach Berlin die größte Sackgasse der Stadt wird. Von der Brücke, dieser imposanten Stahlkonstruktion, die von der Wehrmacht in den letzten Kriegstagen gesprengt wurde und seit dem Wiederaufbau 1949 »Brücke der Einheit« heißt, hat er gern den Frachtkähnen nachgeschaut.

Dass da plötzlich eine Grenze ist, erfährt er auf ganz eindrückliche Weise. Wenn man am Potsdamer Ufer vor der Glienicker Brücke nach links ging, in Richtung Neuer Garten und Schloss Cecilienhof, wo 1945 das »Potsdamer Abkommen« besiegelt worden ist, kam man zu einer städtischen Badestelle. »Wir sind dort oft gewesen, sie hieß Quapphorn«, erinnert sich Matthias Platzeck. »Ich glaube, sie war 1961 sogar erst neu hergerichtet worden, mit Steg und Sprungturm. Es war sehr schön dort.« Doch diese Badestelle gibt es nach dem 13. August nicht mehr, weil sich auf der anderen Seite des Jungfernsees, in Schwimmweite, schon Klein-Glienicke befand – der Westen und nunmehr Feindesland.

Ein behütetes Nest, eine glückliche Kindheit, Potsdam wie es einmal war. Wahrscheinlich ist es das, was sich schon in frühen Jahren in seinem Kopf eingegraben hat, was Platzeck heute seine »Potsdamer Wurzeln« nennt. Und vielleicht kann einer, der so viel Liebe und Zuneigung in seiner Kindheit erfährt, auch mehr als andere davon zurückgeben. Das wäre eine Erklärung für die Herzlichkeit und Wärme, die viele an Matthias Platzeck schätzen.

Jugendträume

In der Schule ist der schlaksige, etwas schüchterne Junge mit den schwarzen Haaren und den braunen Augen beliebt. Er besucht die Polytechnische Oberschule 24 in Potsdam, direkt gegenüber dem um 1740 für holländische Einwanderer erbauten Holländischen Viertel, die damals den Namen »Nadeschda

Matthias Platzeck (Mitte) im Sommer 1968 mit Freunden in Potsdam

Krupskaja« trägt, benannt nach der Frau von Wladimir Iljitsch Lenin, dem »Vater der großen sozialistischen Oktoberrevolution«.

Matthias ist ein Einser-Schüler, besonders Mathematik hat es ihm angetan, aber auch Deutsch. Zeichnen macht ihm keinen Spaß, er konnte es nach eigener Aussage einfach nicht. Er ist aber kein Streber, verschlingt alle Indianerbücher, die er auftreiben kann, sieht sich jeden Indianerfilm an. Mit Begeisterung liest er das legendäre DDR-Comic-Heft »Mosaik«, das er abonniert hat.

Bei den »Jungen Pionieren«, der Kinderorganisation der SED, macht er wie fast alle in der Klasse mit, trägt erst das blaue Halstuch, dann das rote. »Funktionen hatte ich wahrscheinlich auch«, sagt er, »in der Klasse, im so genannten Gruppenrat, nicht im Schulmaßstab.« Die Leistungen des Schülers Matthias Platzeck sind in der Unterstufe, wie die Grundschule in der DDR hieß, jedenfalls so gut, dass er mit zwölf Jahren an die Erweiterte Spezialoberschule »Erich Weinert« in Kleinmachnow wechselt.

Die Kleinmachnower Schule war nach heutigen Maßstäben ein Elite-Gymnasium für Hochbegabte in Mathematik und Physik, in das nur ausgewählte Spitzenschüler aus dem damaligen Bezirk Potsdam aufgenommen wurden. Vierzehn Spezialschulen für diese Fächer gab es in der früheren DDR, in jedem Bezirk eine. Dort sollte die Elite für von Walter Ulbricht geplante Großforschungszentren herangezogen werden. »Es war eine Schule, wo man Unterricht mit zehn Kameraden hatte, toll ausgestattet, junge Lehrer auf dem besten Stand. Da wurde man natürlich auch geformt«, erinnert sich Matthias Platzeck.

Dem Potsdamer fällt das Lernen nicht schwer. »In seiner weit überdurchschnittlichen Klasse gehörte er zu den Besten«, sagt sein damaliger Chemielehrer Meinrad Siegl.[3] Matthias ist Klassensprecher.

»Wenn wir Sorgen hatten, besprach er das mit den Lehrern«, erinnert sich sein Schul- und Jugendfreund Klaus Hänsch. Die beiden gehen damals »durch dick und dünn«. In der Schulmannschaft spielen sie zusammen Basketball. Auch bei der »Messe der Meister von Morgen« machen sie mit, einem Talent-Wettbewerb ähnlich wie »Jugend forscht« in der Bundesrepublik. »Einmal haben wir eine große Anschauungstafel gebaut, die den menschlichen Blutkreislauf darstellte, mit vielen Lämpchen und einem eingebauten Motor.« Matthias, so erinnert sich Hänsch, »hatte nicht unbedingt eine Ader für das Handwerkliche. Das Sägen und Löten überließ er mir. Aber in der Dokumentation und Präsentation war er sehr gut«. So gut, dass die beiden ausgezeichnet werden und es zweimal bis zur Bezirksmesse schaffen.

Auch außerhalb der Schule erlebt »Matze«, wie Platzeck von seinen Kameraden genannt wird, eine unbeschwerte Jugend. Klaus Hänsch erinnert sich: »Matthias war ein Naturbursche und vom Wasser begeistert, ob Baden oder Schnorcheln, da war er in seinem Element.« Oft schippern beide mit Platzecks Holzkahn, der irgendwann einen Heckmotor bekommt, über die Havel. Heranwachsende in der Pubertät, mit Uns-kann-keiner-

Platzeck (l.) unterwegs mit Vaters Holzkahn auf den Brandenburger Seen

Dreitagebart und manchmal einem Kasten Bier an Bord. Im Sommer geht es mit dem Boot rauf nach Norden zum Tornow-See in der Rheinsberger Seenplatte. »Das war sehr abenteuerlich, wir fuhren durch, auch nachts, obwohl das eigentlich verboten war, und brauchten 24 Stunden.« Man ernährt sich von Konserven und Tütensuppen.

Die Seen haben Matthias Platzeck sehr geprägt, er ist seither ein Wassermensch und leidet heute manchmal darunter, dass er sein Hobby nicht ausleben kann. Sein Segelboot hat er seit 1990 nicht mehr angerührt. Immer kam etwas dazwischen.

In Kleinmachnow lernt Matthias auch seine Jugendliebe kennen. Carmen Kohl ist in derselben Klasse wie er, eine Diplomatentochter, vom Sozialismus genau so überzeugt wie er, vielleicht sogar noch ein bisschen mehr. Der Vater vertritt die DDR als Botschafter im Kongo und in Kamerun. In die Klassenschönheit verknallen sich alle Jungs, aber gegen Matthias, den Charmeur, haben sie keine Chance. »Matthias hatte lange um mich geworben«, erinnert sich die Schulfreundin, die heute als Computer-Spezialistin an der Martin-Luther-Universität Halle arbeitet.[4]

Die beiden verbringen fast ihre gesamte Freizeit zusammen: gehen ins Kino, fahren Boot, schwimmen im Tiefen See. Carmen ist oft bei den Platzecks zu Gast, übernachtet dort auch, man schläft in getrennten Zimmern, die Platzecks sind eine konservative Familie. »Wir hatten auch ein Abo für die Berliner Theater. Verliebt, wie wir waren, haben wir in unserer Loge von den Theaterstücken aber nicht immer alles mitgekriegt«, gesteht seine Jugendliebe.[5]

In Kleinmachnow ist Matthias Platzeck noch ein »Roter«, wie er selbst sagt. Er hat die FDJ-Zeitung »Junge Welt« abonniert und ist überzeugt, dass der Sozialismus die bessere Gesellschaftsordnung ist. Die Elite-Schule, der Diplomaten-Vater der Freundin, das alles habe eine Rolle gespielt. Seine Eltern, so glaubt er damals, sind »gesellschaftspolitisch auf dem falschen Dampfer«[6]. Er rebelliert gegen die protestantisch-bürgerliche Erziehung im Elternhaus. »Matthias war absolut für den Staat bis zu seinem 18. Lebensjahr. Er war überzeugter Sozialist. Da hatten wir als Eltern schon Konflikte, weil er dafür war und wir Eltern dagegen«, erinnert sich Christa Platzeck, die Mutter.[7]

Der weltanschauliche Konflikt im Elternhaus endet vorerst unentschieden: Matthias Platzeck wird 1968 konfirmiert, wie es die Eltern wünschen. Und er nimmt wie alle in seiner Klasse an der staatlichen Jugendweihe teil, weil er es will. »Ohne meine Eltern. Die kamen nicht mit. Ein Freund meines Vaters begleitete mich«, erinnert sich Matthias Platzeck. Es war der damalige Chef des in der Berliner Vorstadt ansässigen Deutschen Zentralarchivs, Professor Helmut Lötzke, mit dem er auch manchmal ins Kino ging. Sein Vater wollte diese »roten Filme« nicht sehen. Als im gleichen Jahr sowjetische Truppen in Prag einmarschieren, wird der Sohn mitten in der Nacht von seinem Vater geweckt. »Deine Kommunisten marschieren gerade in Prag ein.«[8]

Die militärische Intervention, die Beendigung des Prager Frühlings durch Sowjetpanzer, bewegt die Gemüter im deutschen Osten. »Es gab in Potsdam damals sogar eine Aktion dagegen, auf dem Platz der Nationen. Da fuhr mein Vater extra mit mir hin, um mir zu zeigen, dass es nicht nur verbohrte, sondern auch vernünftige Leute gibt. Es sollte der Läuterung dienen«, erinnert sich Matthias Platzeck. Doch die väterliche Überzeugungsarbeit bleibt erfolglos. Seine Besinnung, die politische Versöhnung mit den Eltern, sollte erst mit dem Erwachsenwerden erfolgen.

1968. Es ist das Jahr, in dem in der Bundesrepublik die Studentenbewegung eskaliert und ein Joschka Fischer, der einmal Außenminister sein wird, sich mit der Polizei in Frankfurt am Main prügelt. Es ist auch das Jahr, in dem der Berliner Schriftsteller Wolfgang Paul Potsdam besucht und in seinem danach im Westen veröffentlichten Reisebuch *Einladung ins andere Deutschland* schreibt: »Bis 1956 war Potsdam eine Ruinenstadt, die Trümmer wurden geräumt, aber Neubauten gab es kaum. Die gesprengte Lange Brücke, 33 Meter breit, entstand wieder, zwischen ihr und dem Platz der Einheit ist ein modernes Viertel geplant, 1969 soll das Interhotel ›Potsdam‹ an der Langen Brücke fertig sein, ein fünfzehnstöckiges Hochhaus … Das Stadtschloss, nach der Zerstörung Ruine, wurde schließlich gesprengt, damit ein zentraler Platz für Paraden und Demonstrationen Raum finde, die Ruine der Garnisonkirche, vom Wetter noch einmal zerstört, zur Sprengung vorbereitet. Magischer Name Potsdam … heute entzaubert …«[9]

1968 ist auch das Jahr, in dem der trotz seiner Kriegsbeschädigung immer noch imposante und weithin sichtbare 88 Meter hohe Turm der Garnisonkirche aus der Silhouette der Preußenresidenz verschwindet, obwohl man das berühmte, von Philipp Gerlach entworfene Baudenkmal hätte rekonstruieren können. Doch Walter Ulbricht lässt das Wahrzeichen Potsdams als Symbol des preußischen Militarismus trotz internationaler Proteste sprengen, weil die Nationalsozialisten hier am 21. März 1933 den »Tag von Potsdam« zelebriert haben, den berüchtigten Händedruck von Adolf Hitler und Paul Hindenburg. Genau an dieser Stelle will Ulbricht nun eine »sozialistische Magistrale« bauen.

Als der Turm gesprengt wird, ist Matthias Platzeck 14 Jahre alt. Er ist ein normaler ostdeutscher Jugendlicher in dieser Zeit. Es gibt nichts, was ihn aufregt, an dem er sich reibt. Er erlebt es als Fortschritt, dass die Ruinen des Krieges verschwinden und Neues entsteht. Dass er an seiner Kleinmachnower Elite-Schule das Blauhemd der FDJ trägt und zu den Aktiven in der Nachwuchsorganisation der SED gehört, ist für ihn selbstverständlich, keine erzwungene Anpassung, kein Verstellen.

In der Kleinmachnower Zeit, als er vom Sozialismus begeistert ist, tritt er irgendwann auch aus der Kirche aus. Das genaue Datum lässt sich nicht mehr feststellen. Die Kirchengemeinde bewahrt keine Akten aus dieser Zeit mehr auf. Aber er wird Ende 2003, als 50-Jähriger, wieder in die Kirche zurückkehren. Ein Spät-Heimkehrer. Ausschlaggebend für den Schritt werden viele Gespräche sein, die Platzeck über Jahre hinweg mit seinem Freund und Nachbarn, dem Babelsberger Pfarrer Stephan Flade, führt.

Der wortgewandte Musterschüler wird in Kleinmachnow für einige Zeit sogar FDJ-Sekretär seiner Klasse. Er hält die Rede seines Abschlussjahrgangs zum Abitur, das er 1972 mit dem Prädikat »sehr gut« ablegt. Nach zwölf Schuljahren, so wie er es später bei der Schulreform auch als Ministerpräsident Brandenburgs für richtig halten wird: Die Lebenszeit ist ein kostbares Gut, zwölf Jahre Lernzeit müssen reichen. Er ist Idealist und junger Sozialist in einem, einer, der die Welt verbessern möchte, ein fröhlicher Typ und ein junger Poet dazu. Er kann schon damals gut mit Worten umgehen, eine Gabe, die er möglicherweise von seinem Großvater hat, dem Rundfunk-Pfarrer, der so gut Geschichten erzählen konnte.

»Die Abi-Zeitung hat er fast allein geschrieben«, erinnert sich Schulfreund Hänsch. Ein 40-seitiges Werk mit hübschen selbstironischen Betrachtungen wie dieser: »Es war eigenartig in der achten Klasse. Wir fingen an aggressiv zu werden, erste Gefühle klopften zart und machten uns unsicher – sind doch nicht alle Mädchen Ziegen? – Wir reagierten uns dafür mit einem Bekenntnis zur totalen Neutralität ab ... Fräulein Fröschke wollte dann das Übel an der Wurzel packen und rief mit besten Absichten zur unpolitischen Aufklärung. Wir wussten danach, wie das mit dem Storch und dem Bienchen ist, und dachten im Stillen, so'n Quatsch, wie kommt denn das Baby rein bei den Mädchen? Und überhaupt, was geht uns das als Jungen an, sollen sie doch ihre Kinder kriegen, aber ohne uns! So kehrten wir alles in allem wieder beruhigt zu Lötkolben und Transistor zurück, um tief befriedigt dem ersten Krächzen im Eigenbau-Transistor zuzuhören.«

Matthias Platzeck ist ein Träumer. Er will Kosmonaut werden, so wie sein großes Vorbild, der Russe Juri Gagarin, der am 12. April 1961 als erster Mensch in den Kosmos flog. In der Wochenzeitung »Die Zeit« wird er 2003 schreiben: »Mein Traum handelt davon, einmal Mutter Erde verlassen zu haben und zu sehen, wie dieses sagenumwobene Blau auf mich wirkt, von dem alle Raumfahrer bei ihrer Rückkehr berichten ... Ich stelle mir vor, dass man mit dem so viele Kilometer überwindenden Blick aus dem Weltall auf die Erde einen neuartigen

Abstand von sich und seinem bisherigen Leben mit Schule, Arbeit und Karriere bekommt. Vielleicht definieren sich die Probleme auf Erden von da oben nur noch als nichtig und klein. Ich will es wissen. Ich will nach oben.«[10]

Der Fortschrittsglaube in dieser Zeit zieht den Heranwachsenden in seinen Bann. So liest er auch jenes Buch, das damals in bald jedem ostdeutschen Bücherregal steht: *Unsere Welt von morgen*, erschienen im Jugendbuchverlag »Neues Leben« und in den 60er Jahren mehrfach aufgelegt. In dem Wälzer, der typisch ist für den Geist der damaligen Zeit, handelt gleich das erste Kapitel von der »Geburt einer neuen Wissenschaft«: der Kybernetik. Einer Über-Wissenschaft, die »alle Wissenschaften in ein einheitliches System« bringen soll. Man liest von denkenden Maschinen, vollautomatischen Fabriken, von Übersetzungsprogrammen und Unterwassertunneln am Meeresgrund, vom Siegeszug der Maschinen und von künstlicher Intelligenz. Das alles soll den Weg für eine fortschrittliche Gesellschaft bereiten, in der es allen gut geht und die sich Kommunismus nennt.

Diese faszinierende, noch weitgehend unerforschte und exotische Über-Wissenschaft am Beginn des Computerzeitalters begeistert den wissbegierigen Heranwachsenden – er bewirbt sich für ein Kybernetik-Studium. Die Zulassung bekommt er ohne Probleme, obwohl sein Elternhaus nicht zur besonders geförderten Arbeiterklasse, sondern zur »Intelligenz« zählt. Nicht unbedingt ein Vorteil in diesen Jahren, doch bei einem gesellschaftlich aktiven Eliteschüler eben auch kein Ausschlussgrund.

Drill und Radar

Vor dem Studium muss Matthias Platzeck allerdings noch den achtzehnmonatigen Grundwehrdienst bei der Nationalen Volksarmee (NVA) ableisten. Der »Ehrendienst« fürs sozialistische Vaterland ist eine Selbstverständlichkeit für ihn. Nicht im Traum wäre dem überzeugten Jung-Sozialisten und Best-Abiturienten eingefallen, den Wehrdienst zu verweigern.

Die Ernüchterung kommt bald, obwohl er nach Potsdam eingezogen wird, also zunächst in seiner Heimatstadt bleiben kann. Das ist für DDR-Verhältnisse ziemlich ungewöhnlich. Sein Schulfreund Klaus Hänsch sagt, Platzecks Vater habe ein gutes Wort eingelegt. »Er war doch Arzt in der Musterungskommission. Da hat er durch seine Beziehungen dafür gesorgt, dass man uns nach Potsdam einberufen hat.«

So bleibt Matthias Platzeck das Schicksal tausender junger Ostdeutscher erspart, die ihren Wehrdienst etwa im berüchtigten Eggesin in Mecklenburg-Vorpommern fristen müssen, über das in der DDR das geflügelte Wort kursiert: »Eggesin – Wald, Meer und gar nichts mehr.« Alle paar Monate ein paar Tage Urlaub und dann stundenlange Zugfahrten in verdreckten Reichsbahn-Zügen aus der Pampa nach Hause.

Die Kaserne, in der sie ihre Grundausbildung absolvieren, befindet sich in der Berliner Straße, nur ein paar Hundert Meter vom Hause der Platzecks entfernt. »Wir meldeten uns öfter zum Außendienst und mussten den Bürgersteig vor der Kaserne kehren. Wir haben dann einfach weiter gekehrt, sind bis zu den Platzecks gelaufen, gingen rein und haben gegessen und getrunken«, berichtet Hänsch.

Das schöne Leben ändert sich, als Platzeck zum Flak-Regiment auf dem Ruinenberg versetzt wird. Der Drill, der geforderte blinde Gehorsam, die brüllenden Unteroffiziere machen dem umsorgten und sensiblen 18-Jährigen zu schaffen. »Er wurde auf einmal wie ein Idiot behandelt und schikaniert. Da hat er mehr gelitten als andere«, sagt Hänsch. »Wenn er es län-

Im Sommer 1973 als NVA-Soldat (hinten rechts) auf den Weltjugendspielen in Ost-Berlin

ger hätte machen müssen, hätte er sich umgebracht – so ungefähr. Es war furchtbar für ihn«, schildert Christa Platzeck, die Mutter, die Gefühlswelt ihres Sohnes während der NVA-Zeit.[11]

Matthias Platzeck wehrt ab, wenn man ihn darauf anspricht, hält das für übertrieben. Vieles verklärt sich mit der Zeit. Seine Mutter sei übersensibel gewesen. »Ich habe mich, glaube ich, mehr um sie kümmern müssen als sie sich um mich.« Aber dass er gelitten hat, bestreitet er nicht: Zwölf-Mann-Zimmer, Doppelstockbetten, Frühsport jeden Morgen um sechs, bei Wind und Wetter. Exerzieren, Sturmbahn, Nahkampfausbildung, das war happig. Platzeck war »sehr dürre damals« und ein Außenseiter, der einzige Abiturient, ein Schöngeist. Die anderen kamen aus Betrieben. »Ich hatte am Anfang Bücher mit, da hatte ich schnell meinen Stempel weg. Das habe ich mir dann abgewöhnt. Im Spind hatten Bierflaschen zu stehen, keine Bücher.«

Hinzu kommt Liebeskummer. Die Beziehung zu Carmen, der Diplomatentochter, geht nach vier Jahren in die Brüche. Der junge Soldat hat sich in eine andere verliebt. Matthias Platzeck bereut die plötzliche Trennung später: »Als ich wieder zurück wollte, hat sie mich nicht mehr genommen«, erzählt er. Das hat ihn getroffen. Carmen hat kurz nach der Trennung ihren späteren Mann kennen gelernt.

Platzeck ist Radarsoldat, er leistet seinen Dienst auf einer jener fahrbaren Radarstationen der Luftverteidigung, die nach der Wende in die Schlagzeilen kommen sollten: weil Strahlenschutzbestimmungen nicht eingehalten wurden, die Soldaten schädlichen Radarwellen und Röntgenstrahlen ausgesetzt waren. Viele erkranken und sterben an Krebs. Bis heute. Zu Gefechtsübungen rückt seine Einheit nach Zingst auf dem Darss aus. »Wir waren so bescheuert und haben uns um die Schlafplätze im Wagen gekloppt, wenn wir im Gelände waren, drinnen am Sender, weil es dort am wärmsten war. Dass es Röntgenstrahlen waren, wussten wir ja nicht.« Die Radarwellen und Röntgenstrahlen können, sagen Wissenschaftler, neben Krebs auch genetische Schäden an den Erbanlagen hervorrufen.

Schon zu DDR-Zeiten prägten Radarsoldaten für ein subjektiv empfundenes Phänomen den Begriff »Büchsenmacher«: Ihnen würden nämlich, behaupteten sie, als Folge ihrer Arbeit im Radarwagen eher Töchter als Söhne geboren. Eine Dissertation von 1996, die sich mit diesem Phänomen befasst, kommt nach Experimenten an Krebsen zu dem Schluss, »dass sich unter dem Einfluss von Mikrowellen die Nachkommenschaft zugunsten des weiblichen Geschlechts verschiebt«.

Auch Matthias Platzeck hat davon gehört, dass Radarsoldaten wegen genetischer Veränderungen angeblich nur Töchter zeugen können. Er hält es aber nach wie vor für einen Zufall, dass er drei Töchter bekam. Ganz sicher ist er sich aber nicht. Freunde sagen, dass er gern auch einen Sohn gehabt hätte.

Doch damals, als er im Radarwagen saß, hatte er ganz andere Sorgen: »Mir hat die Armee nicht gepasst. Mir ging es auch mental nicht gut. Das hat mit den Grundstrukturen der Armee zu tun.« Auf diese Zeit geht auch seine spätere Antipathie gegen alles Militärische zurück, seine pazifistische Grundeinstellung, die sich bis zur Wende immer stärker ausprägen wird.

Als er 1982 zur Reserveoffiziers-Ausbildung, zu der er sich wohl noch als Abiturient verpflichtet hat, eingezogen werden soll, weigert er sich standhaft: »Ich wollte nicht mehr. Ich war ja heilfroh, dass ich alles hinter mir hatte.« Er sei mehrfach vor eine Kommission beim Wehrkreiskommando zitiert worden, recht plumpe Offiziere und Funktionäre, man habe lange Debatten mit ihm geführt. Er musste erklären, warum und was sich an seiner Einstellung geändert hat. Das letzte Gespräch sei dann »sehr unerfreulich« verlaufen. »Aber ich bin danach nie mehr gefragt und auch nicht mehr zur Reserve eingezogen worden.«

Sein Abschied aus der NVA ist alles andere als rühmlich: Fünf Tage vor seiner Entlassung fängt er sich einen Tadel vor versammelter Mannschaft wegen eines »besonderen Vorkommnisses« ein: Seine Einheit ist aus Zingst wieder nach Potsdam zurückversetzt worden, in die alte Kaserne auf dem Ruinenberg. Mit einigen Kameraden feiert er an einem Freitagabend in den »Elsässer Weinstuben« in Bornstedt im Norden Potsdams den bevorstehenden Abschied von der NVA. Auf dem Rückweg von der Sauftour kommt er mit vier, fünf Kameraden am sowjetischen Kulturhaus vorbei, wo russische Offiziere gerade eine Hochzeit feiern. Man winkt die Soldaten von der Bruderarmee herein, gießt Wodka in Wassergläser. Die ersten zwei Gläser habe er noch erlebt, erinnert sich Platzeck. »Von dem, was danach geschah, weiß ich nichts mehr.«

Seine Erinnerung setzt erst wieder am Sonntagmittag ein, als er im Armeelazarett Drewitz die Augen aufschlägt: Ein Doktor habe ihn angesehen und erfreut festgestellt: »Da isser ja wieder.« Gefunden hat ihn ein Suchtrupp – die Füße ragten aus dem Straßengraben heraus.

Der Tadel vor der Mannschaft sei gar nicht das Schlimmste gewesen, sagt Platzeck. Mit einem Kumpel, der den Weg in die Kaserne auch nicht mehr geschafft hatte, musste er zur Strafe in den letzten fünf Tagen die ellenlangen Flure in der Ruinenberg-Kaserne schrubben. Aber das war noch nicht alles. Einige Monate konnte er keinen Schnaps mehr anrühren. Das habe sich dann allerdings leider verloren.

Kybernetikstudent

Als er die »Fahne« endlich überstanden hat, stürzt er sich im September 1974 ins Studium im thüringischen Ilmenau. Dem Erstsemestler wird vom »Budenrudi«, wie die Studenten jenen Mann nennen, der die Unterkünfte an der Technischen Hochschule zuteilt, ein Quartier im zehn Kilometer entfernten Dorf Gehren zugewiesen, in der einstigen Pension »Edelweiß«. Das ist eine ziemliche Bruchbude, Plumpsklo, kein fließendes Wasser auf den Zimmern. Nur Männer im Haus.

»Es gab einen Wasserhahn mit einem Fünf-Liter-Boiler auf dem Flur. So eine Notgemeinschaft schweißt zusammen«, erzählt Klaus Debes, der damals in Zimmer 6 wohnte, direkt neben Matthias Platzeck. Die Räume waren über Lüftungsschächte des Ofens miteinander verbunden. »Wenn man beide Klappen öffnete, konnte man hinübergucken und sich unterhalten.« Den Potsdamer Kommilitonen hat Klaus Debes, heute Wissenschaftler am Institut für Neuroinformatik in Ilmenau, gut in Erinnerung: »Er war ein prima Kerl, er ragte nicht heraus. Matze Platzeck war wie jeder von uns, ganz normal. Er hat mal abgeschrieben und mal abschreiben lassen und wenn einer nicht zur Vorlesung konnte, mit Blaupapier mitgeschrieben.« Kopierer gab es ja keine.

Vier Wochen nach dem Einzug ins »Edelweiß«, kaum dass man sich eingelebt hat, begehrt die muntere Truppe gegen die Obrigkeit auf. Der »VEB Kraftverkehr« nämlich verweigert den Studenten die ermäßigten Tickets für die Busse nach Ilmenau – eine der rätselhaften Tücken des realsozialistischen Alltags. »Da gab es erst einmal eine kleine Revolution. Das ganze Edelweiß ist zum Chef vom volkseigenen Kraftverkehr marschiert und hat so lange lautstark auf ihn eingeredet, bis wir die Ausweise hatten«, erinnert sich Debes. Matthias Platzeck sei dabei gewesen, aber nicht als Wortführer aufgefallen. »Jeder von uns hat die große Lippe riskiert.«

Ob Matthias Platzeck in der Seminargruppe FDJ-Sekretär war, weiß Debes nicht mehr. Er wundert sich auch ein bisschen über die Frage, weil das damals völlig egal gewesen sei. Und warum etwas heute wichtig sein soll, was damals unwichtig war, leuchtet ihm nicht ein. »Bei uns war das so: Einer musste es machen. Jeder war mal dran.« Platzeck selbst erinnert sich, dass er eine Zeit lang FDJ-Sekretär gewesen ist: »Ich war in Marxismus-Leninismus gut, also musste ich ran.«

Damit die »Herren Studenten«, wie man sie im Dorf Gehren nennt, besser zur Hochschule kommen – die Bus- und Zugverbindungen sind zwar billig, aber furchtbar umständlich –, setzt man im »Edelweiß« auf den technischen Fortschritt. Vor der Hütte parkt bald das gesamte Zweirad-Angebot aus volkseigener Produktion: Mopeds, Motorräder der Marken »Spatz«, »Schwalbe«, »SR II«, sogar eine PS-starke »ETZ« ist schon dabei. »Wir bildeten dann Fahrgemeinschaften. Für jede Fahrt, die jemand auf dem Sozius mitfuhr, gab es einen Strich. Der kostete 20 Pfennig. Abgerechnet wurde zum Monatsende«, berichtet Debes. Matthias Platzeck fuhr oft auf seiner »Schwalbe« mit. Zum Monatsende musste er zahlen, da waren die Regeln hart.

Jochen Schwind, der mit Platzeck auf Zimmer 7 lebte, beschreibt seinen Mitbewohner so: »Er hat lieber einen Spaß mitgemacht, anstatt übermäßig hinter Büchern zu kleben. Er war kein Streber.«[12] Platzeck sieht damals alles ziemlich locker. Im Dorf-Konsum von Gehren sind zwar manchmal das Brot und die Wurst ausverkauft, wenn sie abends aus Ilmenau kommen. Aber über Mangel an Spaß können die jungen Männer mit den für die Zeit typischen Vollbärten und wehenden Haarmähnen nicht klagen.

Sie machen sich abends öfter in die nicht weit entfernte Kneipe auf, wo der halbe Liter Bier nur 40 Pfennige kostet. Sie lesen Robert Merles *Malville* oder Science-Fiction-Bücher des Polen Stanislaw Lem wie *Planet des Todes*. Sie hören auch Pop-Musik, Ost-Gruppen wie Renft, Stern-Combo, aber auch die Beatles oder die Stones – und zwar laut, sehr laut. Die schwedische Popgruppe Abba, die in dieser Zeit ihre ersten Hits landet, steht im »Edelweiß« nicht hoch im Kurs. »Es musste schon richtige Rockmusik sein«, erinnert sich Klaus Debes.

Im Sommer schuften alle in der »Studentenbaubrigade«: Sie buddeln Gräben und bauen einen kilometerlangen Zaun um ein neues Ferienheim der Volksarmee. Und sie flirten mit den Mädchen in Ilmenau, jeder bringt mal eine Freundin mit auf die Bude, nichts Festes meist. Allerdings registrieren die Jungs vom »Edelweiß«: »Matze« ist anspruchsvoll. Er habe sich die Damen schon vorher angeguckt. Andere waren da weniger wählerisch. Man arbeitet, lebt, liebt und spielt zusammen Fußball.

Der Rasen gleich nebenan, auf dem die Studentenmannschaft oft kickt, wird Sockenalm genannt. Es war eine Wiese mit Neigung. Eine Halbzeit ging es bergauf, die andere bergab. Platzecks Mannschaft hält im Rauf und Runter des Lebens bis heute zusammen und trifft sich einmal im Jahr. Die spielerischen Qualitäten des Fußballers Matthias Platzeck lassen sich nach dreißig Jahren trotz intensiver Recherchen nicht mehr eindeutig rekonstruieren. Die einen sagen, er sei ein »Abstauber« gewesen, die anderen, er habe »auf jeder Position« ganz passabel gespielt. Beides würde zu ihm passen.

Aus der Notgemeinschaft im »Edelweiß« wird schnell eine fröhliche, seelenverwandte Truppe. »Wir hätten nach einem Jahr umziehen können, ins richtige Internat nach Ilmenau«, erinnert sich Klaus Debes, »aber wir blieben noch ein zweites Jahr dort.«

Dass Platzeck sich für Ilmenau entschieden hatte, war kein Zufall. Seine Spezialoberschule in Kleinmachnow pflegte enge Kontakte zu der Technischen Hochschule, die an den Elite-Schülern Interesse hatte und sie regelmäßig zu Schnupperbesuchen einlud. Die Thüringer Lehrstätte, deren Tradition bis in die Zeit vor 1900 zurückgeht, war schon zu DDR-Zeiten anerkannt und hatte einen guten Ruf. Bei internationalen Vergleichen schneidet die heutige Technische Universität, die auf ihrer Internet-Seite neuerdings nicht ohne Stolz auf den Absolventen Matthias Platzeck verweist, regelmäßig gut ab.

Dagmar Schipanski, einst CDU-Kandidatin für das Amt des Bundespräsidenten, war nach der deutschen Einheit hier Rektorin. Claudia Nolte, Helmut Kohls frühere Bundesfamilienministerin, studierte in Ilmenau einige Jahre nach Matthias Platzeck Kybernetik. Wie das Leben spielt, hat sich auch Angela Merkel an der Hochschule beworben. Fast hätten sich die beiden schon damals kennen lernen können. Aber Merkel wurde abgelehnt.

Nach dem zweijährigen Kybernetik-Grundstudium – es ist die Zeit im »Edelweiß« – muss sich jeder spezialisieren. Die biomedizinische Kybernetik, für die sich Platzeck entscheidet, ist besonders beliebt. »Das Auswahlverfahren war streng. Um dort hineinzukommen, brauchte man auch Glück«, betont Kommilitone Debes.

Dass Ilmenau in den 70er Jahren in der DDR ein gefragter Studienort ist, hat nicht nur fachliche Gründe. Man kann es schon an den Namen ablesen, die die Gebäude auf dem Campus seit 1963 tragen: nicht Marx oder Engels, nicht Lenin oder Luxemburg, sondern Curie, Faraday, Helmholtz, Kirchhoff.

»Die Ilmenauer Hochschule war für DDR-Verhältnisse ein liberaler Ort. Sie war auch eine Insel für Wissenschaftler, die man an anderen Unis aus politischen Gründen nicht haben wollte oder die dort aneckten. Und mit den Studenten war es ähnlich«, erzählt Albert Neubauer, ein Ungarndeutscher, der zur selben Zeit wie Platzeck in Ilmenau Kybernetik studiert hat.

Beide wohnen ab 1976 zusammen im selben Internat, in der berühmten »Baracke V« auf dem Campus. Neubauer studiert zeitweise auch in Ost-Berlin und Dresden, kann gut vergleichen: »Das war ein haushoher Unterschied. Die politischen Rituale wurden in Ilmenau auf das Notwendige begrenzt.« Auch Matthias Platzeck spricht im Rückblick von einem für die damaligen Verhältnisse offenen Klima. »Es war politisch nicht überzogen, man hatte Freiräume, die es anderswo so nicht gab.«

In Büttenreden beim Karneval zum Beispiel werden kritische Anspielungen auf die Verhältnisse in der DDR gewagt. Einmal hält ein Professor für Politische Ökonomie eine Rede: »Ich kam als Würfel zur Welt: Wie ich in der DDR zur Kugel wurde.« Der Mann, dem der Auftritt zwar Ärger einbringt, der aber weiter an der Hochschule lehren darf, heißt Andreas Schüler. Sein Sohn Peter Schüler wird später in der bürgerbewegten Bündnis-90-Fraktion im Landtag von Brandenburg einer der Weggefährten Platzecks sein.

Durch besondere politische Aktivitäten fällt Matthias Platzeck – anders noch als auf dem Elite-Gymnasium in Kleinmachnow – während seiner Studienzeit in Ilmenau schon nicht mehr auf. »Man konnte sich auf Platzeck verlassen, er war ein Kumpeltyp. Kein politischer Eiferer«, sagt Albert Neubauer, der sich noch gut an seinen Nachbarn in der Baracke mit den dünnen Sperrholzwänden erinnern kann. »Man merkte auch, dass er eine gute Erziehung hatte.« Platzecks Leistungen im Studium, heißt es an der Universität, seien »durchgehend gut« gewesen.

Platzeck macht im Studentenkabarett mit – allerdings nur als Statist. Er diskutiert auch in der Hochschul-Arbeitsgemeinschaft »Streit« über aktuelle Probleme, etwa die aufkommende »Datschen-Welle« in der DDR, die wachsende Verschmutzung der Umwelt, die man auch direkt von der auf dem Ehrenberg gelegenen Hochschule aus studieren kann: »Unten im Tal lag Ilmenau oft unter einer schwarzen Glocke«, erzählt Klaus Debes. Was mit den tausenden Öfen zu tun hatte, die mit der schwefelhaltigen Braunkohle aus der Lausitz und aus Sachsen befeuert wurden. Sie wird Matthias Platzeck noch schlaflose Nächte bereiten, viele Jahre später – als Umweltminister in Brandenburg.

Studienfreund Manfred Giebner erinnert sich noch heute an Platzecks Schlag beim anderen Geschlecht, was an der männerdominierten Technik-Hochschule zum eigenen Wohlbefinden beigetragen haben mag. »Er war ein Frauentyp. Den Notstand, den die anderen hatten, kannte er nicht.«[13] Petra Hennecke, die zur gleichen Zeit Kybernetik studierte, schwärmt: »Er sah gut aus, er war umgänglich und gesellig.« Wenn sie ihn heute im Fernsehen sieht, denkt sie: »Das ist Matze, wie er leibt und lebt. Diese Mimik, diese Gestik. Ich glaube, in seiner Art hat er sich nicht viel verändert.«

Matthias Platzeck verliebt sich heiß in Ute Bankwitz, eine ebenso hübsche wie kluge Kommilitonin, die er in der Seminargruppe kennen lernt. Die beiden heiraten im Herbst 1977, bald darauf, im Januar 1978 werden die Zwillingstöchter Erika und Katharina geboren. Dass er Vater von Zwillingen wird, weiß er vor der Geburt nicht. Die hochschwangere Ute ist in Potsdam bei den Eltern. Er kann sich noch gut an das Telefonat mit seinem Vater erinnern: Nach einer schweren Mathe-Prüfung habe er abends frierend von einer Telefonzelle auf dem Bahnhof Ilmenau zu Hause angerufen, um sich zu erkundigen, wie es Ute geht. »Mein Junge, das ist lieb von dir, ich habe jetzt zwei Enkel bekommen«, habe der Vater gesagt. Der Sohn glaubt an einen Scherz, weil der Vater so etwas öfter macht, und verlangt die Mutter: Die kann vor Freude nur schluchzen. Das muss der junge Vater erst einmal verdauen. »Wir hatten uns auf ein Kind eingerichtet, ein Kinderbett und einen kleinen Kinderwagen gekauft.«

Mit dem lustigen Studentenleben ist es nun vorbei. Er hat eine Familie, um die er sich kümmern muss, und er muss sein Studium zu Ende bringen. Um alles unter einen Hut bringen zu können, studieren Ute und Matthias jetzt nach einem »Sonderstudienplan«. Studenten-Familien sind in der DDR ausdrücklich erwünscht, werden besonders gefördert. Das bedeutet, die Eltern können sich in der Betreuung der Zwillinge abwechseln: Einer studiert, der andere betreut zu Hause die Kinder, am nächsten Tag wird getauscht. »Das war sehr schön«, sagt Platzeck, »man hatte Zeit für die Kinder.« Die vierköpfige Familie erhält auch eine kleine Wohnung in Ilmenau: ein Zimmer mit Ofen, ein Zimmer ohne Ofen, Außenklo.

Die Studienzeit verzögert sich dank der besonderen Förderung nur geringfügig: Statt Ende 1978 beendet Matthias Platzeck das Studium 1979, ein halbes Jahr später. Ute studiert noch etwas länger. Von seiner Diplomarbeit ist heute an der Universität nur noch der Titel aufzufinden: »Möglichkeit einer katalytischen Beeinflussung der kathodischen Sauerstoff-Reduktion in Brennstoffzellen durch einige Metallchelate.« Aber Platzeck bewahrt sie noch zu Hause auf.

Verlorene Illusionen

Ein »Roter« ist Matthias Platzeck Ende der 70er Jahre schon nicht mehr, obgleich die Wandlung sich nicht über Nacht vollzieht. Der Entfremdungsprozess beginnt mit der Ausbürgerung von Wolf Biermann im Jahr 1976. Zum endgültigen inneren Bruch kommt es nach dem Einmarsch sowjetischer Truppen in Afghanistan 1979. »In Prag konnten sie noch sagen, dass der Sozialismus gerettet werden sollte. In Afghanistan ging es nur noch um die Ausdehnung der eigenen Machtsphäre.«

Es ist die Zeit, in der der alternative Schriftsteller Rudolf Bahro verhaftet wird, sich der Pfarrer Oskar Brüsewitz aus Protest gegen das SED-Regime in Zeitz selbst verbrennt, Günter Guillaume in Bonn als DDR-Kanzlerspion enttarnt wird und die RAF im Westen Deutschlands ihre Anschläge verübt. In Ost-Berlin wird der »Palast der Republik« eröffnet.

In seiner allmählich kritischer werdenden Haltung zum realen Sozialismus der SED wird er bestärkt durch seine Frau Ute, die aus einem evangelischen Elternhaus stammt, Kontakte zur Dissidenten-Szene hat, etwa zum Liedermacher Stefan Krawczyk und zum später inhaftierten Wehrdienstverweigerer Arnold Vaatz, der nach der Wende in der CDU Karriere macht und Minister in Sachsen wird. »Da nahm die Prägung aus dieser Richtung zu«, sagt Platzeck.

Als er 1979 seinen ersten Job am Institut für Lufthygiene in Karl-Marx-Stadt, dem heutigen Chemnitz, bekommt, setzt sich der Prozess der politischen Desillusionierung fort: Wie schon in Ilmenau sind in der sächsischen Industriestadt die offiziell geleugneten Umweltprobleme der DDR zu riechen, ist im Erzgebirge ringsum das Waldsterben nicht mehr zu übersehen. Matthias Platzeck baut damals ein erstes Luftmesssystem mit auf. In einigen Tälern stellt er extreme Smog-Konzentrationen fest. Doch die brisanten Daten verschwinden in den Panzerschränken, weil eine Allmacht die Augen verschließt vor der Realität.

Es ist ein Schockerlebnis für Platzeck. Er flüchtet sich, wie es viele aus der Schicht der naturwissenschaftlich-technischen Intelligenz in der geschlossenen DDR-Gesellschaft tun, ins Private. Der Publizist und deutsch-deutsche Diplomat Günter Gaus prägt dafür in seinem 1986 erschienenen Buch *Wo Deutschland liegt* den Begriff der Nischengesellschaft: »Also: Was ist eine Nische in der Gesellschaft der DDR? Es ist der bevorzugte Platz der Menschen drüben, in dem sie Politiker, Planer, Propagandisten, das Kollektiv, das große Ziel, das kulturelle Erbe – an dem sie das alles einen guten Mann sein lassen, Gott einen guten Mann sein lassen und mit der Familie und unter Freunden die Topfblumen gießen, das Automobil waschen, Skat spielen, Gespräche führen, Feste feiern. Und überlegen, mit wessen Hilfe man Fehlendes besorgen kann, organisieren kann, damit die Nische noch wohnlicher wird.«[14]

In Karl-Marx-Stadt wird 1980 die dritte Tochter geboren, Maria. Vater, Mutter und die drei Kinder leben in einer kleinen Wohnung mit Ofenheizung und Außenklo – immerhin gibt es in der Küche für die Kinder eine Badewanne. Die junge Familie fühlt sich in der schmutzigen Industriestadt nicht wohl. »Das waren doch alles drei kleine Orgelpfeifen. Die Luft war schlecht. Eine der Töchter war immer krank«, sagt Matthias Platzeck. Ihn zieht es mit Macht in eine schönere Gegend, wo die Kinder gesund groß werden können. So studiert er die Landkarte, »wo Wasser ist«, und die Stellenanzeigen in der »Wochenpost«, einem der meistgelesenen DDR-Blätter. Er schickt Bewerbungen nach Rostock, nach Stralsund und auch ans Krankenhaus in Bad Freienwalde.

Aber dort haben sie schon genügend Medizintechniker, die Kaderchefin bietet ihm stattdessen den Posten des »Direktors für Ökonomie und Technik« an. »Trauen Sie sich das zu?« Nach zwei Tagen Bedenkzeit sagt Platzeck ja und wird im September 1980 mit 26 Jahren Verwaltungsdirektor – einer der jüngsten in der DDR, wie er sagt. Alles lässt sich gut an. Seine Frau Ute kommt mit den drei Kindern im Januar 1981 nach. Der Familie geht es finanziell gut. In Karl-Marx-Stadt hat sie von 600 Ostmark gelebt, in Bad Freienwalde sind es plötzlich fast doppelt so viel. Die fünfköpfige Familie wohnt in einer großen zentral beheizten Wohnung, in einem Neubau mitten im Wald. Die Kinder werden tagsüber in einem evangelischen Kindergarten betreut.

Platzecks Posten ist ein Leitungsjob der mittleren Ebene, in diesem gelenkten und geregelten Staat ein sicheres Sprungbrett für eine Karriere. Vorausgesetzt natürlich, dass man mitmacht, sich anpasst und, wenn's drauf ankommt, die Klappe hält. Ein

Nomenklaturposten, wie es damals hieß. Nach einiger Zeit bittet der Parteisekretär den jungen Direktor zu einer Besprechung ins SED-Betriebsbüro. Es wird nicht die einzige dieser Art bleiben. Der Parteisekretär redet umständlich und ausschweifend über alles Mögliche, aber vor allem über »die gesellschaftliche Verantwortung«, der Platzeck in seiner »wichtigen Leitungsfunktion« gerecht werden müsse. Er soll in die SED eintreten.

Sie reden auf ihn ein, versuchen ihn zu überzeugen. Aber diesen Kompromiss will der junge Direktor, der in seinem späteren Leben noch viele Kompromisse machen wird, nicht eingehen. Er hat bereits ein gutes Gespür dafür, was man tun oder lieber lassen sollte, was richtig ist und was nicht. In die SED einzutreten, um Karriere zu machen, das sei für ihn nicht in Frage gekommen, sagt Platzeck.

In der Folgezeit wird es für ihn immer schwieriger. »Das Klima kühlte sich spürbar ab. Meine Abteilungsleiter haben schon am Montag in der Parteileitungssitzung erfahren, was ich erst am Dienstag oder Mittwoch auf der staatlichen Leitersitzung hörte.« Man gibt Platzeck zu verstehen, dass er »nicht dazugehört«. Doch er lässt sich nicht überreden, selbst der »Sekretär für Agitation« der SED-Kreisleitung, der ihn in die Mangel nimmt, kann ihn nicht umstimmen. Seiner Karriere droht ein abruptes Ende, die Tage in Bad Freienwalde jedenfalls sind gezählt.

Umweltkontrolleur

Doch Platzeck hat Glück, wie auch später im Leben. 1982 ergibt sich eine Gelegenheit zur Rückkehr nach Potsdam, nach den Lehr- und Wanderjahren in Ilmenau, Chemnitz und Bad Freienwalde. Er kann als Abteilungsleiter für Umwelthygiene bei der Kreishygieneinspektion in Potsdam anfangen. Es ist streng genommen ein Job unter seiner Qualifikation. Doch die

Hygienebehörden unterstehen dem DDR-Gesundheitsministerium. Sie gelten als weniger indoktriniert, weil eben keine Ideologie einem Arzt die richtige Therapie vorschreiben kann. Manch prominenter DDR-Bürgerrechtler »überwintert in der Hygiene«, etwa Günter Nooke in der Arbeitshygieneinspektion Cottbus, der später ein enger Weggefährte Platzecks in der Wendezeit und beim Aufbau Brandenburgs sein wird, bis sich ihre Wege in einer dramatischen Situation trennen. Oder der Grüne Werner Schulz, der sich bei ihm 1987 Rat holt, ob er einen Job bei der Hygieneinspektion in Berlin-Lichtenberg annehmen soll. Platzeck rät ihm zu, allerdings mit der Einschränkung: »Das ist keine Wissenschaft, sondern Kanalarbeit.«[15]

Matthias Platzeck trifft es gut mit seinem neuen Job, was er insbesondere einem Menschen zu verdanken hat, dem anfangs erwähnten Patienten seines Vaters, Volker Gutsmuths. Der ist Direktor der Kreishygieneinspektion, ein gebildeter, belesener Mann und noch heute stolz darauf, es auf Schweijk'sche Weise geschafft zu haben, dass es in seiner Behörde keinen einzigen Genossen der Einheitspartei gab. Auch so etwas kam vor, obwohl die SED die Gesellschaft streng unter Kontrolle hatte und sich allmächtig wähnte.

An das Einstellungsgespräch mit Matthias Platzeck erinnert sich Volker Gutsmuths noch sehr genau: »Ich habe ihn am Ende gefragt, ob er SED-Mitglied ist. Als er verneinte, habe ich gesagt: Gut, dann fangen Sie an.« Er hat seine Entscheidung nie bereut. »Matthias Platzeck war kollegial, loyal, freundlich. Er war in seiner Abteilung beliebt. Ein Chef, der nicht autoritär sein musste, um Autorität zu haben.«

Er selbst habe manchmal als Direktor dazu geneigt, »zu raufen und zu streiten«, sagt Gutsmuths. »Matthias Platzeck löste Probleme leiser.« Die 30-Mitarbeiter-Behörde, die ihren Sitz in Babelsberg hat, jenem Kiez, in dem Platzeck noch heute lebt, ist zuständig für Seuchenprophylaxe, Massenimpfungen, Lebensmittelaufsicht. In seiner Abteilung arbeiten fast nur Frauen. Sie kümmern sich um Bauabnahmen, um den Straßenlärm, die

Qualität des Trinkwassers und des Badewassers in der Havel, die durch Abwässer immer trüber wird. Platzecks Arbeitsalltag beschreibt Gutsmuths so: »Es war ein ständiger Spagat, ein ständiges Ringen: Einerseits gab es hohe gesetzliche Ansprüche, andererseits fehlten oft das Geld und der Wille, Missstände zu beseitigen.«

Anspruch und Wirklichkeit klaffen in den 80er Jahren besonders in der Umweltpolitik, einer Achillesferse der DDR, immer weiter auseinander. Offen darf darüber nicht berichtet werden, weil für die SED nicht sein kann, was nicht sein darf. Auf diesem gefährlichen Terrain, wo jeder Einwand der Fachbehörde am unteren Ende der großen Hierarchie die schönen Reden der SED-Funktionäre empfindlich entlarven konnte, bewegt sich Platzeck sieben Jahre lang bis zur Wende. Er schafft es, nicht anzuecken, bleibt eher unauffällig und unscheinbar. Ein Mann, der seinen Job macht.

Er lernt zum Beispiel die DDR-Kindergärten kennen, über die im Osten noch viele sagen, dass sie besser als heute gewesen seien, über deren Kehrseite aber merkwürdigerweise niemand spricht: die Überfüllung. Nach den DDR-Gesetzen hätten jedem Kind 2,5 Quadratmeter zustehen müssen, in der Krippe sogar fünf Quadratmeter. »Stattdessen gab es fortwährend die Tendenz, immer mehr Kinder in die Kindertagesstätten zu pferchen, als es die Kapazitäten erlaubten«, erzählt Gutsmuths.

Wenn Matthias Platzeck droht, eine überfüllte Kita zu schließen, oder die Badestelle am Tiefen See in Babelsberg sperrt, weil das Wasser mal wieder »grüner Lack« ist, wenn er damit die Kreise der Funktionäre stört, weil es offiziell ja keine Umweltprobleme geben darf in dieser Karikatur einer sozialistischen Gesellschaft, dann kann er sich der Rückendeckung seines Direktors sicher sein. »Wir wussten, dass wir einander vertrauen konnten auf dieser ständigen Gratwanderung«, sagt Volker Gutsmuths.

Widerstandskämpfer waren sie beide nicht. Es sei ein Balancieren gewesen, so Gutsmuths, immer die Frage, wie weit man sich anpasst. »Auflehnen und ins Gefängnis zu gehen, dafür war ich erstens zu feige. Und zweitens hätte es der Sache auch nichts genützt.« Und dann sagt Volker Gutsmuths ganz unvermittelt noch diesen Satz: »Man sollte nur aus dem Schützengraben springen, wenn man sicher ist, dass die anderen mit springen.«

Eigentlich ist er auf ihn selbst gemünzt. Aber er beschreibt wohl ziemlich treffend auch das Lebensmuster von Matthias Platzeck in dieser Zeit. Man ahnt plötzlich, dass die heitere Gelassenheit, die Engelsgeduld Platzecks, die Bereitschaft zum noch so kleinen Kompromiss, wenn der zur Lösung eines Problems beitragen kann, mit ebendiesen Erfahrungen zu tun haben. Und man wundert sich auch nicht mehr über einen seiner Lieblingssprüche, der manche seiner Genossen nur noch mit den Augen rollen lässt, wenn sie ihn hören: »Das Leben spielt sich immer in Relationen ab.« Manches geht, manches nicht, mit fließenden Grenzen zur Beliebigkeit.

Politische Reifejahre

Die Umstände meinen es gut mit Matthias Platzeck in diesen frühen Achtzigern. Gleich in den ersten Tagen seiner neuen Tätigkeit muss er sich beim Bezirkshygieneinstitut Potsdam vorstellen, der vorgesetzten Behörde. Deren Dienstsitz liegt auf der malerischen Insel Hermannswerder im Süden Potsdams, gegenüber der alten Moschee, dem Wasserwerk von Sanssouci. Es ist ein so wunderbares Fleckchen mitten in der Havel, dass Kollegen aus dem verräucherten Bitterfeld bei Besuchen schon einmal seufzen: »So schön wie dieser Arbeitsplatz ist, möchten wir einmal einen Urlaubsplatz«, erzählt Gerd Gebhardt. »Potsdam war eben eine besondere Welt in der DDR.« Es war immer eine besondere Stadt, egal unter welchen gesellschaftlichen Verhältnissen.

Gerd Gebhardt ist an diesem Institut Abteilungsleiter, zuständig für die fachliche Betreuung der Kreisinspektionen. Irgendwann erscheint also Matthias Platzeck zum Antrittsbesuch, woran sich Gebhardt noch sehr genau erinnert: »Es war anders als bei solchen Vorstellungen üblich. Bei ihm fing das Gespräch an dem Punkt an, wo es bei anderen aufgehört hat. Bei prinzipiellen Fragen zum Selbstverständnis unserer Arbeit etwa.« Man nähert sich heiklen Themen wie den Thesen des Club of Rome, der für eine gebremste Wirtschaftsentwicklung plädiert, um die drohende ökologische Katastrophe abzuwenden.

Das ist ein Tabuthema in der DDR, wo die ökologische Kehrseite des »wissenschaftlich-technischen Fortschritts« nicht hinterfragt wurde. »Normalerweise waren das Routinegespräche, die eine halbe Stunde dauerten. Wir merkten nach zwei Stunden plötzlich: Es war schon 18 Uhr.« Der Mann, der sonst vorsichtig und auf der Hut vor der Staatssicherheit ist, fasst sofort Vertrauen zu dem Neuen. »Da war so viel ehrliche, substanzielle Neugier.«

Was Matthias Platzeck zunächst noch nicht weiß, erst in der Folgezeit erfährt und schätzen lernt: Der umgängliche Gebhardt ist ein Intellektueller, ein Grenzgänger, ein Geistesforscher. Für den studierten Physiker ist der Job im Bezirkshygieneinstitut, das sich mit der Luftreinheit, Wasserqualität und Gewässergüte im Bezirk Potsdam beschäftigt, nicht mehr als »der pure Broterwerb«. Seine »Berufung« hat der parteilose Querdenker längst in einer Nische gefunden, einer außergewöhnlichen.

Er arbeitet in seiner Freizeit als Gastwissenschaftler an einem Lehrstuhl für Philosophie der Naturwissenschaften an der Berliner Humboldt-Universität, dort, wo einige Jahre zuvor der DDR-Kritiker Robert Havemann lehrte. Gerd Gebhardt entwickelt zusammen mit anderen Ideen, die schnell die Stasi auf den Plan rufen. Man diskutiert nicht nur, ob es auch im Sozialismus »antagonistische Widersprüche« gibt, was im Kontrast zur offiziellen SED-Lehre steht. Man befasst sich auch mit der Theorie von der »Selbstorganisation« von Systemen. Auf den ersten Blick eine abstrakte und komplizierte Materie, aber eben nur auf den ersten Blick: Gebhardt ist Physiker. Und in der Physik, in der Thermodynamik, gibt es bestimmte Strukturen, die irgendwann zusammenbrechen, wenn sie immer mehr in Unordnung geraten, wenn sie instabil werden, wenn nicht rechtzeitig reagiert wird. Irgendwann entsteht dann eine neue stabile, lebensfähigere Konstruktion.

Diese Theorie beginnt der Wissenschaftler unter dem Eindruck der Krisensymptome in der DDR, aber auch der ökologischen Krise in der Welt auf die menschliche Gesellschaft zu übertragen, also auch auf das sozialistische System – was sich einige Jahre später mit dem Zusammenbruch der DDR bestätigen wird. Gebhardt, der seine Thesen oft mit Matthias Platzeck diskutiert, bewertet den Einfluss, den er auf ihn hatte, nicht über. Aber er kann sich gut vorstellen, dass die von ihm mit entwickelte Theorie der »Selbstorganisation der Systeme« Platzecks Denk- und Verhaltensmuster beeinflusst hat.

Mit seinen Forschungen über das Wechselspiel von Chaos und Ordnung, über die Stabilität von Systemen und ihre Reformfähigkeit bewegt sich der Philosoph auf sehr dünnem Eis. Das ist auch der Grund, weshalb er es ganz bewusst nur in seiner Freizeit tut, obwohl er nach dem Erwerb seines Doktortitels einen Job an der Humboldt-Uni hätte annehmen können. »Aber ich wusste, ein falsches Wort auf einer Konferenz, und alles wäre aus. So hatte ich mehr Freiräume.« Und sogar Zugang zum »Giftschrank« der Staatsbibliothek, zu aktueller Fachliteratur aus dem Westen, zum neuesten Wissen der Zeit.

Das sei nur möglich gewesen, weil der Chef der Fakultät zusammen mit SED-Chef Erich Honecker während des Dritten Reiches im Zuchthaus Brandenburg an der Havel gesessen habe, erzählt er. »Er hatte Narrenfreiheit.« Nach der Wende wird Gebhardt aus seiner mehr als 1000-seitigen Stasi-Akte erfahren, dass er schon damals rund um die Uhr überwacht wurde. Mit Wanzen in der Wohnung, Richtmikrofonen in beschlagnahmten Wohnungen gegenüber, einem Peilsender im Auto, mit dem jederzeit der Aufenthaltsort seines Autos festgestellt werden konnte. Auch bei Fahrten mit Matthias Platzeck. »Es war mir zwar immer bewusst, dass ich im Visier war: Es war wie ein Schachspiel. Ich habe mitgespielt. Und ich wusste, dass irgendwo in einem anderen Raum die anderen auch an einem Schachspiel sitzen«, sagt Gebhardt. Aber das Ausmaß der Überwachung hat er trotzdem nicht für möglich gehalten.

Matthias Platzeck hat vor dem knallharten Doppeljob seines Mentors Respekt, weil er selbst einen anderen Lebensstil pflegt: »Er fand es verrückt, dass ich mich jeden Abend bis Mitternacht und am Wochenende in die Bücher vergraben habe«, erinnert sich Gebhardt. »Matthias ging am Wochenende lieber auf sein Segelboot.« Beide diskutieren die zunehmende Umweltverschmutzung in der DDR, den Substanz-Abbau, der in der Mangelwirtschaft immer spürbarer wird. »Ich habe auch viel von ihm gelernt. Ich war mehr im Elfenbeinturm. Er brachte Erfahrungen aus der Praxis mit, kannte viele Leute und viele Daten zur Umweltverschmutzung. Er hatte einen anderen Zugang zur Realität«, so Gebhardt.

Den Platzeck der damaligen Zeit beschreibt er so: das Gegenteil von Duckmäuser, von ängstlich, von Leisetreter, von borniert. Man trifft sich privat, hilft sich gegenseitig. So wie einmal Heiligabend. Gebhardt saniert gerade eine Altbauwohnung im Ortsteil Babelsberg, in dem sich immer mehr kritisches, junges Volk ansiedelt. Es ist eine jener Ruinen, die sich in den 80er Jahren rasant vermehren, weil das Geld selbst für kleine Reparaturen fehlt. »Ein Teil war nicht geliefert worden. Es zog eiskalt in die Wohnung.« Die Familie friert erbärmlich. In seiner Not fragt Gebhardt bei Platzeck, der zwei Straßen weiter wohnt, an: Ob er eine Stunde Zeit habe am Heiligen Abend und Werkzeug mitbringen könne. »Zehn Minuten später war er mit seinem Trabbi und seinem Werkzeug da und half, das Loch dichtzumachen.«

Ein anderes Mal ist es Gebhardt, der beim Einsetzen der Fenster hilft, als Platzeck seine Dachwohnung in einem kleinen alten Weberhaus im Babelsberger Kiez ausbaut, dem unscheinbaren Häuschen, in dem er noch heute wohnt. Vermittelt hat es ihm Volker Gutsmuths. Der muss noch manchmal an die alten

Zeiten denken, wenn er Matthias Platzeck jetzt im Fernsehen sieht und ihn vom »Miteinander« sprechen hört. Gutsmuths drückt ihm dann die Daumen und hofft, dass die »Mafiosi« in der SPD nicht irgendwann den Dolch ansetzen mögen.

Es ist ein Glücksfall für Platzeck, dass er mit Gutsmuths und Gebhardt gleich zwei kluge, liberale, SED-ferne Vorgesetzte hat. Ab und zu kann dieses Öko-Trio im realsozialistischen Potsdam sogar kleine Siege feiern wie etwa die Rettung des Birkenwäldchens im Stadtteil Babelsberg. Das Wäldchen steht heute noch in der Nähe des S-Bahnhofs Griebnitzsee, neben dem High-Tech-Campus, jenem privat finanzierten Institut, das zwei Jahrzehnte später der Gründer des Software-Konzerns SAP und Milliardär Hasso Plattner stiftet. Weil er so begeistert ist von Potsdam und von Matthias Platzeck, dem Oberbürgermeister.

Damals aber, Mitte der 80er Jahre, wollen die DEFA-Studios genau dort ein Heizkraftwerk bauen, weil das bisherige gewissermaßen zu modern geworden ist – im neuen Heizwerk soll statt des teuren Importöls die schwefelhaltige heimische Braunkohle verfeuert werden, weil das billiger ist. Man wollte, wenn man es genau nimmt, ein veraltetes Heizwerk bauen. »Als das Ansinnen an uns gerichtet wurde, genügte ein Blick zu Platzeck, ein Blinzeln«, erinnert sich Gebhardt.

Sie lassen Gutachten anfertigen, »das ganze Programm eben«, Lufthygiene, Siedlungshygiene, Lärmschutz, alles streng nach Gesetz. »Wir waren natürlich nicht gegen das Werk, sondern für den Erhalt der natürlichen Umwelt. Wir waren damals ja nie gegen irgendetwas, immer nur dafür«, sagt Gebhardt. Und er hat dabei den gleichen vergnügten Blick, den man von Matthias Platzeck kennt, wenn ihm ein Coup gelungen ist, wenn er mit sich im Reinen ist. Und es gelingt ihnen tatsächlich, zu verhindern, dass das Braunkohle-Heizwerk ins Birkenwäldchen gebaut wird.

Überhaupt diskutieren die beiden, wenn sie unter sich sind, inzwischen grundsätzlicher, ob der Sozialismus eine Überlebenschance hat oder »eine gigantische Irrlehre« ist. So wie 1985 oder 1986, als sie in Gebhardts Wartburg zu einer Konferenz nach Thüringen unterwegs sind. Auf der Fahrt stellt Platzeck plötzlich eine Frage, an die sich Gebhardt noch genau erinnert: »Wenn es so nicht funktioniert, mit den staatlichen Planvorgaben, wie müsste dann eine richtige volkswirtschaftliche Steuerung aussehen?« Die Antwort des Systemforschers kommt wie aus der Pistole geschossen: »Du bist doch der Kybernetiker: Man muss die planwirtschaftliche Steuerung ersatzlos abschaffen.« Gebhardt sagt damals, daran erinnert sich Matthias Platzeck noch genau, auch den Zusammenbruch der DDR fast auf das Jahr genau voraus: »Wir müssen nicht abhauen, das geht nur noch vier, fünf Jahre gut.«

Nach der Wende wird Gerd Gebhardt in seiner Stasi-Akte lesen, dass der DDR-Spitzeldienst auch Wanzen in seinen Wagen einbauen wollte. Aber weil man deren Entdeckung befürchtete, beließ man es beim Peilsender.

In dieser Zeit, in der sich der Untergang der DDR abzuzeichnen beginnt, besucht der österreichische Schriftsteller Humbert Fink die Stadt und beschreibt in seinem Buch *Land der Deutschen – Reportagen aus einem sonderbaren Land* auch Potsdam: »Oder wie soll ich mir das alles erklären: Im Restaurant ›Minsk‹ in der Teltower Vorstadt, am Beginn des Brauhausberges gelegen, im Hintergrund und etwas erhöht das massive Gebäude der ehemaligen Kriegsschule, wo heute die Potsdamer SED residiert, hier also, von wo aus man einen umfassenden Blick hat auf die Stadt, wie sie sich heute darbietet, auf die Lange Brücke und auf dieses blassblaue Gerinne, das den Templiner See vom Tiefen See trennt, und der Blick reicht hinüber nach Babelsberg, wo auf dem weitläufigen Gelände der einstigen UFA heute wie damals Propagandafilme zugunsten eines neuen Deutschlands gedreht werden, was einen nicht vergessen lässt, dass gleich dahinter schon wieder die Grenze ist, diese verrückte Grenze; die Deutschland von Deutschland trennt und mit der ich, sooft und solange ich mich in Potsdam, in Berlin (Ost) oder sonst wo in diesem sonderbaren Land aufhalte, nicht zurechtkomme, an der mein Verstand und mein Gefühl scheitern, weil es dem Anschein nach immer nur irgendeine lächerliche Mauer oder ein schmaler Kanal, eine dünne Reihe verstaubter Büsche, einige Birken oder Pappeln oder einfach eine leere, grauweiß gepuderte, von bösartig aussehenden Buckeln und Wölbungen umzäunte Wiese oder einige schiefe Ackerfurchen sind, die diese Grenze ausmachen, die das trennen, was man doch nur gemeinsam begreifen kann; in diesem Restaurant ›Minsk‹ also, das ein paar Meter oberhalb Potsdams liegt und diese aufschlussreichen und zugleich ungemein befremdenden Blicke erlaubt, die ein Potsdam wie hinter Glas und dabei aus einer scheinbar harmlosen Perspektive zeigen, die mich allerdings irritiert, weil diese Perspektive nichts erklärt, obgleich sie doch alles enthüllt - im und vom ›Minsk‹ aus, wird mir ein Potsdam vorgeführt, das sich selbst heftig widerspricht. Und ich verstehe alles und ich begreife nichts.«[16]

Private Brüche

1984, nur zwei Jahre nach der Rückkehr der Familie nach Potsdam, wird Platzecks Ehe geschieden, die Ehe mit der Frau, die ihm, rigoroser, prinzipieller und schon früher systemkritischer als er, dabei geholfen hat, seinen politischen Blick zu schärfen. Nicht einmal das »verflixte siebente Jahr« hat die Ehe überstanden, über die Platzeck wenig erzählt. »Ich habe vielleicht zu früh geheiratet«, sagt er einmal. Er war 23, zwei Kinder waren bereits unterwegs.

Dass sich junge Ehepaare früh scheiden lassen, ist nichts Besonderes in der DDR. Die Scheidungsziffern schnellen dort in den 70er und 80er Jahren in die Höhe. Die Quote ist mehr als doppelt so hoch wie in der Bundesrepublik: Während im Osten Deutschlands auf 10 000 Einwohner 29 Scheidungen kommen, sind es im Westen nur 13. Eines der schwer erklärbaren deutsch-deutschen Phänomene.

Scheidungsrichter und Familienrechtler in der DDR sind besorgt. Sie führen die Scheidungswelle vor allem darauf zurück, dass zu schnell geheiratet wird, ohne dass man sich wirklich kennt, oft nur, weil schon Kinder da sind oder erwartet werden. Jedes zweite Scheidungsverfahren betrifft Ehen, die nicht länger als fünf Jahre bestehen. Auffallend ist auch, dass 70 Prozent der Anträge von Frauen eingereicht werden. Dafür kommen »Ehen ohne Trauschein« immer mehr in Mode. SED-Blätter setzen sich sogar mit solchen »unsozialistischen« Theorien auseinander, die die Ehe für überholt halten und die Freiheiten unverbindlicher Partnerschaften preisen.

Matthias Platzeck dürfte zu den jungen Menschen in der DDR gehört haben, die das damals ähnlich sahen. Seine Ehe hat gerade sieben Jahre gehalten, die Zwillingstöchter sind sechs, gerade in die Schule gekommen, als sich die Eltern trennen, die jüngere Schwester ist erst vier. Die Kinder bleiben bei der Mutter. Platzeck stürzt durch die Scheidung in Schulden. Um sie abzuzahlen, arbeitet er in seiner Freizeit auf dem Bau und verkauft Versicherungen. Nach vier Jahren ist er schuldenfrei.

Auslöser für den Bruch sei eine andere Frau gewesen, erzählen Freunde. Er selbst sagt: »Wir hatten uns auseinander gelebt, wie das halt so ist. Wir wollten beide die Scheidung.« Aber er bestreitet nicht, dass er sich »immer schnell und heftig verliebt« hat. Auch heute ist sein Verhältnis zur Ex-Frau »sachlich«, zu den drei geliebten Töchtern dagegen innig. Er wurde ihnen erst spät ein richtiger Vater. Dass er sich dann umso rührender um sie gekümmert hat, das bis heute tut, hat vielleicht auch etwas mit Wiedergutmachung zu tun.

Platzecks geschiedene Frau ist Kommunalpolitikerin in Potsdam, sie sitzt nicht für eine Partei, sondern für ein Bürgerbündnis im Stadtparlament und ist eine kritische Frau geblieben. Der Ex-Mann bekommt das zu spüren, als er Oberbürgermeister wird. Die frühere Bürgerrechtlerin macht ihm im Stadtparlament bisweilen das Leben schwer. Das nervt ihn gewaltig.

Über Matthias Platzeck, über ihre gemeinsame Zeit damals,

Platzeck nach der Vereidigung zum Ministerpräsidenten von Brandenburg am 26. Juni 2002 mit seinen Töchtern Maria, Erika und Katharina (v.l.n.r.)

mag sie auch heute, zwei Jahrzehnte danach, nicht reden. Weil der Vater ihrer drei Kinder jetzt zur öffentlichen Person geworden ist, muss ihr gemeinsames Leben nicht auch öffentlich werden. Es ist ohnehin Vergangenheit, sie führt schon lange ihr eigenes Leben. 2004 nimmt sie sogar wieder ihren Mädchennamen an, weil sie nicht immer hören will, Frau Platzeck zu sein, die Ex-Frau des Ministerpräsidenten.

Im kleinen Potsdam bleibt wenig geheim, die Menschen wissen voneinander. Nach der Scheidung genießt Platzeck seine neu gewonnene Freiheit. Er habe eine Sturm- und Drangzeit durchlebt, sagen Freunde. Er ist nicht der Typ, der lange allein leben kann. Er ist kein geborener Single. Er würde allein nicht gut zurechtkommen. Damals und auch heute nicht. Matthias Platzeck soll nach der Scheidung einige Beziehungen gehabt haben. Andere sagen, das sei eine relative Untertreibung. Das würde zu ihm passen: Wenn man ein fröhliches Gemüt hat und im Potsdam der achtziger Jahre neben der Arbeit, den politischen Diskussionen einen nicht ganz üblichen Lebensstil pflegt, in einer ganz persönlichen Nische mit Segelboot, Rotweinabenden und immer einer schönen Frau an der Seite, dann lässt es sich selbst im SED-Staat noch ganz gut aushalten.

Unter Argusaugen

Man wird den Politiker Matthias Platzeck, manche ungewöhnliche Entscheidung von ihm schwerlich verstehen können, wenn man seine Herkunft, seine »Vernetzung« in Potsdam, seine starke Bindung an die Stadt außer Acht lässt. Potsdam ist sein Mikrokosmos, hier tankt er Energie. Die Menschen, die etwas zu sagen haben, die sich einmischen, die etwas bewegen, begegnen sich in der kleinen Stadt immer, über kurz oder lang, im Guten wie im Schlechten. Das ist heute kaum anders als in den Vorwende-Jahren, wo sich die Lebensbahnen von Menschen, die ähnlich dachten und fühlten, die unter der Erstarrung litten und sich nicht verbiegen lassen wollten, zwangsläufig kreuzen mussten. Spätestens als der kritische Punkt erreicht war, die Borniertheit der Mächtigen unerträglich wurde.

Die politische Wende, die in der zweiten Hälfte der 80er Jahre kaum merklich ihre Vorboten schickt, hat in Potsdam viele Väter und Mütter. Matthias Platzeck ist nur einer davon. Es gibt Menschen, die mehr gewagt haben als er, der das Risiko immer wohl kalkuliert und einen gesunden Instinkt für Gefahren besitzt. Seine Opposition kommt eher leise daher, gewissermaßen durch die Hintertür, aber vielleicht wirksamer und langfristig überlegter angelegt, als es scheinen mag.

Matthias Platzeck profitiert in jenen entscheidenden Tagen vor der Wende auch davon, dass er unterschätzt wird. Das eröffnet ihm Spielräume. Eine Lebenstechnik, die er auch später nutzt und perfektioniert. Alles begann also mit einer dieser Begegnungen, die in diesem überschaubaren Potsdam damals so zufällig wie gesetzmäßig waren.

Es war im November 1987: Im »Haus des Kulturbundes« wird der erschreckende Verfall der Bausubstanz in der Stadt diskutiert. Da meldet sich ein gewisser Wieland Eschenburg zu Wort, ein ebenso ernsthafter wie fröhlicher Mann, der als Orgelbauer beim verstaatlichten Traditionsunternehmen Schuke-Orgelbau im historischen Holländischen Viertel arbeitet und sich in seiner Freizeit für Denkmäler engagiert: »Wir können noch ewig debattieren und zuschauen, wie die Dinger trotzdem weiter verfallen. Lasst uns doch endlich anpacken!«

Und da er auch ein praktisch veranlagter Mensch ist, schlägt Eschenburg vor, »den Pfingstberg aufzuräumen«. Weil dort zwar ein wunderschönes Belvedere mit einer noch schöneren Aussicht steht, das der Preußenkönig Friedrich Wilhelm IV. einst im italienischen Stil errichten ließ, dieses aber seit Jahren verfällt und deshalb von der Baupolizei gesperrt ist: »Betreten verboten. Lebensgefahr.« Und weil der einst vom großen preußischen Gartenkünstler Peter Joseph Lenné entworfene Park ringsum inzwischen völlig verwildert ist, worüber sich immer mehr Menschen in der Stadt ärgern.

Der heruntergekommene Pfingstberg ist zu dieser Zeit in gewisser Hinsicht Symbol für den Zustand Potsdams, ja der DDR-Gesellschaft überhaupt. »Matthias Platzeck war einer der Ersten, der aufstand und spontan zugesagt hat: Ich bin dabei«, erinnert sich Wieland Eschenburg, der heute im Management des Staatstheaters Cottbus arbeitet. »Wir fanden sofort einen guten Draht.« Einige Jahre später, 1995, wird der Umweltminister Matthias Platzeck den Vertrauten und Wesensverwandten aus den Wendetagen zu seinem Referenten machen und weitere acht Jahre später wird er ihn auch ins Potsdamer Rathaus mitnehmen. Weil er stets ihm nahe stehende und kluge Menschen um sich haben muss.

Platzecks spontane Zusage hat Folgen. Am 20. Februar 1988 bewaffnen sich Wieland Eschenburg, Matthias Platzeck und andere mit Spaten, Schaufeln, Heckenscheren und ziehen auf den Pfingstberg. Es ist ein nasskalter, ungemütlicher Wintertag.

Natürlich beginnt man so keinen Umsturz. Schon gar nicht in Deutschland, über das Lenin den bösen Satz gesagt hat, dass Revolutionen hier vorher angemeldet werden müssen. Oder so ähnlich. Nein, so gehen keine Revolutionäre vor.

Eigentlich passiert an diesem Tag auch gar nicht viel: Ein paar junge und jung gebliebene Leute sammeln in einer verwilderten historischen Parkanlage Müll ein, beschneiden Büsche und Bäume, legen zugewachsene Wege frei. Und trotzdem beginnt etwas Neues in der Stadt. An diesem 20. Februar kümmern sich Bürger erstmals seit langem wieder selbst um ihr Gemeinwesen, ohne dass es von der Obrigkeit vorgegeben und geplant worden ist. Und deshalb sagen manche in Potsdam heute noch, dass die friedliche Revolution vielleicht schon an jenem Februartag hier auf dem Pfingstberg angefangen hat.

Es ist aber auch der Moment, in dem sich Matthias Platzeck aus der jahrelangen Deckung seiner privaten Nische in die Öffentlichkeit wagt, so eingeschränkt diese auch war. In dieser Zeit, die reif ist für Veränderungen, in der sich der ganze Osten die Köpfe heiß redet über »Glasnost« und »Perestroika«, in der Erich Honecker selbst das sowjetische Magazin »Sputnik«, dessen Leser inzwischen auch Matthias Platzeck ist, wegen seiner Offenherzigkeit verbieten lässt, in dieser Zeit, in der die Ausreisewelle immer mehr anschwillt, genügt in Potsdam schon ein unangemeldeter »Subbotnik«, ein freiwilliger Arbeitseinsatz, um etwas in Gang zu setzen, was am Ende nicht mehr zu stoppen ist.

Aber das ahnt natürlich niemand im eisigen Wind auf dem Pfingstberg. »Wir waren damals auf der Suche, was wir tun sollen: Platzeck und wir alle standen vor der Frage: Stecken wir den Kopf in den Sand? Suchen wir ein Loch in der Mauer? Stellen wir einen Ausreiseantrag? Oder versuchen wir Schritt für Schritt etwas zu verbessern?«, beschreibt Eschenburg die Stimmung. »Wir wollten nicht weglaufen, aber auch die unerträglichen Zustände nicht länger ertragen.«

Viele haben damals für sich Antworten gesucht und gefunden. Matthias Platzeck, Wieland Eschenburg und die anderen wählen einen Mittelweg: Sie wollen keine Frontal-Opposition, sich aber trotzdem nicht länger abfinden. Die Gesellschaft verändern, ja, aber mit dosiertem Risiko. Nicht zum Sturz des Systems aufrufen, aber mit kleinen Schritten auf mehr Freizügigkeit hinarbeiten. »Es ist wie mit einem großen Baum, den man aufkeilen will. Man setzt an der richtigen Stelle an und macht weiter, Schlag für Schlag«, sagt Eschenburg. In der begründeten Hoffnung, dass man damit irgendwann Erfolg haben wird. Wissen konnte es niemand. Auch Matthias Platzeck nicht.

Die Gruppe hält sogar die sozialistische Ordnung ein, ganz offiziell, denn allen ist bewusst, dass selbst harmlose Pfingstberg-Subbotniks die Stasi auf den Plan rufen können, dass ohne Segen von oben selbst das Entrümpeln von Parkanlagen schon verdächtig ist. Und natürlich erst recht, wenn die Kreisdienststelle der Staatssicherheit gleich nebenan ihren Sitz hat und der sowjetische Geheimdienst KGB auch. Also gründet Matthias Platzeck zusammen mit der couragierten Lehrerin Carola Stabe am 7. April 1988 die »Arbeitsgemeinschaft für Umweltschutz und Stadtgestaltung«, kurz »Argus«. Ganz legal, unter dem Dach des Kulturbundes, einer so genannten DDR-Massenorganisation. »Wir wollten politischer wirken, einen Schritt weiter gehen.«

Es ist keine konspirative Gruppe. Man trifft sich jeden ersten und dritten Donnerstag im Monat zu Vorträgen und Diskussionen im Kulturbundhaus »Bernhard Kellermann« am Heiligen See, gegenüber dem Marmorpalais, das Friedrich Wilhelm II. 1787 nach Plänen Carl von Gontards errichten ließ, in das nach der Wende ein italienisches Restaurant einzieht und das inzwischen einer Unternehmerfamilie gehört. Und an jedem ersten und dritten Samstag geht es rauf auf den Pfingstberg. Anders als die kirchlichen Bürgerrechts-Initiativen »kontakte« und »arche«, die zu dieser Zeit schon politische Forderungen stellen, will sich Argus vor allem um die Rettung alter Häuser in der barocken Innenstadt kümmern, wo in den 80er Jahren der Verfall grassiert, wo die SED-Oberen mit dem Abriss ganzer Straßenzüge beginnen. Platzeck will auch für stadtökologische Probleme sensibilisieren, etwa für die Verschmutzung der Havel oder des Tiefen Sees, auf dem er so gern segelt. Oder ganz profan für die ständig brennenden Mülltonnen in Potsdam, die im Winter die Luft verpesten.

Sie geraten trotzdem schnell ins Visier der Staatssicherheit: »Bei der konstituierenden Sitzung am 7. April 1988 vertraten negative Kräfte die vom Gegner inspirierte Auffassung, wonach der AG Kontrollbefugnisse hinsichtlich der Einhaltung des Umweltschutzes übertragen und der AG ein Mitspracherecht bei der Planung von baulichen Vorhaben gegeben wird«, heißt es in einem Stasi-Bericht. Eine unerhörte Kampfansage an das System.

Matthias Platzeck wird schnell einer der Wortführer. »Er hat andere begeistert und mitgerissen«, erinnert sich Wieland Eschenburg. Und Carola Stabe sagt: »Matthias hatte das meiste Fachwissen. Er strahlte eine unglaubliche Ruhe aus, er konnte souverän auftreten.«[17] In Umweltfragen kann dem Umweltinspektor, der Anfang der 80er Jahre ein postgraduales Fortbildungsstudium in Berlin absolviert hatte, keiner etwas vormachen.

Argus wird schnell mutiger, gibt bald ein kleines, alle zwei Monate erscheinendes Informationsblatt heraus. »Potsdam ist keine Insel«, heißt es in der Ausgabe 1/89. »Auch unser und unserer Kinder zukünftiges Leben wird nur in möglichst weitgehender Übereinstimmung mit den uns umgebenden natürlichen Bedingungen möglich sein.« Rhythmus und Maßstäbe der Natur dürften so wenig wie möglich verletzt werden. Man wolle »keine unbegründeten Ängste schüren oder der Resignation das Wort reden, wohl aber der Sorglosigkeit begegnen und Problembewusstsein wecken«. Schon die Wortwahl bricht mit Tabus.

In der nächsten Ausgabe wird die zunehmende Verschmutzung der Havel kritisiert. Und der Denkmalpfleger Norbert Blumert warnt in einem Interview vor weiteren Abrissen in der barocken Innenstadt: »Die Kompositionskunst der Bauwerke (Architektur) variiert Symmetrie, Rhythmus und Kontrast. Der Charakter der optischen Reize ist dem der akustischen in der Musik verwandt. Emotionen sind wirksam. Die kleinste kompositorische Einheit (Note) stellt das Einzelhaus dar, das Wegnehmen eines Einzelhauses kommt also dem Fehlen einer Note gleich.« Zu den Plattenbauten, die an die Stelle der Barockhäuser treten sollen, meint Blumert: »Wenn die Vorfahren so mit der Innenstadt umgegangen wären, gäbe es das Flächendenkmal nicht, sondern ein architektonisches Sammelsurium und städtebauliches Chaos.« Für damalige Verhältnisse sind das mutige und offene Worte. Matthias Platzeck wird als einer von vier Ansprechpartnern für Interessenten, für Leute »mit Lust zum Mitmachen« genannt, mit Adresse und Telefonnummer.

Kein Wunder, dass der DDR-Sicherheitsapparat Platzeck als »feindlich-negative Kraft« ins Visier nimmt. Doch die Stasi kommt nicht richtig an ihn heran, weil er vorsichtig ist, weil kluge und weitsichtige Köpfe Argus unterstützen und schützen. Etwa Hans-Joachim Giersberg, Generaldirektor der Staatlichen Schlösser und Gärten von Sanssouci vor und nach der Wende. Oder auch die Potsdamer Kulturbundchefin Juliane Nitsche, eine aufgeschlossene SED-Genossin. »Ohne ihre Offenheit wäre es nicht gegangen«, resümiert Eschenburg.

Nur der engste Kreis um Matthias Platzeck, Carola Stabe und Wieland Eschenburg ist eingeweiht, dass sich Juliane Nitsche regelmäßig mit einem Führungsoffizier der Staatssicherheit trifft. »Sie hat uns die Karten offen gelegt, sich auf sehr dünnem Eis bewegt«, erzählt Eschenburg. Matthias Platzeck trifft mit Juliane Nitsche eine Vereinbarung. »Sie hält Argus raus, keine Namen, keine Adressen.« Und Argus bringt Nitsche in den Räumen des Kulturbundes nicht in Schwierigkeiten. Eher verlässt sie, wenn es heikel wird, vorsorglich den Raum. Wirklich brisante Gespräche werden ohnehin im Freien geführt.

Matthias Platzeck macht die unmittelbare und sehr eindrückliche Erfahrung, dass Menschen manchmal mit dem Teufel paktieren müssen, damit andere etwas Gutes oder Vernünftiges tun können. Man ahnt, warum er, der ohnehin ein Menschenfreund ist, später so nachsichtig mit Manfred Stolpe sein wird, dem ersten Ministerpräsidenten Brandenburgs, als dessen Stasi-Verstrickungen bekannt werden. Platzeck lernt den damaligen Konsistorialpräsidenten vor der Wende zwar nicht persönlich kennen. Doch führt er für den »Notfall« dessen Telefonnummer in seiner Brusttasche mit sich. Ein Pfarrer habe sie ihm gegeben: »Wenn da mal irgendetwas ist, könnt ihr den anrufen. Und wenn euch mal einer abhanden kommt, und ihr nicht wisst, wo er ist, dann ist Stolpe der richtige Mann für euch.« Platzeck musste ihn zum Glück nicht anrufen.

Es hat auch einen Anwerbeversuch der Stasi gegeben, lange vorher. Man habe einen Freund vorgeschickt und versucht, ihn mit Westreisen zu ködern, so hat es Matthias Platzeck einmal in kleiner Runde erzählt. »Das war, wenn man in der Nähe der Glienicker Brücke aufgewachsen ist, nicht ohne Verführung.« Er hat sich an den Rat seines Großvaters gehalten und auf seine innere Stimme gehört. »Es war eine Grundklarheit für mich – Stasi nie«, sagt Platzeck.

»Aber er war nie ein Radikalisierer, nie ein Widerstandskämpfer, immer auch vorsichtig, Risiken genau abwägend«, beschreibt Eschenburg den 35-jährigen Matthias Platzeck vor der Wende. Und er, der ihn wirklich gut kennt, fügt einen bemerkenswerten Satz hinzu, der aufhorchen lässt. »Matthias Platzeck war immer strategischer als andere.« Das klingt nicht nach einem, in dessen Leben alles eher nur zufällig geschieht.

So nimmt Matthias Platzeck im Frühjahr 1989, als die DDR schon unter Hochspannung steht, zusammen mit Carola Stabe Anlauf, ein Netzwerk aller unter dem Dach des Kulturbundes tätigen Umweltgruppen zu bilden – in Potsdam. Diese Gruppen schießen in der Endphase der DDR unter dem Eindruck der verpesteten Luft, der vergifteten Flüsse, der Naturzerstörung in der ganzen Republik wie Pilze aus dem Boden. Umwelt – das ist politisch vermintes Terrain, damals. Und dann auch noch eine DDR-weite Öko-Initiative von unten. Das Verbot der Potsdamer Funktionäre kommt prompt. Matthias Platzeck und Carola Stabe sind darüber so empört, dass sie im Trabbi nach Berlin knattern, um ganz oben, beim Zentralkomitee der SED, zu intervenieren.

Es gelingt den beiden tatsächlich, an den Wachoffizieren vorbei in den Empfangsbereich vorzudringen: Die Genossin dort findet das alles sehr merkwürdig, ruft aber schließlich Ursula Ragwitz an, die einflussreiche Abteilungsleiterin für Kultur. Platzeck hat den umständlichen Satz bis heute nicht vergessen, den die Genossin vom Empfang nach oben meldet: »Die wollen eine DDR-ähnliche Umweltveranstaltung.« Ragwitz hört sich das Anliegen der beiden Potsdamer am Telefon an, reagiert verunsichert, ringt sich aber schließlich den Satz ab, dass ihr von einem Verbot nichts bekannt sei.

Das reicht, zumal auch der Abteilungsleiter Umwelt in der Kulturbundleitung in Berlin, Ralf Caspar, den sie anschließend aufsuchen, auf ihrer Seite ist. Platzeck und Stabe fahren triumphierend zurück nach Potsdam und laden für den 8. und 9. April 1989 zur Gründung eines Netzwerks der beim Kulturbund angesiedelten Ökogruppen ein, offiziell deklariert als »Erfahrungsaustausch«. Später, im Wendeherbst des Jahres 1989, wird daraus die »Grüne Liga« hervorgehen – Platzecks Sprungbrett in die Politik.

Die Resonanz des Treffens der Öko-Gruppen muss überwältigend gewesen sein. Potsdams Staatssicherheit registriert genau: »An der Veranstaltung nahmen 121 Vertreter von 24 Arbeits- und Interessengemeinschaften der DDR teil.« Platzeck selbst leitet den »Gesprächskreis IV« zum Thema »Organisation und Koordinierung gemeinsamer Projekte/Informations- und Öffentlichkeitsarbeit«. Das klingt harmlos, nach Seminar. Doch Öffentlichkeitsarbeit ist in einer nicht-öffentlichen Gesellschaft eine brisante Angelegenheit. Die Staatssicherheit reagiert aufgeschreckt, zumal auf dem Treffen ein »Forderungskatalog« verabschiedet wird, in dem die »Veröffentlichung von Umweltdaten«, die »Einbeziehung der IG/AG Umweltschutz in staatliche Entscheidungen« und eine »konsequentere Ahndung von Rechtsverletzungen gegen den Umweltschutz« angemahnt werden.

Am 31. Mai warnt die Potsdamer Bezirksverwaltung der Staatssicherheit: Aufgrund »einer ungefestigten politischen Grundhaltung besteht die Gefahr des Abgleitens der Aktivitäten« der Gruppe – gemeint ist Argus – in oppositionelle Positionen. »Bisherige Erkenntnisse zum beteiligten Personenkreis belegen eine überwiegend negative politische Einstellung sowie existierende Verbindungslinien zu kirchlichen Kreisen.«

Das April-Treffen der DDR-Öko-Gruppen ist, wenn man so will, der erste politische Erfolg des Matthias Platzeck. Er und die anderen Argus-Leute sind nun hoch motiviert. Schon ein paar Wochen später wird die Gruppe erneut aktiv: Weil man den Oberen nicht mehr traut, will man die Auszählung der Stimmen bei der Kommunalwahl am 7. Mai in den Wahllokalen beobachten – gemeinsam mit den kirchlichen Gruppen »kontakte« und »arche«. Das klingt nach organisierter Opposition. »Aber es war nur Mundpropaganda. Man kannte sich eben«, sagt Wieland Eschenburg. »Handys gab es ja noch keine, und selbst Telefone waren rar.« Dennoch decken drei oder vier Dutzend kritische Potsdamer auf, was ohnehin alle ahnten: einen schäbigen Wahlbetrug.

Die Gruppen zählen, über die ganze Stadt verteilt, genau 2192 Nein-Stimmen. Doch nur 1599 gibt die »Märkische Volksstimme«, das Organ der SED-Bezirksleitung, am nächsten Tag als offizielles Wahlergebnis bekannt. Die Hundertprozent-Fanatiker der SED haben selbst ein 91-Prozent-Ergebnis noch gefälscht. Realsozialismus als Realsatire, über die nur niemand lachen kann. Der Pfarrer Hans-Joachim Schalinski legt noch am Wahlabend offiziell Einspruch gegen die Gültigkeit der Wahl ein. »Da die Auszählung der Stimmen öffentlich war und auch die Bekanntgabe der Ergebnisse in der Öffentlichkeit war, kann der Fehler der Auszählung nur auf der den Wahllokalen übergeordneten Stelle liegen«, schreibt er an den damaligen Oberbürgermeister Wilfried Seidel. »Im günstigsten Fall ein Fehler, der noch korrigiert wird, oder eiskalter Wahlbetrug.«[18] Der Ingenieur Detlef Kaminski, der nach der Wende SPD-Baustadtrat im Potsdamer Rathaus wird, stellt beim Generalstaatsanwalt der DDR Strafanzeige.

Matthias Platzeck ist am Wahltag gerade von einem einwöchigen Urlaub in Budapest zurückgekommen, mit dem er seine Teilnahme an der obligatorischen Mai-Demonstration umgehen wollte. Er ahnt nicht, dass er in seiner Abwesenheit die Staatssicherheit auf Trab gehalten hat. Kurz vor seinem Abflug muss er in irgendeinem Gespräch etwas von einer »Gegendemonstration« erzählt haben, was prompt ein Zuträger meldete und was hektische Aktionen bei der Stasi auslöste. Sie tauchte damals auch bei seiner Mutter auf, was in der Akte penibel vermerkt wird: »Der Mutter wurde mitgeteilt, dass ihr Sohn zur Klärung eines Sachverhaltes beitragen kann.«

Nach seiner Rückkehr gehört Matthias Platzeck zu denen, die Hans-Joachim Schalinski, Detlef Kaminski und den anderen Aufdeckern des Wahlbetrugs den Rücken stärken. Er schreibt ebenfalls eine Eingabe und hilft mit, den Wahlbetrug in Potsdam bekannt zu machen, über den die lokalen Zeitungen »Märkische Volksstimme« und »Brandenburgische Neueste Nachrichten« nicht berichten und den die Behörden bis zum Herbst 1989 leugnen werden.

Platzeck tritt im Mai 1989 sogar erstmals in eine Partei ein, in die LDPD, die Liberal-Demokratische Partei Deutschlands, die zu den so genannten Blockparteien der DDR gehört und nach der Wende in der FDP aufgehen wird. Einige LDPD-Mitglieder machen bei Argus mit, schließen sich der Protestbewegung gegen den Wahlbetrug an. In dieser Zeit beginnt sich die LDPD gerade aus der Umklammerung der SED zu lösen. Den Anstoß für Platzecks Parteieintritt gibt eine Rede des LDPD-Vorsitzenden Manfred Gerlach, in der dieser sich vorsichtig von Erich Honecker und der SED absetzt. Man habe das bei Argus diskutiert, erinnert sich Platzeck, die Idee sei gewesen, sich größere Freiräume zu verschaffen. Eine Illusion, wie sich schnell zeigen sollte. Schon nach drei Monaten, im Sommer 1989, kehrt Platzeck der LDPD enttäuscht den Rücken. Auch später hat er mit der FDP nicht viel am Hut.

In den Tagen nach der Kommunalwahl bekommt Matthias Platzeck Besuch von zwei Stasi-Offizieren. »Sie haben ihn gewarnt. Er ließ sie abblitzen. Das war mutig damals«, sagt Gutsmuths, dem Platzeck alles berichtet. Erst 16 Jahre später wird er erstmals erzählen, was damals wirklich geschah. Vorher hat er nicht darüber geredet, weil er keiner von diesen »Wendeveteranen« ist, die ihr Engagement wie eine Fahne vor sich hertragen, »weil er lieber aufbauen statt nach hinten gucken« will. Doch als am 25. November 2005, ausgerechnet in der Aktuellen Stunde des Brandenburger Landtags zum 15. Jahrestag der Deutschen Einheit, die 25-jährige PDS-Abgeordnete Carolin Steinmetzer als offizielle Hauptrednerin ihrer Fraktion darüber schwadroniert, wie sorgenfrei Kinder in der DDR leben konnten, wie idyllisch der reale Sozialismus gewesen sei, hält es Matthias Platzeck nicht mehr auf der Regierungsbank.

Der Ministerpräsident stürzt ans Mikrofon und berichtet, wie ihm damals die beiden Staatssicherheitsoffiziere mit Knast gedroht haben: »Am Ende dieses für mich sehr eindrücklichen Gesprächs, Frau Steinmetzer – von wegen unbeschwerte Kindheit –, haben mir die beiden Herren dann mitgeteilt, für den Fall, den sie da ins Kalkül gezogen haben, brauchte ich mir um meine drei Kinder keine Sorgen machen. Die würden in einem staatlichen Kinderheim eine bessere Erziehung genießen als bei ihren Eltern.«

Just in diesem Sommer 1989, in dem sich die Staatsmacht und die sich formierende Bürgerbewegung in Potsdam gegenseitig belauern, organisieren Matthias Platzeck, Carola Stabe, Wieland Eschenburg und andere am 10. Juni ein Volksfest auf ihrem Pfingstberg, das »Pfingstbergfest«, offiziell eine Veranstaltung des Kulturbundes, auf der sich Umweltgruppen aus der

DDR präsentieren können. Schon das Plakat ist ein Tabubruch: Es zeigt das Belvedere in sechs Bildern, als Ruine, als »Variante Stadtschloss«, also dem Erdboden gleichgemacht, als zugewucherte »Variante Biotop«, als Variante »Innenstadt« im monoton-grauen Plattenbau-Look, als »Variante L.m.a.A.« (Leck mich am ...) – und schließlich als »Unsere Variante« – als ein liebevoll rekonstruiertes Denkmal. Es hängt heute noch im Flur des Hauses von Matthias Platzeck in Babelsberg.

»Das Plakat war natürlich eine Provokation«, erzählt Wieland Eschenburg. Und es wird auch so aufgefasst. Die Tonlage in den Stasi-Berichten über Platzeck und die anderen Argus-Mitstreiter verschärft sich. In einer »Einschätzung« der Kreisdienststelle Potsdam vom 9. Juni 1989, einen Tag vor dem Pfingstbergfest, ist von »Kräften« die Rede, die »westliche Auffassungen zum Umweltschutz vertreten«. Namentlich werden Carola Stabe und Matthias Platzeck genannt. »Zur Mobilisierung einer breiten Öffentlichkeit zeigt die AG-Leitung Bestrebungen, Kontakte zu anderen Umweltschutzgruppen in der DDR aufzubauen, Großveranstaltungen wie das 1. Pfingstbergfest am 10. 6. 1989 zu organisieren und gemeinschaftlich mit negativen und kirchlichen Kräften zu handeln.«

Die Gesamtbewertung der Stasi über das Treiben des Argus-Vereins lässt im Sommer 1989 an Deutlichkeit nichts zu wünschen übrig und umfasst mehrere Punkte. Erstens: »Kontakte eines Mitglieds zur Organisation Greenpeace (BRD) und Verbreitung von Informationsmaterialien dieser Organisation in der AG.« Zweitens: »Aktivitäten von Mitgliedern der AG, Veranstaltungen der AG als Diskussionsrunden zu nutzen, in deren Ergebnis Forderungen an staatliche Organe im Sinne einer alternativen Umweltpolitik gestellt werden bzw. sich Kontrollbefugnisse über staatliche Stellen angemaßt werden.« Drittens: »Zunehmende Bestrebungen der Herstellung von Kontakten zu feindlich-negativen und kirchlichen Kräften mit dem Ziel, diese zunehmend zur Mitarbeit zu gewinnen.« Viertens: »Aufbau von Kontakten zu gleich gelagerten Arbeitsgemeinschaften der

DDR mit dem Ziel eines gemeinschaftlichen Vorgehens zur Durchsetzung von Forderungen des Umweltschutzes.« Fünftens: »Publizierung der Aktivitäten, Forderungen und Ziele durch die Herausgabe eines Informationsblattes, der Organisation von überörtlichen Erfahrungsaustauschen, Festen mit Volksfestcharakter.« Sechstens: »Aktivitäten von Mitgliedern der AG zur Kontrolle der Wahlen am 7.5.1989 mit anschließender Eingabentätigkeit an staatliche Stellen über Fälschungen der Wahlergebnisse.« Siebtens schließlich: »Zunehmende Verselbständigung der AG mit dem Ziel, sich der Kontrolle/Anleitung des Kulturbundes zu entziehen.«

Und dann das Eingeständnis, dass der »Quellenbestand« nicht ausreichend sei, um »die politisch-operative Lage umfassend zu beherrschen«, was wohl auch an dem Deal von Matthias Platzeck mit Juliane Nitsche liegt, der moderaten Kulturbundchefin, die Argus gewähren lässt. Nur eines vermerkt die Stasi in ihrer bornierten Engstirnigkeit nicht in den Akten, dass nämlich alles auch noch mit Fröhlichkeit, Lebensfreude und findiger List geschieht. Wie beim Pfingstbergfest. »Wir hatten erst bei der NVA nach einer Gulaschkanone gefragt. Die lehnten strikt ab«, erinnert sich Wieland Eschenburg. Also was tun? »Da gingen wir eben zum sowjetischen Stadtkommandanten, der ein Perestroika-Anhänger war. Der hatte kein Problem damit.« Oder die Sache mit der eigenen Ordner-Gruppe. Als sie zum vereinbarten Treffpunkt kam, standen dort schon die Stasi-Leute: »Wir waren ganz locker und haben ihnen gesagt: Kommt ruhig, feiert mit.« Zum ersten Potsdamer Pfingstbergfest pilgern dreitausend Potsdamer. Wieder ein Sieg, der neue Energien freisetzt.

Wende und Wendungen

Die friedliche Revolution fängt im »roten« Potsdam verspätet an, in anderen DDR-Städten wie Leipzig ist das Volk schon seit

September auf der Straße. Potsdam ist anders strukturiert, die Stadt wird in besonderer Weise von einer parteitreuen Elite dominiert. Hier konzentrieren sich zentrale Partei- und Staatseinrichtungen wie die Akademie für Staats- und Rechtswissenschaften der SED, das Kommando der Landstreitkräfte der NVA, sogar eine Hochschule zur Ausbildung von Offizieren für die Staatssicherheit. Potsdam ist immer eine Obrigkeitsstadt gewesen. Könige haben hier ihre Schlösser gebaut und ihre Kasernen. Sie haben die Stadt, die immer eine Beamten- und Garnisonstadt blieb, von oben entwickelt. Daran hat sich auch in der DDR nichts geändert, im Gegenteil.

Nicht zuletzt deshalb zeigt sich der 1. Sekretär der SED-Bezirksleitung Günther Jahn, als endlich auch Potsdam wach wird, so siegessicher: »Unsere Bezirksorganisation umfasst 105 000 Kommunisten bei circa eine Million Einwohner. Selbst wenn davon einige 100 Knie weich werden können, werden wir die Schlacht gewinnen.«[19] Doch er unterschätzt die Stimmung, das Ausmaß der Unzufriedenheit, die Dynamik revolutionärer Prozesse.

Am Abend des 4. Oktober 1989 versammeln sich in und an der Friedrichskirche, gleich bei Matthias Platzeck um die Ecke, viertausend Menschen zu Friedensgebeten, zum friedlichen Protest. Platzeck kommt zu spät. Er sitzt mit Wieland Eschenburg noch in seiner Küche bei einem Glas Wein, um die Lage zu besprechen. Als sie endlich aufbrechen, wimmelt es in und vor der Kirche nur so von Menschen. »Wieland Eschenburg und ich waren an dem Tag als Ordner eingeteilt. Als wir eine Stunde vor Beginn des Montagsgebets eintrafen, kamen wir gar nicht auf den Platz. Keiner hatte damit gerechnet, dass so viele kommen würden«, berichtet Platzeck.

In der Kirche wird der Aufruf der Bürgerrechtsbewegung Neues Forum verlesen, mehrmals hintereinander, in Schichten, damit alle es hören können. Für Matthias Platzeck ist dieser 4. Oktober 1989 ein symbolischer Tag. Er gerät noch immer ins Schwärmen, wenn er davon erzählt. Seit Wochen bereitet er zusammen mit Carola Stabe das zweite landesweite Treffen der DDR-Umweltgruppen vor. Es soll am 7. Oktober stattfinden, dem Jahrestag der Republik. Die Potsdamer Bezirksverwaltung der Staatssicherheit ist alarmiert, registriert die neue Qualität. »An dem bewusst in demagogischer Absicht aus Anlass des 40. Jahrestages der DDR geplanten und vorbereiteten Treffen von Argus-Projektgruppen im Bernhard-Kellermann-Haus des Kulturbundes in Potsdam ist die Beteiligung von Argus-Vertretern und oppositionellen Kräften aus der ganzen Republik vorgesehen«, warnt ein streng vertraulicher Bericht vom 26. September 1989.

Von diesem Bericht existiert nur ein Exemplar – und das ist für den damals noch siegessicheren Potsdamer SED-Bezirkschef Günther Jahn bestimmt, der in der ehemaligen Reichskriegsschule auf dem Brauhausberg hoch über den Dächern Potsdams residiert, die von den Potsdamern nur »Kreml« genannt wird. Der Begriff wird sich lange halten, auch noch in den 90er Jahren, als dort längst der Landtag von Brandenburg eingezogen ist. Die Konturen des einstigen SED-Emblems kann man noch heute am roten Backsteinturm erkennen.

Die Stasi sieht in ihrer verquasten Geheimdienstsprache »anhaltende Bestrebungen feindlich-negativer Kräfte zum Missbrauch des Kulturbundes und seiner Einrichtungen für gegen die gesellschaftlichen Verhältnisse der DDR gerichtete Aktivitäten«. Als Hauptinitiatoren werden wiederum Carola Stabe und Matthias Platzeck genannt. Sie hätten die Verbindungen mit »bekannten feindlich-negativen Zusammenschlüssen in der DDR weiter intensiviert«. Die Stasi hält es für erforderlich, »Einfluss darauf zu nehmen, dass von dieser Veranstaltung keine Störungen und politisch-negative Aussagen ausgehen«.

Am 5. Oktober 1989 trifft wieder eine alarmierende Information der Stasi-Bezirksverwaltung bei Jahn im »Kreml« ein, die dieser am Tag darauf abzeichnet: »Durch Platzeck bestehen intensive Beziehungen zur Gruppe kontakte der Friedrichskirchgemeinde Potsdam-Babelsberg. Darüber hinaus unterhält

Platzeck zu dem feindlich-negativ tätigen … engen Kontakt, in dessen Ergebnis er und weitere Führungskräfte der Gruppe Argus sich vollinhaltlich mit dem Neuen Forum identifizieren und sich bereit erklären, diesem beizutreten.«

Aber Stasi und SED sind auch in Potsdam schon stark geschwächt. Sie können nicht mehr verhindern, dass das zweite Treffen der DDR-Umweltgruppen stattfindet und ein Erfolg wird. 124 Umwelt-Aktivisten nehmen teil und verabschieden am Abend des 7. Oktober eine maßgeblich von Matthias Platzeck formulierte Willenserklärung, in der Reformen und Offenheit gefordert werden. »Wir sind am Tage des 40. Geburtstages unserer Republik betroffen, traurig und wütend über den Zustand unseres Landes. Das Gehen vieler ist für uns Ausdruck der Enttäuschung und der Abkehr, die schon seit Jahren Teile der Bevölkerung erfasst haben. Wir sind von Unehrlichkeit umgeben, wo Aufrichtigkeit lebenswichtig wäre. Wir müssen feststellen, dass Engagement und Sorgen um unser Dasein und das unserer Kinder bagatellisiert oder gar kriminalisiert werden. Wir wollen Wahlen, die durchschaubar sind, Alternativen bieten und von der Öffentlichkeit lückenlos kontrollierbar sind. Wir wollen als selbstbewusste Bürger unseres sozialistischen Staates endlich glaubhaft in den Entscheidungsmechanismus im Lande einbezogen werden, statt ein Leben in privater Zurückgezogenheit zu führen. Wir wollen ehrliche Analysen und Aussagen über den Zustand unserer Wirtschaft und unserer Umweltbedingungen. Wir wollen Medien, in denen wir unser Leben und unsere Probleme wiederfinden.«

Die Staatssicherheit, die ihre Spitzel entsandt hat, führt genau Protokoll: »Der Ablauf der Veranstaltung wurde wesentlich durch ständige Eingriffe der hinlänglich bekannten Potsdamer Stabe, Carola (Leiterin Argus und Hauptorganisator der Veranstaltung) und Platzeck, Matthias (Leiter der Projektgruppe Information) politisiert, wodurch es insbesondere in den Nachmittags- und Abendstunden des 7.10.1989 zu einer Eskalierung der Situation kam«, heißt es in einem auf den 9. Oktober datierten Bericht an den SED-Bezirkschef Jahn, den dieser diesmal noch am gleichen Tag abzeichnet. »Durch die vordergründigen Einbeziehungen von Vor-Ort-Berichten aus Leipzig und über die Zusammenrottungen in der Potsdamer Innenstadt forcierten diese feindlich-negativen Kräfte die Atmosphäre, um den Boden für eine so genannte Willenserklärung zu bereiten.« Die Sprache ist stets ein feiner Seismograph für den Zustand gesellschaftlicher Systeme – die Stasi muss sehr nervös gewesen sein.

»Matthias Platzeck war an diesem Abend sehr überzeugend, sehr ruhig und sehr klar«, erinnert sich Wieland Eschenburg. Aber er erzählt auch von der anderen Seite, die oft vergessen wird, von den Zweifeln, von den Ängsten vor dem Gegenschlag der Staatsmacht, von den Sorgen um die Familie, die jeder hat. »Niemand wusste ja, was kommt.« Tatsächlich schlägt das System an diesem 7. Oktober 1989, als sich im Kulturbundhaus »Bernhard Kellermann« die Öko-Aktivisten aus der DDR versammeln, noch einmal zu. Gut 1500 Potsdamer, darunter viele junge Leute, ziehen demonstrierend durch die Klement-Gottwald-Straße, vor der Wende im Volksmund merkwürdigerweise »Broadway« genannt, die Fußgängerzone, die heute wieder Brandenburger Straße heißt.

Man knüppelt sie auseinander, 106 Demonstranten werden festgenommen. Die Innenstadt ist im Belagerungszustand, überall patrouillieren Volkspolizei und Staatssicherheit.

Matthias Platzeck ist in der Nacht selbst vor Ort. »Das sind Bilder, die man nie vergisst.« Und er wird auch nicht vergessen, wie seine Tochter Erika kurz darauf einer linientreuen Lehrerin offen Paroli bietet, die im Unterricht die Demonstranten als »Verbrecher« attackiert. »Meine Mama und mein Papa waren auch dabei, und das sind keine Verbrecher. Entweder Sie nehmen das zurück oder ich gehe raus.« Die Lehrerin bleibt hart, die Elfjährige verlässt den Raum. »Danach durfte sie sich bei mir fast alles erlauben«, berichtet der Vater, der immer noch stolz ist auf die Courage seiner Tochter.

Jetzt überschlagen sich die Ereignisse in Potsdam. Fast jeden Abend versammeln sich tausende Potsdamer in der Babelsberger Friedrichskirche. Am 9. November 1989 fällt die Mauer. »Ich weiß noch, dass wir in einer Runde zusammensaßen und eine große Kundgebung für den 15. November im Babelsberger Fußballstadion vorbereiteten«, erinnert sich Platzeck. »Wir hatten es bereits gemietet, die DEFA wollte Scheinwerfer bereitstellen, wir erwarteten bis zu 10 000 Teilnehmer. Da kam die Nachricht von der Öffnung der Grenze. Einer aus der Runde sagte plötzlich: Damit hätten sie nun auch noch eine Woche warten können. Jetzt kommt doch keiner mehr zu unserer Kundgebung.« Immerhin kamen dann doch noch drei- bis viertausend.

Platzeck fährt sofort zur Glienicker Brücke, von der er als Kind so oft den Schiffen nachgeblickt hat. »Wir erhielten dort von Grenzern die Auskunft: Das können Sie vergessen. Diese Brücke wird niemals offen sein. Es ist ein Grenzübergang der Alliierten.« Das »niemals« dauerte dann nur noch einen Tag. »Schon am nächsten Abend fuhren wir gegen 19 Uhr übereben diese Glienicker Brücke nach West-Berlin. Ich war zum ersten Mal im Westen – und habe natürlich gleich gefragt, wo es zum Ku'damm geht. Alle haben gelacht. Gefeiert haben wir die Nacht in Wannsee.«[20]

In Platzecks Büro hängen zwei Fotos: Das eine zeigt die Friedrichskirche in Babelsberg, das andere die Glienicker Brücke.

Zweiter Teil

Geburt eines Politikers

Manchmal braucht man einen gewissen Abstand, um Lebenslinien eines Menschen zu erkennen, um herauszufinden, welche er selbst gezogen oder beeinflusst hat. Dies gilt erst recht in Umbruchzeiten, in denen vieles chaotisch verläuft. Blickt man auf Platzecks Bahnen im Herbst 1989 zurück, so macht man eine merkwürdige Entdeckung: Der Mittdreißiger ist für den Umbruch, für Führungsfunktionen, für die neue Zeit prädestiniert und mental darauf vorbereitet. Er ist eloquent, kann überzeugen und begeistern, er ist in Umweltfragen – ein zentrales Problem der zusammenbrechenden DDR – ein Experte und kompetenter Praktiker. Er hat als Abteilungsleiter und stellvertretender Behördenchef der Hygieneinspektion Potsdam administrative Erfahrung. Erste politische Sporen hat er sich bei der praktischen Arbeit mit grünen Bürgerrechtsgruppen verdient. Er ist jung, unbelastet und charismatisch. Menschen mit diesen Qualitäten und Eigenschaften gibt es nicht viele in diesen Tagen, wo der Umbau einer ganzen Gesellschaft auf der Tagesordnung steht.

Und man macht eine zweite Entdeckung: Matthias Platzeck geht in jenen Wochen, in denen sich in der untergehenden DDR alles überschlägt, wo im Chaos des Zusammenbruchs noch nicht erkennbar ist, wie die neue Ordnung aussehen wird, erstaunlich effizient, systematisch und zielstrebig vor. Nicht wie einer, der unentschlossen ist und nach Orientierungen sucht, sondern wie einer, der ziemlich genau weiß, was er will: politische Verantwortung übernehmen. Und das nicht nur im kleinen Potsdam, wie man angesichts seiner starken Bindung an die Stadt vermuten könnte. »Ich wollte Politik machen. Schon Ende 1988 habe ich aufgehört, normal zu arbeiten«, sagt Platzeck später einmal.

Jetzt ergreift er die Chance, die sich ihm bietet. Im Gemeindesaal der evangelischen Kirche Berlin-Treptow gründet er im November 1989 zusammen mit anderen eine grüne Partei, die eigentlich keine sein will und sich auch nicht so bezeichnet, weil sich die Parteien in der DDR gerade disqualifiziert haben: das Umweltnetzwerk Grüne Liga. Den politischen Boden hat Platzeck schon im Frühjahr 1989 bereitet, als er die DDR-Umweltgruppen erstmals nach Potsdam einlud. Die Grüne Liga muss also nicht bei null anfangen. Er wird zu ihrem ersten provisorischen Sprecher gewählt, kurz darauf an den Zentralen Runden Tisch delegiert, der der SED-Wenderegierung unter Hans Modrow bis zur ersten freien Volkskammerwahl im März 1990 als demokratisches Kontrollgremium zur Seite steht.

Im Nachhinein hat Matthias Platzeck einmal versucht, das alles als Zufall darzustellen. »Ich bin erster provisorischer Sprecher der Grünen Liga geworden, weil ich mal den Mund aufmachte. Da sagten alle, ja, mach das mal, außerdem wohnst du in der Nähe von Berlin und hast Telefon. Hätte ich in Leipzig gewohnt und kein Telefon besessen, wäre vieles erst einmal anders gekommen.«[21] Das Telefon soll es also gewesen sein. Es ist wohl eine seiner Untertreibungen, weil er bescheiden ist, und weil Politiker eben auch Politiker bleiben, wenn sie über ihr Leben berichten. Ein bisschen Kalkül ist immer dabei.

Dass Platzecks politischer Start kein Zufall war, unterstreicht auch eine andere Episode: Im Dezember 1989, an einem Montag, kämpft er darum, dass seine Grüne Liga zum Runden Tisch zugelassen wird, der nicht rund, sondern ein aus einfachen Tischen zusammengeschobenes Rechteck war. Ihm gehören rund 40 Vertreter der DDR-Parteien und der Bürgerrechtsbewegungen an. Eigentlich sollen keine neuen Gruppen mehr aufgenommen werden, aber es gibt einen Riesenansturm. Rund 20 weitere Organisationen wollten rein und mussten sich vorstellen, erinnert sich Platzeck. Draußen, vor dem Bonhoeffer-Haus der evangelischen Kirche, unweit der Spree und des Bahnhofs Friedrichstraße, stehen viele Demonstranten, Unterstützer der verschiedenen Organisationen, auch der Grünen Liga. »Ich war in Kampfesstimmung und habe geredet, geredet, geredet.« Das kann Platzeck. Er schafft es, die Grüne Liga bekommt zwei Sitze, andere Gruppen müssen draußen bleiben.

Im Februar 1990 ist er, bestimmt nicht zufällig, schon »Minister ohne Geschäftsbereich« in der Übergangsregierung von Hans Modrow, dem einstigen SED-Bezirkschef von Dresden und späteren Ehrenvorsitzenden der PDS. Matthias Platzeck ist ein junger Mann mit reichlich Selbstbewusstsein, was auch Bundeskanzler Helmut Kohl am 13. Februar 1990 in Bonn bei einem Treffen mit der DDR-Regierung zu spüren bekommt. Als Platzeck die Wahlkampf-Millionen aus dem Westen für Kohls »Allianz für Deutschland« als nicht gerade vereinbar mit »freien, gleichen und gerechten Wahlen« kritisiert, herrscht der Kanzler Modrow genervt an: Er möge doch seinen vorlauten Referenten bremsen. »Ich brauche mich von diesem jungen Herren nicht belehren zu lassen.« Später sollte der Einheits-Kanzler seine Meinung über den vorlauten Referenten ändern.

Den dunklen Anzug, den Matthias Platzeck bei dem Treffen mit Kohl trägt, hat er sich erst kurz zuvor besorgt. Er besaß keinen für solche Anlässe. »Also habe ich gesagt, Matthias, dann kriegst du einen von mir. Aber er antwortete: Nein, jetzt wird einer gekauft. Und ich komme auch mit Krawatte«, erinnert sich Modrow, mit dem sich Platzeck seit den gemeinsamen Wochen auf der Regierungsbank gut versteht.[22] Er erkennt Modrows Einsatz für einen gewaltfreien Übergang zur Demokratie an, der damals nicht selbstverständlich war. Chinas Kommunisten ließen vier Monate zuvor Panzer über den Platz des Himmlischen Friedens rollen.

Jahre später, als sich der brandenburgische Ministerpräsident zu Wirtschaftsgesprächen nach Russland aufmacht, um Aufträge für märkische Firmen zu akquirieren, werden die »Grüße von meinem Freund Hans Modrow« zu seinem Standardrepertoire gehören. Ein Brückenbauer wie Platzeck hat Freunde in allen Lagern, auch den gegnerischen. Im Modrow-Kabinett setzt er

Matthias Platzeck (3. v.l.), Markus Rösler, Helmut Röscheisen und Klaus Schlüter beim ersten Arbeitstreffen des deutsch-deutschen grünen Tisches 1990

zusammen mit dem stellvertretenden Umweltminister und Naturschützer Michael Succow das »Nationalpark-Programm« durch, stellt fast handstreichartig ganze Landschaften zwischen Kap Arkona und Fichtelberg unter Schutz, bevor die DDR untergeht. Es ist das »Tafelsilber der deutschen Einheit«, wie es der frühere Bundesumweltminister Klaus Töpfer (CDU) einmal nennt.

In die erste und zugleich letzte frei gewählte Volkskammer zieht Matthias Platzeck am 18. März 1990 für die Grünen der DDR ein – als Parteiloser. Er wird parlamentarischer Geschäftsführer der Fraktionsgemeinschaft, die sich aus den Grünen und dem bürgerbewegten Bündnis 90 bildet. Doch die vom Milieu kirchlicher Oppositionsgruppen geprägte grüne Partei mit ihrem Hang zu fundamentalistischen Grundsatzdebatten, zu persönlichen Fehden, »der miese menschliche Umgang«, nerven den unideologischen Platzeck. Der Pfarrer und Bürgerrechtler Joachim Gauck, der ebenfalls der Fraktionsgemeinschaft angehört und später einmal die Stasi-Unterlagenbehörde leiten wird, sagt ihm damals: »Warum bist du eigentlich bei uns und nicht bei den Sozis. Bist doch einer.«[23] Was Platzeck mit einem Lachen abtut.

Noch ist er aus tiefstem Herzen ein grüner Einzelkämpfer, den der ökologische Kollaps der DDR bewegt. Das ist sein Thema, da kennt er sich aus. Dass es auch in der neuen Zeit Grenzen gibt, eine Kluft zwischen Wunsch und Wirklichkeit, zwischen Möglichem und Unmöglichem, ist ihm bewusst. Als Hubert Weinzierl, Chef der Umweltorganisation BUND, einmal gegen den geplanten Ausbau von Autobahnen und Straßen in Ostdeutschland polemisiert und lieber »für holprige Straßen« wirbt, widerspricht Matthias Platzeck hart: »In einem Land, wo man 14 Jahre auf ein Auto wartet, kann man nicht für Schlaglöcher kämpfen.«[24] Und noch sagt dieser Mann auch solche Sätze über sich wie diesen: »Ein Parteimensch werde ich nie.« Er wird ihn irgendwann einholen.

Mit der Vereinigung der beiden deutschen Staaten am 3. Oktober 1990 wird Matthias Platzeck automatisch Mitglied des ersten gesamtdeutschen Bundestags, der sich in Bonn konstituiert. Für ihn ist es eine ebenso kurze wie eindrückliche Erfahrung. Er wundert sich über die Blauäugigkeit in dieser heilen Bonner Welt, die so weit weg ist von den Menschen und den Problemen in Ostdeutschland.

Noch im selben Monat tritt er als Parteiloser bei der ersten Landtagswahl in Brandenburg an, nicht mehr für die Grünen, die ihm zu dogmatisch sind, sondern für die Listenverbindung Bündnis 90, ein buntes Sammelbecken »Bürgerbewegter« aus diversen Wende-Initiativen wie dem Neuen Forum, Demokratie Jetzt oder eben der Grünen Liga. Es ist die Zeit der großen Neuorientierung, jeder sucht seinen Platz in der neuen Ordnung.

Bereits im Frühsommer hatte Matthias Platzeck mit den Bürgerrechtlern Günter Nooke, dem vielleicht wichtigsten Kopf des Bündnis 90, und Marianne Birthler, die einmal die Stasi-Unterlagenbehörde leiten wird, eine strategische Abmachung getroffen. Man wird gemeinsam nach Brandenburg gehen und für den ersten Landtag kandidieren. Man verständigte sich zwischen Tür und Angel, vor dem Politbürosaal im früheren Gebäude des SED-Zentralkomitees. Vieler Worte bedurfte es nicht, man sei sich schnell einig gewesen, erinnert sich Günter Nooke.

Kurz darauf wurde das Trio auf der Landesvertreterversammlung von Bündnis 90 wie selbstverständlich für die ersten drei Listenplätze nominiert – alle drei brachten parlamentarische Erfahrung aus der Volkskammer sowie einen gewissen Bekanntheitsgrad mit. Das markante Wahlplakat zeigt das Trio auf der Treppe des Berliner Doms. Es sind bürgerbewegte Realos, die ähnlich denken und mitgestalten wollen: »Es war nie strittig, es gab nie eine Debatte: Wir wollten regieren«, sagt Günter Nooke. Opposition, erst innere, dann offene, war man vor 1989 schließlich lange genug.

Das Wahlprogramm von Bündnis 90, von Platzeck mitformuliert, ist pragmatisch. Die Wirtschaftspolitik steht weit oben: »Brandenburg darf nicht zum Hinterhof Deutschlands werden.« Man will Weltmarktunternehmen ansiedeln und durch ein breites Programm zur Entwicklung der Infrastruktur Voraussetzungen für den Wirtschaftsaufschwung schaffen, das Straßen- und Schienennetz ausbauen, die vernachlässigten Städte und Dörfer sanieren und – »Telefone für alle«. In der DDR-Mangelwirtschaft waren Telefonanschlüsse rar und die vorhandenen ein ziemliches Ärgernis, weil es oft Störungen gab.

In der Umweltpolitik will Platzeck neue Akzente setzen, zum Beispiel Biosphärenreservate, Naturparks und Schutzgebiete einrichten, insbesondere in ehemaligen Staatsjagdgebieten und auf sowjetischen und NVA-Truppenübungsplätzen. Außerdem will er eine »Reduzierung des Müllanfalls durch Verpackungssteuern und Rücknahmepflicht für Einwegverpackungen durch den Handel«, wie sie die rot-grüne Bundesregierung

Jahre später einführen wird. Platzeck ist nicht grundsätzlich gegen Kernkraftwerke, aber »für eine radikale Durchsetzung der Umweltbestimmungen beim Betrieb«. Er hat damals ein klares Ziel: Er will Minister werden, wie er im Wahlkampf erklärt.

»Dass Matthias Platzeck Umweltminister werden soll, stand früh fest«, bestätigt Günter Nooke: »Das ging schon aus unserem Wahlspot hervor.« Auch in der SPD gibt es bereits Leute, die sich für Platzeck interessieren. Als Brandenburgs junge Sozialdemokraten in Bad Münstereifel mit erfahrenen Westgenossen die Strategie für die Landtagswahl beraten, kommen auch Personalien zur Sprache. Die Neugenossen aus dem Osten rechnen fest damit, dass man die Wahl gewinnen und die Regierung bilden wird – aber wer soll ins Kabinett gehen? Der Pfarrer und junge Landesvorsitzende Steffen Reiche, der die Ost-SPD in Schwante mit begründet hat, überrascht in kleiner Runde mit dem Vorschlag: Man könne doch diesen parteilosen Matthias Platzeck zum Umweltminister machen. Die Genossen lehnen das ab. Der sei »zu grün«.

Und dann kommt der spannende 14. Oktober 1990, die erste Landtagswahl in Brandenburg nach der Wende. Matthias Platzeck sitzt mit seinen Mitstreitern um 18 Uhr im Saal des Potsdamer Rathauses, wo das Wahlstudio eingerichtet ist. Die erste Prognose sieht Bündnis 90 bei sechseinhalb Prozent. Ein Riesenerfolg. Aber wirklich überrascht sind Platzeck und Nooke nicht. Das Kalkül der bürgerbewegten Realos ist aufgegangen: Nicht die ungeliebten Grünen, die es nur auf dürftige 2,8 Prozent bringen, sondern ihr Bündnis 90 schafft locker den Sprung über die Fünf-Prozent-Hürde. Die SPD jubelt über 38,2 Prozent, sie kann als stärkste Partei die Regierung bilden. Die CDU ist mit 29,4 Prozent nicht besonders zufrieden, sie hatte mehr erwartet. Die aus der SED hervorgegangene PDS muss sich mit bescheidenen 13,4 Prozent begnügen, während sich die FDP über 6,6 Prozent freut.

Im Café im Filmmuseum, im ehemaligen preußischen Marstall im Zentrum Potsdams, feiert die kleine Bündnis-90-Schar ihren Sieg und erörtert bis in den frühen Morgen hinein die entscheidende Frage: Wird Manfred Stolpe, der ehemalige Konsistorialpräsident und designierte Ministerpräsident der SPD, mit der CDU koalieren oder eine bunte Allianz mit FDP und Bündnis 90 wagen? Die Runde ist skeptisch. Auch Matthias Platzeck glaubt, dass der Kirchenmann eine Koalition mit den Christdemokraten vorziehen wird. Stolpe selbst lässt sich nicht in die Karten schauen, hält sich alles offen. Er lädt sowohl CDU wie auch FDP und Bündnis 90 zu Gesprächen ein.

Zur selben Stunde, in der Platzeck, Nooke und Birthler im Café des Filmmuseums orakeln, für wen sich Stolpe entscheiden wird, versucht der 30-jährige SPD-Landeschef Reiche den 24 Jahre älteren Manfred Stolpe von einer Koalition mit FDP und Bündnis 90 zu überzeugen. Das Wort des Jüngeren hat durchaus Gewicht, er ist derjenige, der Stolpe die Spitzenkandidatur angetragen und sie auch gegen Widerstände in der SPD durchgesetzt hatte.

Auch Reiches und Platzecks Wege hatten sich schon ein Jahr zuvor gekreuzt, in jenem heißen Herbst nämlich, in dem die friedliche Revolution auch das etwas müde Potsdam mit ganzer Wucht erfasste: Reiche war bei der Kundgebung am 4. Oktober in der Babelsberger Friedrichskirche, die Platzeck als Ordner absichern half, einer der Redner. Später trafen sie sich in der ersten frei gewählten Volkskammer wieder und freundeten sich an.

Reiche bietet bei Stolpe seine ganze Überredungskunst auf: Der neu gegründeten SPD stünden Bürgerbewegte wie Matthias Platzeck und Günter Nooke näher als die »Blockflöten« von der CDU. Außerdem gebe es überall Koalitionen mit den Christdemokraten. »Schon deshalb sollten wir in Brandenburg einen anderen, einen eigenen Weg gehen.« Manfred Stolpe, der im Dezember 1989 von Kanzler Helmut Kohl gefragt worden war, ob er nicht in der CDU mitmachen wolle, sich nach Gesprächen mit dem Ministerpräsidenten von Nordrhein-Westfalen, Johannes Rau, dann aber doch für den Eintritt in die

SPD entschieden hatte, ist skeptisch. »Stolpe wollte lieber eine Koalition mit der CDU«, erinnert sich Steffen Reiche.

Doch Stolpe kann nicht ignorieren, dass sich die Stimmung in der ihm noch fremden SPD gegen eine Große Koalition wendet. Er beginnt Verhandlungen mit den kleinen Parteien, hält sich aber die CDU noch warm. Matthias Platzeck nimmt das damals so wahr: »Er hat die CDU noch lange an der Leine geführt, die Option offen gehalten.«[25] Ihm imponiert, wie der Kirchenmann pokern kann.

Umweltminister

Schon bei der Bildung der »Ampelkoalition«, wie sie genannt wird, obwohl sie eigentlich gar keine ist, weil die Grünen nicht dabei sind, sondern das aus der DDR-Bürgerbewegung entstandene Bündnis 90, verläuft nicht alles reibungslos. Die Verhandlungen gestalten sich schwieriger als erwartet, wofür der junge Bündnispolitiker Platzeck einen Grund ausmacht: Die SPD sei zu sehr an nordrhein-westfälischen Vorstellungen – die auf einer absoluten Regierungsmehrheit der Sozialdemokraten beruhen – orientiert. In Brandenburg müssten hingegen drei Partner Entscheidungen treffen. Die Einflüsse aus Nordrhein-Westfalen kommen nicht von ungefähr. Stolpe hatte sich vor der Landtagswahl mit Johannes Rau verständigt, dass Nordrhein-Westfalen Partnerland für Brandenburg wird und den Regierungs- und Verwaltungsaufbau unterstützt. Die beiden kennen sich schon aus der Zeit, als Manfred Stolpe noch Konsistorialpräsident der Evangelischen Kirche der DDR war und im Osten wie im Westen verhandelte.

Als die Verträge fast unterschriftsreif sind und auch die Verteilung der Ressorts feststeht, gibt es ein neues Problem. Plötzlich sei Matthias Platzeck hereingeschneit und habe eine neue Forderung von Bündnis 90 aufgemacht, erzählt Reiche: Marianne Birthler solle das Bildungsministerium übernehmen.

Der Konflikt ist da, denn Manfred Stolpe hat das Ressort für Reiche, den SPD-Landeschef, vorgesehen. Die Reaktion des sonst so zurückhaltenden Kirchenmannes, der sich wie kaum ein anderer zu beherrschen weiß, hat sich den Anwesenden eingeprägt. Stolpe steht auf und geht mit den Worten: »Hier ist meine Telefonnummer. So kann man nicht miteinander arbeiten.« Doch Matthias Platzeck und das Bündnis 90 bleiben hart. Weil Steffen Reiche die von ihm favorisierte Ampelkoalition nicht gefährden will, verzichtet er schließlich auf das Ministeramt. Marianne Birthler wird Bildungsministerin.

Es gibt noch eine andere Geschichte aus dieser Zeit: Obwohl alles abgesprochen ist, zögert Platzeck im letzten Moment, Umweltminister zu werden. Dieses Verhalten kann man bei ihm auch später beobachten, wenn er eine neue, unbekannte Aufgabe übernehmen soll. Er ringt mit sich, wägt ab, hat Zweifel, sagen Freunde, die das mehrfach erleben. Ein paar Tage vor der Ernennung zum Umweltminister sei Matthias Platzeck plötzlich zu ihm gekommen, schildert Nooke: »Günter, willst du es nicht machen?« Angst vor der eigenen Courage, 36 Jahre jung und schon Minister? »Es bleibt so«, entgegnet Nooke. Der brummbärige Typ ist überzeugt, dass der kommunikative und einnehmende Experte Platzeck der ideale Umweltminister ist. Außerdem will Nooke die Führung der Fraktion übernehmen. So erhält Platzeck am 13. November 1990 aus den Händen von Manfred Stolpe die Ernennungsurkunde, von jenem Mann, dessen Telefonnummer er als Argus-Aktivist bei sich führte, für den Fall, dass die Stasi zuschlagen sollte. Auch Stolpe ist der Name Platzeck nicht unbekannt. Seine Frau, selbst Ärztin in Potsdam, war Patientin bei Platzecks Vater, dem HNO-Spezialisten. Und im heißen Herbst 1989, irgendwann um den 4. Oktober, war der Emissär zwischen den Fronten auch erstmals mit dem Namen Matthias Platzeck konfrontiert worden.

Das geschah in einem Gespräch, das der Kirchenmann Stolpe mit ebenjenem Potsdamer SED-Bezirkschef Günther Jahn führte, dem die Stasi ihre streng geheimen Berichte über die

Mit Marianne Birthler, damals Bildungsministerin in Brandenburg, auf der Gründungsversammlung von Bündnis 90 am 21. September 1991

»negativ-feindlichen« Aktivitäten der Bürgerinitiative Argus vorlegte. Er habe zu Jahn »ein gewisses Vertrauensverhältnis aufgebaut, was wichtig war, um bestimmte Zugeständnisse zu erreichen«, sagt Stolpe rückblickend. »Jahn hat sich damals auch über die Provokateure und Unruhestifter in Potsdam ausgelassen und unter anderem den Namen Matthias Platzeck genannt.« Der und seine Leute seien »gefährlicher als die ganz lauten Provokateure, weil sie eine Konzeption hätten und schwerer angreifbar seien«, habe der SED-Bezirkschef ihm erklärt.

Persönlich kennen gelernt hat Stolpe seinen Minister erst später, bei einer Veranstaltung der letzten Regierung unter Lothar de Maizière. Eine flüchtige Begegnung sei das gewesen, bei der ihm Platzeck aber schon aufgefallen sei, sagt Stolpe. »Er strahlte etwas aus, versuchte nicht zu blenden.« Platzeck erinnert sich an eine zweite Begegnung wenige Wochen vor der Landtagswahl. Da habe ihm Stolpe augenzwinkernd gesagt: »Wenn sich das so fügt, werden Sie ja bald bei mir

Umweltminister.« Stolpe sandte gern solche unverbindlichen Signale.

Matthias Platzeck muss seinen Start als Umweltminister als gnadenlosen, unerbittlichen Wettlauf mit der Zeit empfunden haben. Was ihn erwarte, beschreibt er so: In der Umweltpolitik seien Probleme in Hülle und Fülle und am besten gleichzeitig und schnell zu lösen. Schadstoffe seien vergraben worden, Truppenübungsplätze mit Mineralöl verseucht, Seen und Flüsse in stinkende Kloaken verwandelt. Die Luft sei verpestet und das Grundwasser durch wilde Deponien gefährdet. Auch müsse jetzt die Zersiedlung der noch erhaltenen großräumigen Brandenburger Landschaften verhindert werden. Es sei zwingend, dass das Ministerium schnell arbeitsfähig werde, »noch bevor bauwütige Unternehmer die Alleebäume abrasieren und golfspielende Schickeria wertvolle Artenschutzgebiete und Wassergrundstücke dem Zugang der Öffentlichkeit entzieht«.[26]

Gerade zum Minister berufen, eckt er gleich mit seiner ersten wichtigen Personalentscheidung an, weil er einen Experten aus dem Westen zum Staatssekretär macht, der das »falsche Parteibuch« hat: Paul Engstfeld, den er von der EU-Kommission holt. Der Mann ist ein »Schwarzer«. Auch im jungen Bundesland Brandenburg wird bereits Wert auf die richtige Farbenlehre gelegt. Dafür sorgen schon die SPD-Aufbauhelfer aus dem Westen. Sie sind es, die die größten Probleme mit dem CDU-Staatssekretär haben. »Man kann nicht die Opposition in die Regierung holen«, klärt etwa Staatskanzleichef Jürgen Linde, ein Parteisoldat aus Nordrhein-Westfalen, den jungen Umweltminister auf. Obwohl sogar Stolpe interveniert, bleibt Platzeck konsequent. Nicht das Parteibuch, die Qualifikation müsse entscheiden. Engstfeld kommt.

Mit Unbehagen sehen manche auch, dass Platzeck viele Leute aus seinem früheren Umfeld ins Ministerium auf den Telegrafenberg holt, auf dem seit 1876 Observatorien und auch der berühmte expressionistische Einstein-Turm stehen. Platzeck trommelt seine Mitarbeiter aus dem Potsdamer Hygieneinstitut, aus dem Netzwerk der DDR-Ökogruppen, aus dem Kulturbund und aus dem Modrow-Kabinett zusammen.

Es ist eine bunte, aber verschworene und geistesverwandte Truppe, die sich im Umweltministerium zusammenfindet. Man »knüppelt«, die Probleme sind immens, das Licht brennt meist bis spät in die Nacht. Anfangs gibt es nur drei Telefone, der Apparat im Ministerzimmer stammt aus Stasi-Beständen. Platzeck habe »von Anfang an anspruchsvolle Regeln aufgestellt«, erinnert sich sein damaliger Büroleiter Herbert Dunkel. »Eine lautete: Es gibt keine Termine mit dem Minister, die nicht vorbereitet sind.« Seinen damaligen Chef beschreibt Dunkel so: »Emotional, aber nicht cholerisch oder exzentrisch.« Nie habe er sich gehen lassen, nie sei er mit schlechter Laune durch die Flure gerannt. »Es gab auch keinen Unterschied zwischen dem dienstlichen und dem privaten Platzeck.«

Wer in dieser spannenden Aufbruchzeit den Umweltminister nach seinem politischen Weltbild fragt, erhält ungewöhnliche Antworten: »Mit Begriffen wie rechts, links und sozialdemokratisch kann ich wenig anfangen.« Er hat auch kein Problem damit, als »Wertkonservativer« bezeichnet zu werden. Seinen Politikstil beschreibt er so: »Ich will Menschen gewinnen. Wenn man nur auf Konfrontation fährt, verschleißt man sich schnell. Ich versuche, die Waage zwischen meinem Harmoniebedürfnis und Konfliktbereitschaft zu halten.«

Als negative Charaktereigenschaften zählt der Jung-Minister auf: »Ich setze zu sehr auf das Gute im Menschen. Ich nehme vieles zu ernst. Ich kümmere mich nicht gern um Details. Und mich belasten menschliche Querelen.« Wenn man das liest und mit dem späteren Politiker Platzeck vergleicht, macht man eine verblüffende Entdeckung: Sein Weltbild, seine politischen Ansichten mögen sich im Laufe der Zeit verändert haben, sein Politikstil, seine Charakterzüge hingegen nicht.

Die Anfangsjahre als Minister sind turbulent, es sind Lehrjahre für ihn. »Ich habe ihn als Überflieger wahrgenommen. Er kniete sich in Überthemen wie die Naturparks, den Nationalpark ›Unteres Odertal‹, die Entgiftung von Luft, Wasser, Böden. Das war sein Ding. Aber er war nicht detailverliebt«, erinnert sich Rainer Speer, ein SPD-Mann der ersten Stunde in Brandenburg. Er wird einmal der Freund und Berater im Hintergrund sein, der Platzecks weiteren Aufstieg vorbereiten hilft, Hindernisse aus dem Weg räumt. Damals stehen sie noch auf unterschiedlichen Seiten: Speer ist in Stolpes Staatskanzlei Abteilungsleiter für Raumordnung und Landesplanung und hat als Leiter einer Ansiedlungsgruppe ständig Ärger mit dem Umweltministerium, weil er gegen dessen Widerstände Investitionen durchzusetzen versucht.

Wegen mancher Blockaden bekommt Platzeck schnell das Etikett eines »Verhinderungsministers«. Er hält das für ungerecht, reagiert aber gelassen: »Damit muss ich leben. Wir bemühen uns um sinnvolle Entwicklungen. Wir brauchen eine Bewahrungsstrategie für unsere Umwelt. Ich weiß, dass das Ministerium manchmal über das Ziel hinausschießt. Ich führe es trotzdem an der langen Leine: Das bringt die Motivation.« Auch diese Art der Menschenführung wird Platzeck beibehalten.

Der Minister sorgt für manche Schlagzeile: Mal nennt er es »indiskutabel«, dass Brandenburg »offensichtlich die Golffans ganz Deutschlands« mitversorgen soll, weil sich bald 50 Anträge für Golfplätze in seinem Ministerium stapeln und immer neue hinzukommen. »Die Ostdeutschen dürfen kein Volk von Köchen und Kellnern werden.« Mal fordert er von seinen ohnehin restriktiven Umweltbehörden mehr »Mut zum Verbot«. Und er will sogar den Besucheransturm auf den Spreewald stoppen. Seit 1910, der Entdeckung des »Venedig des Nordens« als Touristenziel, sei die Besucherzahl von 21 000 Menschen auf nunmehr 2,5 Millionen gestiegen – es drohe eine »Überforderung« der Natur.

Mit seinen urgrünen Positionen hat Matthias Platzeck keinen leichten Stand in der Landesregierung. Er muss von Anfang an mit harten Bandagen kämpfen, um sich durchzusetzen. Gleich nach seinem Amtsantritt beginnt die Arbeit am Naturschutzgesetz, in das seine Erfahrungen mit den Giftwolken über dem Erzgebirge und der verschmutzten Havel einfließen. Platzeck will, was schon die Stasi alarmiert hatte, ein größeres Mitspracherecht des Naturschutzes, er will starke Umweltbehörden mit Veto-Rechten, und er will große Teile des Landes unter Schutz stellen.

Für den FDP-Mann Walter Hirche aus Hannover, bis 1990 Wirtschaftsminister in Niedersachsen und jetzt in Brandenburg, ist das ein Horrorszenario. Er bekämpft Platzecks Pläne vor und hinter den Kulissen, fordert im Landtag ohne Rücksicht auf den Kabinettskollegen »harte Einschnitte gegen die Interessen des Naturschutzes«. Investorenansiedlungen seien wichtiger. Der alte Philosophienstreit wird in einem Land, das nach dem Zusammenbruch ganzer Industrien um jede neue Firma betteln muss, in anderer Schärfe geführt.

Hirche, der eloquente Politprofi aus dem Westen, kennt das Geschäft mit Mehrheiten, er weiß, wie man in der noch im Aufbau befindlichen, unerfahrenen Regierungsbürokratie schnell vollendete Tatsachen schaffen kann, was ihn für Platzeck besonders gefährlich macht. Auf der anderen Seite opponiert Agrarminister Edwin Zimmermann gegen ihn, ein bulliger Bauer, den die Wende wie so viele andere Politlaien eher zufällig in die SPD und gleich nach ganz oben gespült hat. Der Chef des Landwirtschaftsressorts ist einfach gestrickt, hält Naturschutz im Grunde für überflüssig und macht unter den Bauern Front gegen Platzecks Naturschutzpläne.

Derart in die Zange genommen, muss sich der Umweltminister, der im Landtag nur eine sechsköpfige Mini-Fraktion im Rücken hat, mühsam Mehrheiten suchen, Kompromisse aushandeln, um sein Naturschutzgesetz doch noch durchzubringen, das vorbildlich für ganz Deutschland werden soll. In seiner Situation braucht er Verbündete, die er in den Medien findet. Die Kontakte pflegt er wie kein anderer Minister. Er muss sich dabei nicht verstellen, er spricht offen aus, was Sache ist, was er denkt, was hinter den Türen vorgeht. Platzeck, das zeigt sich schnell, versteht es, für seine Anliegen zu werben, seine Botschaften zu »verkaufen«. Jedenfalls können seine Gegner in der Koalition nur mit Neid registrieren, dass er ihnen die Show stiehlt.

Schon in dieser frühen Phase hat Matthias Platzeck in Manfred Stolpe einen wohlwollenden Fürsprecher. Der beschreibt seine ersten Eindrücke vom jungen Minister im Kabinett so: »Er bestach durch Sachlichkeit und eine unideologische Art, er war kein Schwätzer wie andere.« Außerdem imponiert Stolpe die »menschliche Umgangsart« Platzecks. »Wenn jemand Geburtstag hatte, kam er immer mit einem Blumenstrauß, während ich das meist vergessen habe«, erzählt Stolpe. Weil ihm das peinlich ist, legt sich der Ministerpräsident schließlich einen Geburtstagskalender an.

»Er hat immer Stil«, sagt damals auch Erhard Thomas, der langjährige Regierungssprecher Stolpes und frühere Korrespondent des Westdeutschen Rundfunks in Bonn und Washington. Er beobachtet Platzeck in fast jeder Kabinettsitzung, kann sein Auftreten sehr gut mit dem anderer Minister vergleichen: »Er wird ernst genommen. Er hat die große Fähigkeit, zu erreichen, dass man sich zusammenrauft, selbst wenn man weit auseinander liegt«, sagt Thomas, den damals am meisten die »innere Unabhängigkeit« Platzecks beeindruckt.

Manchen ist Platzeck allerdings zu unabhängig in seinem Denken. Ständig knirscht es im Gebälk der ambitioniert gestarteten Koalition mit ihren so grundverschiedenen Partnern: Als zwei Monate vor der Internationalen Luftfahrtausstellung auf dem Flughafen Berlin-Schönefeld im Juni 1992 bekannt wird, dass sich die Bundeswehr mit Tornados und Alpha-Jets, mit Phantoms und von der Nationalen Volksarmee übernommenen MIG21-Jägern präsentieren will, legen die Pazifisten Platzeck und Nooke sofort scharfen Protest ein. Sie sehen einen vom Bündnis 90 in der Anfangszeit der Koalition durchgesetzten Kabinettsbeschluss verletzt, nach dem die Luftfahrtschau »eindeutig zivilen Charakter« tragen soll, »unter weitgehendem Verzicht auf einen militärischen Teil«.

Die radikale Lösung, nämlich die Luftfahrtausstellung ganz abzusagen, wie es die Grünen und andere fordern, will Platzeck aber auch wieder nicht. Brandenburg brauche »dringend Impulse im Bereich der Hochtechnologie«. Am Ende kommt wieder so ein für ihn typischer Kompromiss heraus: Die Schau findet statt, es darf sogar der Jäger 90 gezeigt werden – aber nur als Holzmodell. Es ist die Zeit der Träume und Illusionen in Brandenburg. Heute muss Matthias Platzeck über das hart erkämpfte Holzflugzeug, das ein Beitrag für Weltfrieden und Abrüstung sein sollte, lachen.

Trotzdem ist sogar der Holz-Jäger typisch für sein Verständnis von Politik: Jede Lösung ist besser als gar keine. So ist es dann auch beim Naturschutzgesetz, das er im Februar 1992 gegen den erbitterten Widerstand seiner Gegner mit Ach und Krach durchs Kabinett bringt. Eine Zwischenabstimmung ergibt zunächst ein Patt. In diesem Moment, als es für Matthias Platzeck um alles oder nichts geht, vielleicht sogar sein Job auf dem Spiel steht, greift Manfred Stolpe ein: Er stellt sich mit seiner Autorität hinter den damals 38-Jährigen, sorgt dafür, dass Platzecks Prestigeprojekt im zweiten Anlauf beschlossen wird, ganz knapp, mit einer Stimme Mehrheit.

Im Landtag beginnt das Gerangel dann noch einmal von vorn. Es geht schon längst nicht mehr nur um den Prioritätenstreit zwischen Naturschutz und Wirtschaft, sondern auch um den politischen Einfluss des Umweltministers. Mancher Koalitionspolitiker, darunter auch Minister, spricht es offen aus: Platzeck, der Star des Bündnis 90, könnte zu mächtig werden. Er steht der obersten Raumordnungsbehörde vor und, wenn das Gesetz durchkäme, auch der mit mehr Rechten ausgestatteten obersten Naturschutzbehörde des Landes. Diese Machtballung in Platzecks grünem Ministerium wird von vielen als »äußerst problematisch« angesehen. Matthias Platzeck, der damals einen dichten Vollbart trägt und aussieht wie eine Mischung aus Che

Guevara und Fidel Castro zu Beginn der kubanischen Revolution, hält entgegen: Er denke nicht in Machtkategorien. Das nehmen ihm schon damals viele nicht ab. Aber noch ist er »grüner« Träumer und Realo in einem, Pazifist und Weltverbesserer. Noch glaubt er, dass es politische Wahrheiten gibt, die immer und ewig gelten. Die unerschütterlich sind – so wie die Ablehnung alles Militärischen.

Stasi-Verwicklungen

Im Rückblick schwärmen auch heute noch viele in Brandenburg von diesem Aufbruch, der vielleicht auch die beste Zeit des Manfred Stolpe ist, weil er den Menschen Mut macht und Hoffnung gibt. Er hat Platzecks politisches Talent als Erster entdeckt, er fördert und unterstützt es. Das besondere Verhältnis zwischen dem Landesvater und seinem späteren Kronprinzen geht auf jene frühen Jahre zurück, in denen erst leise und dann immer lauter Stasi-Vorwürfe gegen den früheren Konsistorialpräsidenten der Evangelischen Kirche der DDR laut werden. Er war immer ein Grenzgänger, der in Zeiten der kalten Erstarrung deutsch-deutsche Kontakte pflegte, mit West-Politikern ebenso wie mit SED-Funktionären und Stasi-Offizieren verhandelte. Der sich im Auftrag der Kirche um humanitäre Erleichterungen bemühte, dabei auch verschlungene Wege ging und sich in Grauzonen bewegte.

Mit den Jahren ist in den Hintergrund geraten, wie alles begann: Das Hamburger Magazin »Spiegel« veröffentlicht im Januar 1992 einen Auszug aus Stolpes Buch *Schwieriger Aufbruch*, in dem er die Flucht nach vorn antritt und rund tausend Stasi-Kontakte einräumt, auch Treffen in konspirativen Wohnungen. Zwar geben zunächst selbst ehemalige Bürgerrechtler wie Rainer Eppelmann oder Joachim Gauck Ehrenerklärungen für Stolpe ab. Doch die Debatte um seine Verwicklungen und Verstrickungen wird nicht mehr verstummen und zweieinhalb

Jahre später sogar zu einer Regierungskrise in Brandenburg führen. Und zum Bruch von Matthias Platzeck mit seinen Weggefährten Günter Nooke und Marianne Birthler, die alles sehr viel prinzipieller sehen.

Die unterschiedlichen Sichtweisen in der Bündnis-Fraktion beschreibt Platzeck einmal so: »Wir haben über Manfred Stolpe schon geredet, bevor es kulminierte. Ich habe sowohl Marianne Birthler wie Günter Nooke gesagt, in dem Punkt sehe ich die Welt einfach anders ... So blöd waren wir alle nicht, dass wir dachten, der redet mit dem lieben Gott, wenn da jemand im Stasi-Gefängnis sitzt und der ihn wieder rausholt. Dieses 1989 zu akzeptieren und dann plötzlich 1990 zu sagen: Was, der hat mit denen geredet?! Das ist ja unerhört! Das passt nicht in mein Verständnis von Fairness.«[27]

Der Streit um Stolpes Stasi-Kontakte ist Platzeck von Anfang an zu rückwärtsgewandt, obwohl niemand weiß, wie er ausgehen wird. Zunächst tut Platzeck aber das, was er manchmal tut, wenn es Konflikte gibt, die ihm unangenehm sind. Er versucht sich herauszuhalten. »Er wollte das alles über Manfred Stolpe gar nicht so genau wissen«, sagt Günter Nooke. Platzeck stürzt sich in seine Umweltpolitik, weil er die ohnehin für vordringlicher hält. »Das entsprach seinem Typ. Er sah das nicht so kritisch, er war zu DDR-Zeiten ja auch nicht in der harten Opposition. Sein Standardsatz war: Man kann Stolpes Kontakte auch anders sehen.«

Platzeck ändert seine Meinung auch nicht, als Stolpe immer mehr in Bedrängnis gerät. Am 12. Februar 1992 setzt der Landtag schließlich einen Untersuchungsausschuss ein – auf Betreiben des CDU-Fraktionschefs Peter-Michael Diestel, der als letzter Innenminister der DDR selbst in die Kritik geraten war, weil er gewarnt hatte, alle Stasi-Mitarbeiter über einen Kamm zu scheren und pauschal auszugrenzen. Der Ausschuss wird in den folgenden rund zwei Jahren etwa 10 000 Seiten Stasi-Akten durchforsten, mehr als 50 Zeugen vernehmen, darunter hochkarätige westdeutsche Persönlichkeiten wie Altbundeskanzler Helmut Schmidt und den früheren Außenminister Hans-Dietrich Genscher, die allesamt Ehrenerklärungen für Stolpe abgeben. Und er wird die Führungsoffiziere der Staatssicherheit für den »IM Sekretär« vorladen, die sich meist an nichts mehr erinnern können, in Widersprüche verstricken und überhaupt eine sehr selektive Wahrnehmung haben.

Zunächst aber liefert die damals von Joachim Gauck geleitete Bundesbehörde für die Stasi-Unterlagen am 10. April 1992 den vom Ausschuss angeforderten und mit Spannung erwarteten Recherche-Bericht ab. Danach ist Manfred Stolpe »nach den Maßstäben des MfS über einen Zeitraum von 20 Jahren ein wichtiger IM in der evangelischen Kirche der DDR gewesen«. Um dem Medienspektakel bei der Übergabe der Akten zu entgehen, klettert der nicht sonderlich sportliche Lothar Bisky, der Vorsitzende des Untersuchungsausschusses und spätere Linkspartei-Vorsitzende, heimlich aus dem Fenster seines Büros auf das Dach der Landtagskantine. Und von dort in das geöffnete Fenster eines Kollegen, wo er die Tasche mit dem brisanten Dossier in Empfang nimmt.

Zwar geht der parlamentarische Alltag in Brandenburg halbwegs normal weiter: Vier Tage später verabschiedet der Landtag die neue Verfassung des Landes. Vier Wochen später das umstrittene Naturschutzgesetz, das Platzecks erster großer Erfolg als Umweltminister ist, aber im Stasi-Getümmel kaum beachtet wird. Doch die Debatte um Stolpes Verwicklungen wird nun mit voller Schärfe geführt und die Regierungsarbeit in Brandenburg zwei Jahre überschatten, zeitweise sogar lähmen. Vielleicht liegt hier sogar ein Grund dafür, dass Brandenburg, aus dem Stolpe ein Modell für den Osten machen wollte, im Vergleich der neuen Länder allmählich zurückfällt.

Stolpe trägt auch selbst dazu bei, dass die Klärung sich unerträglich lange hinzieht. Er beschwichtigt, verspricht Aufklärung – gibt aber nur scheibchenweise und nach immer neuen Enthüllungen Interna preis, sodass sich in Brandenburgs Politik und darüber hinaus Misstrauen ausbreitet. Auch Matthias Platzeck, der Offenheit bei Politikern für unabdingbar hält, reagiert nachdenklich und kritisiert den Regierungschef, freilich moderat: »Eine klare und offene Sprache hätte dem Land viele Irritationen erspart.«[28]

Rücktrittsforderungen lehnt Platzeck allerdings ab. Vielleicht, weil er Juliane Nitsche, die Kulturbundchefin in Potsdam, nicht vergessen hat, die ihm und seinen Argus-Leuten Freiräume verschaffte, wahrscheinlich nur verschaffen konnte, weil sie mit der Stasi sprach.

Für Platzecks Fraktions- und Ministerkollegin Marianne Birthler hingegen ist die Schmerzgrenze bald überschritten. Sie tritt am 28. Oktober 1992 zurück, weil sie das Lavieren des Regierungschefs nicht länger tolerieren will. Birthler fühlt sich verraten, als die Fraktion Bündnis 90 weitermacht, als wäre nichts geschehen, Stolpe sogar eine Schonfrist gewährt, bis der Abschlussbericht des Untersuchungsausschusses vorliegt. Aber sie nimmt Platzeck ausdrücklich von ihrer Kritik aus. »Ich konnte immer akzeptieren, dass Matthias die Dinge anders gesehen hat und demzufolge zu anderen Schlussfolgerungen kam als Günter, von dem ich wusste, dass wir beide die Dinge ähnlich einschätzten. Also sein Verhalten nach meinem Rücktritt habe ich als Verrat empfunden. Das war etwas anderes als bei Matthias.«[29]

Günter Nooke hält sich zunächst auch wegen Matthias Platzeck zurück. Der beschwört den Moralisten nämlich, die Koalition nicht aufs Spiel zu setzen, die Probleme im Land seien zu groß und echte Alternativen nicht vorhanden. Nooke sieht das wohl auch so. Es habe keinen Sinn, wegen der Vergangenheit von Stolpe eine Regierungskrise herbeizuführen, sagt er einmal.

Der Bruch ist dennoch unvermeidlich. Am 14. März 1994, der Untersuchungsausschuss hat den Abschlussbericht fast fertig gestellt, bezichtigt Nooke den Ministerpräsidenten der Lüge: Stolpe habe über die Umstände der Verleihung der DDR-Verdienstmedaille die Unwahrheit gesagt. Zuvor hatte Spiegel-TV

Dokumente des Ministeriums für Staatssicherheit veröffentlicht, die nach Meinung des Politmagazins den Schluss zulassen, dass Stolpe die Medaille von der Stasi erhalten hat. Was dieser vorher vehement bestritt, was er bis heute bestreitet, was auch nie bewiesen wird.

Es sei ein wohl überlegter Schritt gewesen, so stellt es Nooke dar, obwohl sich selbst Mitglieder der Bündnis-Fraktion von dem Lügenvorwurf überrumpelt fühlen, sogar von einer Zumutung sprechen. Die SPD droht sofort mit der Aufkündigung der Koalition, falls Nooke den Lügenvorwurf gegen den Ministerpräsidenten nicht zurücknimmt. Eine Krisensitzung jagt bei Bündnis 90 die nächste, es werden quälende Debatten geführt, so wie am 16. März 1994. Nur einer fehlt: Matthias Platzeck, der Umweltminister. Im Fraktions-Tagebuch von Bündnis 90, das Katrin Bluhm und Peter Schüler 1996 veröffentlichen, heißt es: »Matthias ist, wie manchmal, wenn's wichtig ist, im Urlaub.«[30]

Platzeck erholt sich auf La Palma. Die Kanarischen Inseln mit ihrem ausgeglichenen und fast immer sonnigen Klima sind bis heute eines seiner Lieblingsziele, um Kraft zu sammeln. Er hat ein Quartier im Bergdorf El Paso gemietet. Als er sich über Kurzwelle informieren will, was in Deutschland los ist, trifft ihn fast der Schlag. »Ich hörte ein Rauschen und irgendetwas von einer Regierungskrise in Brandenburg und, dass Günter Nooke warten wolle, bis Platzeck zurück sei«, erinnert er sich. Er versucht, eine Telefonverbindung nach Potsdam zu bekommen, was aber in den Bergen schwierig ist. Als er schließlich einen Vertrauten erreicht, lässt er sich alles erzählen. Mit der Urlaubsstimmung ist es auf einen Schlag vorbei. Platzeck grübelt, wie man die verfahrene Situation retten kann.

Am 20. März ist er wieder zurück und führt sofort Gespräche – mit Nooke, den anderen Fraktionskollegen, der SPD, natürlich auch mit Manfred Stolpe. Zwei Tage später stellt er Günter Nooke in der Fraktionssitzung ein Ultimatum – »überraschend«, wie im »Tagebuch« vermerkt wird. Entweder Nooke nehme den Lügenvorwurf, wie von der SPD gefordert, zurück, oder er, Platzeck, trete »als Minister aus der Fraktion aus«. Günter Nooke ist ein Prinzipienmensch, ein Sturkopf obendrein, der sich nicht verbiegen kann und will: Er nimmt nichts zurück. Aber auch Platzeck, der menschliche Querelen und Konflikte hasst, der immer versucht, Menschen zusammenzubringen, lässt sich diesmal auf keinen Kompromiss ein. Noch während der Sitzung zieht er den Schlusstrich: Er verlässt die Fraktion Bündnis 90, gibt seine politische Heimat auf, zusammen mit Bildungsminister Roland Resch, der Marianne Birthler nachgefolgt war. »Betäubt, im Druck zu handeln, gehen Günter, Matthias und Roland vor die Presse«, wird im Fraktions-Tagebuch vermerkt.[31] Noch am selben Abend tagt der Koalitionsausschuss, in dem die drei Partner Streitigkeiten schlichten, im Hotel »mercure«, hoch über den Dächern von Potsdam. Die Atmosphäre im 17. Stock ist frostig, der Ausgang steht von vornherein fest. Nooke nimmt die »Vorverurteilung« nicht zurück, die SPD kündigt die Koalition mit Bündnis 90 ohne viele Worte auf. Platzeck und Resch bleiben als Fraktionslose in der sozial-liberalen Minderheitsregierung.

Trotz des Bruchs unternimmt Platzeck drei Monate später noch einen Anlauf, Nooke zum Einlenken zu bewegen – wenige Tage vor jener denkwürdigen Landtagssitzung am 16. Juni 1994, auf der die mit Spannung erwartete Debatte über den Abschlussbericht des Untersuchungsausschusses geführt werden soll. Er fällt für Stolpe günstig aus, entlastet ihn vom Vorwurf der wissentlichen Tätigkeit für die Staatssicherheit. So gibt es eigentlich keinen Grund, auf den Sturkopf Nooke einzuwirken. Platzeck versucht es trotzdem, weil er die drohende Eskalation vermeiden will.

»Er hat mir damals ein Angebot von Manfred Stolpe unterbreitet: Ich könnte nach der Landtagswahl Minister werden, wenn ich will«, erinnert sich Nooke. Der Moralist muss das als unmoralisches Angebot empfinden. In seinem heiligen Zorn, dass sich Matthias Platzeck als »Bote Stolpes« hergegeben hat, macht Nooke das Vier-Augen-Gespräch vor dem Landtag, vor dutzenden Journalisten und Fernsehkameras öffentlich. »Das hat ihn tief getroffen«, stellt Günter Nooke heute fest – und ein bisschen Bedauern schwingt in seiner Stimme mit.

Platzeck hat das anders in Erinnerung: »Ich war nie der Bote Stolpes. Ich habe Nooke nie ein konkretes, postenbezogenes Angebot unterbreitet.« Das sei alles sehr viel vager gewesen. Stolpe habe angedeutet, dass er sich vorstellen könne, weiter mit Nooke zusammenzuarbeiten. »Nur das habe ich Nooke in einem Vier-Augen-Gespräch berichtet.« Stolpe bestätigt das rückblickend: »Es hat von mir keine gezielte Aktion gegeben, Platzeck als Boten einzusetzen.« Aber er habe beiden, Platzeck und Nooke, damals zu verstehen gegeben, dass eine weitere Zusammenarbeit nicht ausgeschlossen sei. Er halte Nooke für ein Talent, sagt Stolpe auch heute noch.

Es ist wie in einem Polit-Thriller, als der Landtag wenige Monate vor der Landtagswahl den Schlussstrich unter die zweieinhalbjährigen Auseinandersetzungen um die Stasi-Verwicklungen von Ministerpräsident Manfred Stolpe zieht, als die Freundschaft zwischen Günter Nooke und Matthias Platzeck zerbricht. In der Debatte, die in einer Schärfe und auf einem Niveau geführt wird, wie man es in dem Provinzparlament seither nicht mehr erlebt hat, vielleicht auch nie mehr erleben wird, nimmt der Bürgerrechtler Nooke keine Rücksichten, schont er niemanden.

Er hält die Rede eines Anklägers. Stolpe, der nur wenige Meter von ihm entfernt auf der Regierungsbank sitzt, hört mit versteinertem Gesicht zu: Der »IM Sekretär« und Geheimdienstpolitiker Stolpe habe sich bei Cognac und Imbiss mit Stasi-Offizieren in konspirativen Objekten getroffen und Menschen geschadet. Mit »Personen wie Stolpe« habe die SED »auf die Entchristlichung der DDR« hingewirkt. Er, Stolpe, bewege sich auch jetzt auf »traditionellen SED-Pfaden«, wenn er eine »besondere Energie als Spalter der Deutschen« entwickle. »Sie geben sich als den typischen und authentischen Ostdeutschen aus, behaupten, die Westdeutschen kritisieren Sie wegen Ihrer MfS-Kontakte, wollen Sie gar platt machen, und appellieren an die Brandenburger und Ostdeutschen als Schicksalsgemeinschaft, die sich westdeutscher Übergriffe zu erwehren hätte ... Sie haben die Menschen mit der Sympathie, die sie für Sie empfanden, erpresst. Und diese Erpressung geht weiter.«

So spricht Nooke in dieser Debatte und wendet sich dann plötzlich direkt an den Umweltminister und früheren Freund, der auf der Regierungsbank sitzt: »Es gibt massenhaften Opportunismus, Herr Minister Platzeck, lieber Matthias – ich lasse das nicht weg –, du gehörst wohl auch dazu.« Das trifft. Das schmerzt. Das kann Wut auslösen. Selbst die Bündnis-Fraktion ist entsetzt. »Dass er trotz gegenteiliger Empfehlungen Matthias in seiner Rede brüskiert hat, war überflüssig und hat viele, nicht nur aus den anderen Fraktionen, vor den Kopf gestoßen«, vermerkt das Fraktions-Tagebuch.[32]

Platzeck, der gleich nach Nooke spricht, trägt seine Replik unaufgeregt vor. Wie er das tut, wie er argumentiert, das sagt viel über ihn aus, über seine Grundwerte, über sein Verhältnis zu DDR-Biografien. Seine Rede ist auch eine differenzierte Selbstreflexion seines Lebens in der DDR – und seine persönlichste im brandenburgischen Landtag.

Der Vorwurf des Opportunismus tue weh, sagt Platzeck. Aber er gehöre zu den Menschen, »die gelernt haben, Dinge, die sie für richtig halten, zur Not auch allein durchzusetzen«. Er brauche da keine Belehrung. Und an Nooke gewandt: Er verletze die Regeln des Anstands, wenn er ein vertrauliches Vier-Augen-Gespräch öffentlich mache, ihn einen Boten Stolpes nenne. »Herr Abgeordneter Nooke, lieber Günter ... vielleicht solltest du generell bei der Beurteilung anderer Menschen wieder etwas bodenständiger und vorsichtiger werden. Komm wieder etwas runter! Und da meine ich mich wahrlich nicht, ich halte das aus.«

Und dann spannt Platzeck den Bogen von der späten DDR, über Argus und Stolpe zum aktuellen Zustand der Gesellschaft im Osten: Er schließt nicht aus, dass Stolpe Fehler gemacht hat. Aber, betont er, er könne diesem nicht vorwerfen, dass er das Bild der deutschen Einheit nicht jeden Tag vor Augen hatte, denn er, Platzeck, und seine Mitstreiter von Argus hätten es ja selbst nicht gehabt. Er könne Stolpes Motiv, in der DDR zu deeskalieren, nachvollziehen und akzeptieren, »und zwar egal, ob es sich vor der Geschichte letztlich als das richtige erweisen wird«.

Dass es in jeder Gemeinschaft mutige Frauen und Männer gebe, die sich mit großem persönlichen Risiko für ihre Ansichten einsetzen, sollte nicht dazu verführen, anders motivierten Einsatz für gesellschaftliche Verbesserungen verächtlich zu machen oder zu negieren. Es gehe auch um »Toleranz als Grundbedingung des Lebens«.

Platzeck macht auch keinen Hehl aus seiner Meinung, dass die Debatte um die Stasi-Kontakte von Manfred Stolpe, so wie sie geführt worden ist, mehr schadet als nutzt. Und das nicht allein, weil man Energien, die für die Lösung der Zukunftsaufgaben gebraucht würden, »an wenigen Grenzfällen« aufbrauche, über die eigentlich Schuldigen aber nicht rede. Er sehe im Osten Symptome einer »gefährlichen Negatividentität«: »Die Leute geben einer Partei ihre Stimme, von der sie meinen, dass es ihr so gehe wie vielen hier« – gemeint ist die PDS. Das sei eine sehr ernste Situation. »In einer Zeit, wo es brodelt und brennt, führen wir diese Debatte, und sie wird teilweise mit einem moralischen Rigorismus geführt, der mit dem tatsächlichen Leben nichts zu tun hatte und nichts zu tun haben wird.«

Platzeck hält sie auch deshalb für destruktiv, weil sie »ein Bild mangelnder Politikfähigkeit der meisten Ostdeutschen wegen mangelnder moralischer Standfestigkeit« vermittelt. Er habe »den Verdacht, dass die Endlosigkeit, zu der auch der Ministerpräsident beigetragen hat, und die Rigorosität der Diskussion politisch nichts anderes bewirkt, als dass am Ende die Falschen sich getroffen fühlen«. Er habe am 18. März 1990, nach den ersten freien Wahlen in der DDR, Manfred Stolpe für seine Rolle gedankt, an einem Tag, den alle noch fünf Monate vorher für utopisch gehalten hätten. Heute, vier Jahre später, habe er nichts zurückzunehmen.

Die Rede, mit der Matthias Platzeck sich endgültig von seinen engsten Mitstreitern lossagt, hat er in der Nacht geschrieben, bis frühmorgens um drei oder vier hat er daran gefeilt, jedes Wort abgewogen. Sie ist der Beginn seiner politischen Neuausrichtung. Auf der letzten gemeinsamen Sitzung mit der Bündnis-Fraktion hatte er Günter Nooke, der tatsächlich ein Wertkonservativer ist, prophezeit: »Du landest bei der CDU.« Nooke und andere waren sich in diesem Moment genau so sicher: »Und du bei der SPD.«

Manches verklärt sich mit den Jahren, aber manches klärt sich auch. Günter Nooke hat seinen Frieden mit Matthias Platzeck geschlossen. Schließlich ist er wirklich in der CDU gelandet, ein Parteimensch geworden, einer, der weiterhin aneckt, der aber auch Kompromisse machen und »manchmal die Klappe halten« muss. Seine kompromisslose Haltung zum Fall Stolpe erleichterte ihm die Karriere in der Union, zeitweise war er sogar Vizechef der CDU-Fraktion im Bundestag. »Die Bekanntheit hat mir objektiv geholfen, jedenfalls auch nicht geschadet.«

Im Rückblick hat Günter Nooke zwar seine Meinung über den damaligen Brandenburger Ministerpräsidenten und späteren Bundesverkehrsminister im Kabinett von Gerhard Schröder nicht geändert. Aber ihm ist heute klar, »dass wir keine Chance hatten, Manfred Stolpe zu stürzen«. Auch dann nicht, wenn Matthias Platzeck, so wie es Marianne Birthler tat, das Kabinett verlassen hätte. »Es hätte nichts bewirkt.«

Und trotz der zerbrochenen Freundschaft der beiden Männer müssen die Bindungskräfte der gemeinsamen Aufbauzeit stärker gewesen sein, als sie selbst vermuteten. Als Matthias Platzeck im Sommer 2002 zum Ministerpräsidenten Brandenburgs gewählt wird, als er im Potsdamer Landtag im selben Saal vereidigt wird, in dem acht Jahre vorher alles zerbrach, da erscheint kein einziger Sozialdemokrat aus Berlin. Kein Klaus Wowereit, obwohl sich doch Berlin und Brandenburg vereinigen wollen zu einem gemeinsamen Land und die beiden Parteien zu einem einzigen Landesverband. Und auch kein Genosse aus dem Parteivorstand, obwohl Platzeck doch längst als Hoffnungsträger in der SPD gilt, als einer von ganz wenigen, die die Macht nach Gerhard Schröder übernehmen könnten.

Aber die früheren Weggefährten aus der märkischen Gründerzeit, der Christdemokrat Günter Nooke und die Grüne Marianne Birthler sind nach Potsdam gekommen. »Wir haben doch gemeinsam angefangen.« Manche Lebensbahnen sind für immer miteinander verbunden, auch wenn sich die Wege getrennt haben.

Politischer Freiflieger

Manfred Stolpe lässt Matthias Platzeck auch nach dem Bruch der »Ampel« als nunmehr parteilosen Minister in seiner Regierung, was niemanden verwundert. Der »Häuptling der Streusandbüchse«, wie sich Stolpe selbst nennt, schätzt Loyalität und Solidarität bei seinen Stammessöhnen über alles. Allerdings sei das nicht sein Hauptmotiv gewesen, sagt Stolpe: »Mir war bewusst, dass es nicht viele im Osten gibt, die sich wie Matthias Platzeck auf der politischen Bühne Deutschlands behaupten können.«

Schon früh, Anfang der 90er Jahre, hat der frühere Kirchendiplomat, der selten in sein Inneres blicken lässt, einmal zu Rainer Speer, seinem Vertrauten in der Staatskanzlei, gesagt: »Herr Platzeck ist ein Talent.« Er habe das, sagt Speer, so interpretiert: »Den müssen wir im Auge behalten.« Jetzt, wo Platzeck als Partei- und Fraktionsloser im Kabinett sitzt, gilt das natürlich erst recht.

Matthias Platzeck ist inzwischen, im Sommer 1994, ein über Brandenburgs Grenzen hinaus angesehener Umweltminister.

Trotzdem ist die politische Situation für ihn nicht einfach. Er schwebt – nur wenige Monate vor der nächsten Landtagswahl – im politisch luftleeren Raum: keine Partei, keine Fraktion hinter sich, dafür die Front der Naturschutzgegner gegen sich. Nicht einmal ein Landtagsmandat hat Platzeck. Er hatte es nach der Landtagswahl 1990 zurückgegeben, damit ein anderer nachrücken konnte. So sollte die Arbeitsfähigkeit der Mini-Fraktion verbessert werden. Die Fusion von Bündnis 90 mit den Grünen im Mai 1993 hat er nicht mitgemacht. Die Grünen waren ihm nicht nur »zu fundamentalistisch«, sondern auch zu unreif, was er bei einem Schnupperbesuch auf einem Parteitag bestätigt sah. Dort beschossen sich Delegierte mit Wasserpistolen.

Sie waren ihm auch »zu westlich«, wie er 1999 in einem Fernsehgespräch mit Günter Gaus verraten wird. »Ich halte das aus heutiger Sicht für politisch nicht sehr klug, was ich damals gedacht und getan habe, doch empfand ich bei den West-Grünen vieles als zu abgehoben, was an Diskussionen stattfand – und was machttechnisch und zwischenmenschlich lief. Dies war zu weit von meinem Erfahrungshorizont entfernt.«[33] Auf die Frage von Gaus, ob er sich dieser westlichen Art inzwischen notgedrungen angepasst habe, antwortete er damals: »Teilweise ist das mit Sicherheit der Fall ...«[34]

Ein Beitritt zu den Grünen kommt für den Fraktions- und Parteilosen 1994 also nicht in Frage. Er wird auch von Politikern der CDU umworben, vor allem aber von der SPD, die, obwohl Regierungspartei, unter einem Mangel an klugen Köpfen leidet, keinen profilierten Umweltpolitiker in ihren Reihen vorweisen kann.

SPD-Landeschef Reiche, der wie Platzeck in Babelsberg wohnt, nur ein paar Straßen von ihm entfernt, bietet bei Gesprächen am Küchentisch seine ganze Überzeugungskraft auf, blitzt aber immer wieder ab. Es sei ein langwieriger Prozess gewesen, erinnert er sich. Platzeck fürchtet um seine Glaubwürdigkeit und Reputation, wenn er, der sich ja nicht als Parteimensch sieht und eigentlich auch keiner sein will, jetzt die Farben schnell wie ein Chamäleon wechseln würde.

Andererseits ist er Realist, er weiß, dass man als »Freiflieger« eine Parteiendemokratie nicht mitgestalten kann. Und er will natürlich weitermachen, das Begonnene zu Ende führen. Erst recht, da seine Widersacher in der Regierung wie der poltrige Agrarminister Zimmermann jetzt die Chance wittern, das unbequeme Umweltministerium »zerschlagen« zu können. »Viele sägen an dem Ressort«, stellt Platzeck besorgt fest, als SPD-Genossen sinnieren, ob man das »Investitionsverhinderministerium« nach der Landtagswahl nicht besser auflösen sollte.

So sendet er vorsichtige Signale: Politisch habe er kaum Probleme mit der SPD. »Wir sind nicht weit entfernt.« Er vergisst auch nicht, darauf hinzuweisen, dass er ein knappes Jahr zuvor, als die politische Welt für ihn noch in Ordnung war, Wahlkampf für die SPD gemacht hat, nämlich für Potsdams sozialdemokratischen Oberbürgermeister Horst Gramlich. Er wollte verhindern, dass der farblose und ungeliebte SPD-Mann bei der Oberbürgermeister-Wahl im Dezember 1993 von seinem PDS-Gegenkandidaten Rolf Kutzmutz gestürzt wird. In seinem Potsdam, nur fünf Jahre nach den Montagsdemos in der Friedrichskirche.

Aber aus Karrieregründen in die SPD eintreten? Das ist für Platzeck nicht akzeptabel. Allein schon der Anschein, dass er sich den Ministerposten über ein Parteibuch erkauft – nie und nimmer. Wenn die SPD ihn nach der Landtagswahl als Minister haben will, »muss sie mich so nehmen, wie ich bin«, sagt er einmal: parteilos. Aber verscherzen will er es sich mit den Sozialdemokraten auch nicht. So kommt es zu der komischen Situation, dass Matthias Platzeck ein bisschen Wahlkampf für die SPD macht, ein bisschen für Bündnis 90/Die Grünen und ein bisschen für sich selbst.

Eine Woche vor dem Urnengang am 11. September 1994 veranstaltet er – gewissermaßen als Unabhängiger – eine eigene Pressekonferenz zur Landtagswahl in der Villa Kellermann.

Obwohl sein Name auf keinem Wahlzettel steht, er für keine Partei kandidiert. Es ist das alte Potsdamer Kulturbundhaus am Heiligen See, in dem einst alles mit Argus begann und wo Matthias Platzeck nun zusammen mit dem ostdeutschen »Öko-Papst« und Gefährten aus der Zeit im Modrow-Kabinett Michael Succow, dem letzten DDR-Kulturminister Herbert Schirmer, dem Theologen Friedrich Schorlemmer und dem Liedermacher Stefan Krawczyk die Brandenburger aufruft, sich mit ihrer Zweitstimme für eine »rot-grüne Mehrheit« im Lande zu entscheiden. Obwohl er doch der SPD nicht beitreten will und den Grünen nicht beigetreten ist.

Dass die Sozialdemokraten, die den Einzug der Grünen in den Landtag verhindern wollen, über die merkwürdigen Eskapaden des parteilosen Ministers nicht gerade begeistert sind, kann man sich vorstellen. Doch Platzeck genießt, jedenfalls bei den führenden Sozialdemokraten, »Welpenschutz«, sodass ihn der damalige SPD-Landesgeschäftsführer Martin Gorholt nur milde tadelt: »Es wäre besser, er hätte sich entschieden.« Es ist übrigens derselbe Martin Gorholt, den Matthias Platzeck nach seiner Wahl zum SPD-Bundesvorsitzenden im November 2005 zum Bundesgeschäftsführer seiner Partei machen wird.

Auch im Umweltministerium ist die Stimmung vor der Landtagswahl nicht die beste: »Die meisten dachten, es geht zu Ende«, erzählt Platzecks Büroleiter Herbert Dunkel. Platzeck selbst sei sich nicht sicher gewesen, ob er noch einmal Umweltminister wird. »Es gab so etwas wie eine melancholische Abschiedsstimmung.«

Häutung zum Sozialdemokraten

Platzecks seltsamer Vorstoß für »Rot-Grün« gerät schnell in Vergessenheit, denn Stolpe fährt bei der Landtagswahl am 11. September 1994 einen furiosen Wahlsieg ein: Er erobert, weil sich die Brandenburger nach den Dauer-Angriffen wegen seiner Stasi-Kontakte demonstrativ mit ihm solidarisieren, die absolute Mehrheit für die SPD. Manche hatten ihn schon politisch totgesagt, doch der »Landesvater« geht gestärkt aus den Wahlen hervor. Er muss mit niemandem eine Koalition eingehen, kann allein regieren. Und natürlich nimmt er den parteilosen Umweltminister sogleich wieder ins Kabinett auf. »Manfred Stolpe und ich waren uns einig: Wenn wir Matthias Platzeck in die Regierung holen, machen wir die Grünen in Brandenburg tot«, erinnert sich Rainer Speer.

Dieser Mann, Jahrgang 1959, ist ein ungewöhnlicher Typ, der in keine Politiker-Schablone passt, eigentlich das genaue Gegenstück zu Platzeck: Speer wirkt proletarisch, manchmal auch ungehobelt, ist rhetorisch nicht sonderlich begabt. Dafür hat er andere Stärken: politisches Gespür, die Fähigkeit, strategisch zu denken, im Hintergrund Strippen zu ziehen und Dinge durchzusetzen. Man darf ihn nicht unterschätzen.

In der DDR hat es der gelernte Baumaschinist zu nichts gebracht, ist oft angeeckt. Er wollte NVA-Offizier werden, flog aber schon nach wenigen Tagen wegen politischer Unbotmäßigkeit von der Offiziershochschule im sächsischen Löbau. Er leitete in Potsdam den Jugendclub »Spartakus«, bekam wieder Ärger und zog sich in seine private Nische zurück: Bis zur Wende restaurierte er Möbel. Das würde er vermutlich heute noch tun, hätte es die friedliche Revolution nicht gegeben.

Schon zu DDR-Zeiten hatten sich die Wege von Speer und Platzeck im kleinen Potsdam gekreuzt, aber nur oberflächlich, über Bekannte: Man benutzte gemeinsam einen PKW-Anhänger. »Er brauchte ihn ab und zu für sein Segelboot«, erinnert sich Rainer Speer. »Wir kannten uns nur flüchtig und redeten nicht über Politik.« Was merkwürdig anmutet, weil sich beide im Wende-Herbst 1989 unabhängig voneinander sofort in die Politik stürzten, als wäre das immer ihr Ziel gewesen.

Rainer Speer gehörte zu den Gründern der SPD in Potsdam, stieg deshalb, was in der Umbruchphase nicht ungewöhnlich war, zum Vize-Chef der Bezirksverwaltungsbehörde in Potsdam auf, aus der die Landesregierung hervorging. Im Herbst 1990 organisierte er den Wahlkampf für Manfred Stolpe, obwohl er den Kirchenmann als Spitzenkandidaten eigentlich ablehnte. Trotzdem ist Rainer Speer seither derjenige, der den engsten Draht zu Stolpe, dem einsamen Wolf, hat.

Dass Manfred Stolpe den parteilosen Platzeck sofort wieder ins Kabinett holt, kommt an der sozialdemokratischen Basis nicht gut an. »Die ganze kommunale Front in der SPD war gegen Platzeck, hatte er doch den Ruf, ein Blockierer und Verhinderer zu sein«, sagt Speer. Landeschef Steffen Reiche, gerade wiedergewählt, muss einige Mühe aufwenden, damit Stolpe im Landesvorstand die volle Rückendeckung für den parteilosen Minister bekommt. »Es gab Widerstände wegen seiner Naturschutzpolitik, weil er zum Beispiel Einkaufszentren auf der grünen Wiese nicht genehmigte, die alle haben wollten«, schildert Steffen Reiche. Und Stolpe glaubt: »Mancher wollte selbst Umweltminister werden und nimmt es mir wohl heute noch übel, dass er es nicht geworden ist.«

Nüchtern betrachtet dürfte das Votum des Landesvorstandes dem »Alten«, wie Stolpe von den Genossen genannt wird, ziemlich schnuppe gewesen sein. Nach seinem furiosen Wahlsieg kann er wie ein Monarch regieren. Er braucht die SPD im Grunde nicht, aber sie ihn. Was die Genossen besänftigt ist eine Personalentscheidung Platzecks, die alle überrascht und für Spekulationen sorgt: Er holt den Stolpe-Vertrauten Rainer Speer als Staatssekretär in sein Ministerium. Platzecks Verhältnis zu Paul Engstfeld, dem »Schwarzen«, war da schon stark abgekühlt – beide kommunizierten zuletzt nur noch schriftlich oder über Dritte. Aber nicht etwa aus politischen Gründen. Im Umweltministerium lief längst nicht alles so, wie es laufen sollte.

Deshalb wird auch spekuliert, dass Stolpe seinen »Mann für alle Fälle« als »Aufräumer« schickt, um das Ministerium aus der Schusslinie zu holen. Rainer Speer bestreitet das: »Ich wollte aus der Staatskanzlei weg und habe Platzeck selbst angesprochen und gefragt: Was hältst du davon, wenn ich bei dir Staatssekretär werde?« Etwas ungewöhnlich ist das schon. Aber Platzeck muss nicht lange überlegen. Denn Speer ist genau der richtige Mann, um seine Kontakte zur mächtigen Regierungspartei SPD zu verbessern, um die fehlende Hausmacht des parteilosen Ministers auszugleichen.

Fortan wird Speer derjenige sein, der Platzeck den Rücken freihält, der das Ministerium straff führt, der die Weichen für seinen Aufstieg stellt. So kann sich Platzeck mit seinem Eintritt in die SPD weiter Zeit lassen. Die »politische Schamfrist«, die er sich selbst auferlegt, dauert noch ein Dreivierteljahr, erst am 27. Juni 1995 tritt Platzeck der SPD bei. Es ist der Tag, an dem Steffen Reiche, der Landeschef, 35 Jahre alt wird. »Ein Geburtstagsgeschenk«, sagt Platzeck, der 41 Jahre alt ist. Er mag solche Gesten, die sich einprägen.

Doch ehe er sich den Ruck gab, hat er vorsichtshalber noch das Votum der SPD-Landtagsfraktion für seinen Nationalpark »Unteres Odertal« abgewartet, sein zweites Renommierprojekt nach dem Naturschutzgesetz. Und er hat lange mit seinem Vater Hans gesprochen, der skeptisch ist und ihm schließlich den scherzhaft gemeinten Rat gibt: »Wenn du schon in eine Partei gehst, dann versuche, ihr Vorsitzender zu werden.« Was er Jahre später ja auch wird, aber da lebt der Vater schon nicht mehr.

Der frischgebackene Genosse fühlt sich freilich nicht besonders wohl in seiner Haut. Es ist wohl eher eine politische Zweckehe denn eine Liebesheirat. »Wenn Platzeck fast entschuldigend beteuert, dass er nicht längere Zeit politisch steril sein könne, kann man ihm das abnehmen. Der Visionär, der die Welt an einem gefährlichen Scheidepunkt sieht und einen radikalen, ökologisch orientierten Kurswechsel fordert, will aktiv mitgestalten. Obwohl Weltverbesserer, ist er Realist genug, um zu erkennen, dass das in Brandenburg nur in der regierenden SPD geht«, schreibt ein Kommentator.[35] Platzeck selbst sagt einmal, als ihn Günter Gaus nach den Gründen für sein langes Zögern fragt: »Weil ich mir nicht sicher war.«[36] Er spürt die Enttäuschung in der grünen Szene, ihm bleibt auch das Misstrauen in der SPD nicht verborgen. So »umarmt« er die einen wie die anderen, eine Lebenstechnik, die er oft anwenden wird.

Der grünen Klientel verspricht er, auch als SPD-Mitglied seinen Überzeugungen treu zu bleiben und »Truppen für grüne Politik zu sammeln«, was immer das heißen soll. Misstrauischen Sozialdemokraten gegenüber beteuert er, kein »U-Boot« der Grünen zu sein, schließlich sei er schon durch die Familie sozialdemokratisch geprägt, durch den Urgroßvater, der einst die SPD in Nordhausen mitbegründet hatte. Dennoch fremdeln die Genossen lange mit ihm. Noch ein Jahr später, auf dem Parteitag in Schwedt an der Oder, lassen sie ihn bei der Wahl des neuen Landesvorstandes einfach durchfallen.

Natürlich nutzt er die durch den Eintritt in die SPD neu gewonnenen politischen Spielräume: Er eröffnet in Brandenburg einen Naturpark nach dem anderen, bis ein Drittel der Landesfläche unter Schutz steht. Jetzt, wo er Genosse ist, fängt er auch seinen alten Widersacher ein, den Agrarminister Edwin Zimmermann, den er überzeugt, den nervenaufreibenden Dauerstreit um den Naturschutz beizulegen. Als das Ganze im Umweltministerium mit Schnaps der Sorte »Bärenmarke« begossen wird, stellt der Umweltminister fröhlich fest: Die Operation »Bärenfang« sei gelungen. Platzeck hat das medienwirksam inszeniert, er hat sogar den Schnaps selbst in einem Potsdamer Geschäft ausgesucht, weil er ungern etwas dem Zufall überlässt.

Er ist ein Perfektionist, seine Mitarbeiter merken das auch an kleinen Dingen: Einmal stellt sich heraus, dass auf dem bunten Naturschutzkalender, den das Ministerium regelmäßig zum Jahreswechsel verschickt und der nach vielen Überstunden und Nachtschichten gerade noch rechtzeitig fertig wird, unter dem Vorwort des Ministers die Unterschrift fehlt. Also unterschreibt er, obwohl er eigentlich keine Zeit hat, jeden Kalender persönlich. Weil sich das für ihn so gehört. Und weil es besser ankommt.

Auf seinen in der DDR erworbenen Instinkt für Gefahren kann sich Platzeck immer noch verlassen. Wie bei der Affäre mit den Abwasserpreisen, die in dem von hoher Arbeitslosigkeit geplagten Land Mitte der 90er Jahre zu explodieren beginnen, weil man nach 1990 in einem Anfall von Größenwahn supermoderne Großkläranlagen gebaut und kilometerlange Trassen quer durch die märkische Heide gezogen hat – alles vom Umweltministerium gewollt, genehmigt und gefördert. Aber es gibt nicht genug Brandenburger und Firmen, um sie auszulasten. Man wollte nicht kleckern, sondern klotzen, die Millionen aus Bonn und Brüssel flossen ja noch reichlich.

Im Landtag sprechen Konservative und Sozialisten übereinstimmend von einer »sozialen Katastrophe«. Das Umweltministerium habe die Kommunen »durch eine chaotische Förderpolitik in ein finanzielles Fiasko gestoßen und die Aufsichtspflicht streng vernachlässigt«, rügt die CDU. Die PDS ruft die Bürger gar zum »sozialen Widerstand« auf.

Und siehe da, ehe sich alles noch weiter zuspitzen kann, wird die Zuständigkeit für die unappetitliche Affäre flugs vom Umweltministerium auf das Innenministerium übertragen, das der disziplinierte und stille Alwin Ziel führt, ein Sozialdemokrat der ersten Stunde. »Ich wollte das Problem lösen. Platzeck wollte es unbedingt loswerden«, sagt Rainer Speer. »Es wurde Alwin Ziel übergeholfen«, erinnert sich Steffen Reiche, der nach der Landtagswahl 1994 nun doch Bildungsminister geworden war. Auch Manfred Stolpe will Platzeck und das Umweltministerium aus den ständigen Schlagzeilen heraus haben – was tatsächlich gelingt.

Aber die politische Fehlentscheidung der 90er Jahre hat Spätfolgen. Im November 2005, kurz nachdem Matthias Platzeck SPD-Vorsitzender geworden ist, veröffentlicht die Industrie- und Handelskammer Potsdam eine Studie, nach der die Brandenburger die höchsten Abwasserpreise Deutschlands bezahlen müssen. Es ist ein Phänomen, dass Misserfolge wie dieser an Platzeck nie »hängen bleiben«.

Auch in seinen politischen Positionen wird Platzeck nach 1994 beweglicher, geschmeidiger. Das fängt mit der Fusion von Berlin und Brandenburg an, die seit 1995 intensiv vorbereitet wird: Matthias Platzeck ist erst dagegen, sogar ziemlich lange. Er kennt die sturen Brandenburger, ihre tief sitzenden Vorbehalte gegen die selbstbewussten Berliner, die im gemeinsamen Parlament in der Überzahl wären. Die Aversionen haben auch damit zu tun, dass zu DDR-Zeiten alles nach Ost-Berlin floss. Die »Hauptstadt der DDR« sollte das Schaufenster der sozialistischen Republik sein, dort gab es Bananen, in der Provinz Äpfel. Selbst Baubrigaden aus den Kreisen wurden nach Berlin abkommandiert, mussten dort sanieren, während zu Hause die Altstädte verfielen.

Matthias Platzeck bringt deshalb immer wieder ein Gegenmodell ins Spiel, die »Nordmark«, die aus Brandenburg, Berlin, Mecklenburg-Vorpommern und Teilen Sachsen-Anhalts bestehen soll. Die Berliner wären in diesem Mehr-Länder-Modell nicht mehr in der Übermacht, könnten den Brandenburgern ihre Entscheidungen nicht aufdrücken. Es entstünde, so Platzecks Ansatz, ein in sich ausbalanciertes, größeres und damit lebensfähigeres geografisches Gebilde.

Der Raumordnungsminister Platzeck gibt sogar ein Gutachten in Auftrag, das freilich so parteiisch für seine Nordmark wirbt, dass es allen auffallen muss. Es löst kurz vor der geplanten Volksabstimmung über die Länderehe von Berlin und Brandenburg am 5. Mai 1996 mächtigen Ärger aus. Der kontraproduktive Alleingang seines Ministers verärgert auch Ministerpräsident Manfred Stolpe, für den die Länderfusion das wichtigste Projekt seiner zweiten Amtszeit ist. Platzeck fügt sich notgedrungen, wenn auch mit erkennbarem Unwohlsein. Er bekennt sich grundsätzlich zur Länderehe von Berlin und Brandenburg. Aus Loyalität gegenüber dem Regierungschef, der die Linien vorgebe, die er preußisch korrekt abzuarbeiten habe, sagt er.

Aber er macht trotzdem keinen Hehl aus seiner Meinung, dass die Fusion von Berlin und Brandenburg nur die zweitbeste

Lösung ist: »Brandenburg ist so gesehen zu klein, um ein Berlin heutiger Größe zu integrieren. Das gilt im Parlament und in der Landespolitik ebenso wie im kommunalen Konzert der Kreise und Kommunen. Ein größeres Gefäß wäre – nicht zuletzt, wenn man den europäischen Aspekt hinzunähme – besser in der Lage, eine sich lebendig entwickelnde Metropole als Partner zu haben, ohne die Brandenburger Interessen andauernd negativ zu berühren … Eine Nordmark, bestehend aus Berlin, Brandenburg, Mecklenburg-Vorpommern und der Altmark, könnte diese Rolle spielen.«[37] Das schreibt Matthias Platzeck in einem Buch, das kurz vor der Volksabstimmung erscheint, bei der die Brandenburger das gemeinsame Land mit Berlin platzen und den populären Landesvater Manfred Stolpe im Regen stehen lassen.

Auch beim geplanten neuen Großflughafen für die Hauptstadt, der in Brandenburg gebaut werden soll, denkt Platzeck um. Kritiker sagen allerdings, er sei »umgefallen«. Die Wahrheit liegt wahrscheinlich irgendwo dazwischen. Über den Standort wird seit der Wende diskutiert. Platzeck favorisiert lange Sperenberg – in einem dünn besiedelten Gebiet, rund 45 Kilometer südlich von Berlin. Zu DDR-Zeiten befand sich dort, in unmittelbarer Nähe des Wünsdorfer Oberkommandos, ein Militärflughafen der Russen. Für diesen Standort hat sich sein Ministerium im offiziellen Raumordnungsverfahren ausdrücklich ausgesprochen, weil es dort nur wenige Anwohner gibt und die Umwelt am wenigsten beeinträchtigt wird. Brandenburgs Regierung erhofft sich vom Bau des neuen Hauptstadt-Airports in Sperenberg auch einen wirtschaftlichen Schub in einer strukturschwachen Region des Landes.

Aber dann findet am 28. Mai 1996 jener »Flughafen-Gipfel« in Berlin statt, auf dem Manfred Stolpe, Berlins Regierender Bürgermeister Eberhard Diepgen und Bundesverkehrsminister Matthias Wissmann sich endgültig auf den Standort verständigen.

Die Entscheidung fällt nicht für Sperenberg, sondern für Schönefeld, das direkt an der Stadtgrenze liegt, dort, wo einst die Maschinen der DDR-Luftverkehrsgesellschaft Interflug starteten und landeten. Berlin und die Bundesregierung wollen keinen Airport irgendwo in der märkischen Einöde. Dass Schönefeld ein dicht besiedeltes Gebiet ist mit vielen Gemeinden drum herum, in denen sich die Einwohner gerade neue Häuschen bauen oder ihre alten sanieren, nimmt man in Kauf. Platzeck trägt den Standort gegen das Votum seines eigenen Hauses, gegen die eigene Überzeugung schließlich mit: »Er hatte große Mühe, die Entscheidung im Umweltministerium zu vermitteln«, erinnert sich sein Büroleiter Herbert Dunkel.

Und dann ist da noch das alte sorbische Dorf Horno in der Lausitz, eines der schönsten Deutschlands, wie Zeitungen schreiben. Die 380 Bewohner haben es nach der Wende wieder fein herausgeputzt, nun soll es weggebaggert werden, weil ein Energiekonzern die Braunkohle beansprucht. Platzeck und Horno, das ist eine komplizierte Geschichte. Sie begann bereits Anfang der 90er Jahre, als er noch Bündnis-Minister war. Damals, im März 1993, kämpfte er dafür, dass dieses Dorf überleben darf, stimmte im Kabinett gegen die Abbaggerung. Weil er nicht vergessen hatte, wie Dörfer ausradiert wurden in der DDR, wo der Einzelne nichts zählte und es immer um das »große Ganze«, den Aufbau des Sozialismus ging, die Heizwerke ihre Braunkohle und die Republik ihren Strom bekommen mussten. Es passte nicht in Platzecks ökologisches Weltbild, nicht in sein Verständnis von der Schöpfung, für diese Braunkohle mit ihrem geringen Brennwert ganze Landschaften zu zerstören.

Doch Brandenburg hat wenige Fabriken, ganze Industrien haben die Wende, den Übergang zur freien Marktwirtschaft, nicht überlebt. Die Lausitz im Südosten des Landes an der Grenze zu Sachsen ist nach dem Zusammenbruch der DDR ein besonders geplagter Landstrich. Seit Jahrzehnten leben die Leute dort von der Braunkohle. Jetzt hat kaum noch einer einen Job, seit 1990 wurden zwei Drittel der DDR-Tagebaue dichtgemacht. Tausende frühere Bergarbeiter – einst eine stolze

Industriearbeiterschaft – sitzen seitdem arbeitslos zu Hause. 1993, als die Debatte um Horno immer hitziger geführt wurde, waren von einst 25 000 Bergleuten nur noch 11 000 übrig, zehn Jahre später werden es sogar nur noch 4000 sein.

Ökologiepolitik, das ist Platzecks Grundprinzip, findet nicht im luftleeren Raum statt. Sie muss auch Zugeständnisse machen, erst recht, wenn die wirtschaftliche Not groß ist. Im Fall Horno begann er ab 1993 allmählich umzudenken. »Es gibt Knatsch zwischen der Fraktion und Matthias. Die Braunkohlepläne. Matthias ist den Fraktionären zu nachgiebig, zu schnell bereit Zugeständnisse zu machen ... sogar bei der Überbaggerung von Horno«, vermerkt das »Tagebuch« der Fraktion Bündnis 90 im September 1993.[38] Drei Monate später segnete der zuständige Braunkohleausschuss des Landtags die Pläne ab. »Das hatten wir nicht vor! Matthias hat nicht an der Sitzung des Braunkohlenausschusses teilgenommen. Vielleicht hätte er tatsächlich nichts erreicht. Es aber nicht einmal versucht zu haben und somit Hirche einfach das Feld zu überlassen, das muss er sich schon kritisch vorwerfen lassen. Mist«, kommentiert das Fraktions-Tagebuch.[39]

Günter Nooke war ziemlich sauer damals. »Es hat geschmerzt«, sagt er rückblickend. Es war ein Bruch mit den Idealen einer neuen Energiepolitik, die möglichst dezentral sein sollte, ökologisch, anstatt ganze Landschaften für ein paar Braunkohlebriketts zu zerstören und später Milliarden für die Rekultivierung der riesigen Tagebaulöcher auszugeben.

Im Februar 1996 nimmt Platzeck, mittlerweile SPD-Minister, im Dorfkrug von Horno an einer Diskussion mit Einwohnern und Kohlekumpeln teil. Der Saal ist überfüllt, die Menschen stehen dicht an dicht, die Luft ist stickig, die Wogen schlagen hoch. Weil das Verfassungsgericht angeordnet hat, dass das Parlament noch einmal entscheiden muss, machen sich die Hornoer wieder Hoffnung. Fast flehentlich wendet sich Platzeck an den Bürgermeister Bernd Siegert: »Bitte bereiten Sie sich mit uns auch auf den Fall vor, dass die Entscheidung letztlich für eine Umsiedlung ausfällt.« Aber für Siegert und die Hornoer ist Platzeck nur ein »Verräter«.

Dass die Abbaggerung von Horno unvermeidlich ist, vertritt er inzwischen klarer als viele, die schon immer dafür waren. »Strukturwandel muss auch sozial und politisch beherrschbar bleiben. Bisher wurde eingeschätzt, bei einer Arbeitslosigkeit von 15 bis 20 Prozent wird ein Land unregierbar. An diesem Punkt sind wir jetzt«, so erklärt er seinen Sinneswandel. Und er sagt: »Es gibt Konflikte, die nicht mit einem Kompromiss gelöst werden können, dazu muss sich Politik bekennen. Zur Demokratie gehört auch, dass nach Diskussion und Abwägung entschieden werden muss. Im Fall Horno gibt es nur ein ja oder nein, Abbaggern oder Stehenlassen. Für einen Kompromiss ist da kein Raum.«[40]

Als das Kabinett im Januar 1997 das Schicksal des Dorfes endgültig besiegelt, ist er es, der die Entscheidung vor der Presse vertritt: Politik müsse fähig sein, auch unpopuläre Entscheidungen zu treffen, wenn es um das Schicksal einer ganzen Region gehe. Aus seinem Unbehagen macht er allerdings keinen Hehl: Bei so einer Entscheidung könne sich niemand wohl fühlen. Die Zustimmung des Landtags ist jetzt nur noch eine Frage der Zeit. Nach Horno fährt Matthias Platzeck nie wieder. Zwar relativiert heute selbst Günter Nooke seine damalige Kritik an Platzeck: »Was sollte er denn machen? Unter professionellen Gesichtspunkten war nicht mehr drin. Wir leben in einer Demokratie. Und Mehrheiten haben entschieden.«

Dennoch war Horno ein wunder Punkt für Matthias Platzeck, weil er, wenn es um persönliche Glaubwürdigkeit und Integrität geht, empfindlicher als andere ist und weil er im tiefsten Innern ein auf Harmonie bedachter Idealist ist, der solch bittere Entscheidungen wie die Abbaggerung eines märkischen Dorfes, wo Menschen gelebt, geliebt, gelitten und ihre Höfe gebaut haben, wo kleine Kinder durch Gärten tobten, nicht treffen will.

Die riesigen Kohlebagger haben sich bereits bis an den Ortseingang herangegraben, als im November 2005 die letzten

Bewohner Horno verlassen. Es ist nicht einmal sicher, dass Platzeck das registriert hat. Denn just, als das Ehepaar Domain aufgibt, das sich länger als alle anderen gegen die Bagger aufgelehnt hat, das nun als letzte Familie das Schmerzensgeld des Energiekonzerns akzeptiert und sich trotzdem ohnmächtig fühlt wie einst ein gewisser Hochschulabsolvent, der in Karl-Marx-Stadt die Daten über Smog im Erzgebirge in den Panzerschrank schließen musste, just in diesen Tagen wird Matthias Platzeck Vorsitzender der Sozialdemokratischen Partei Deutschlands.

Auf den ersten Blick hat beides nichts miteinander zu tun. Trotzdem besteht eine Verbindung, hat das eine das andere vielleicht erst möglich gemacht. Ohne sein Umdenken in Horno, ohne seinen wachsenden Realismus hätte Platzeck schwerlich Karriere in der Volkspartei machen können. »Es war kein Anpassungsverhalten. Er hat immer sehr gründlich das Für und Wider abgewogen und sich dabei weiterentwickelt«, sagt Manfred Stolpe über jenen Lebensabschnitt des Matthias Platzeck, in dem sich der stark ökologisch geprägte Fachminister zu einem sozialdemokratischen Generalisten mit Blick für das Ganze entwickelt, der alle Interessen zu berücksichtigen hat.

Aber er setzt immer noch grüne Duftmarken. Ab und zu jedenfalls. Im Frühjahr 1997 spricht sich Matthias Platzeck für eine schrittweise Anhebung der Benzinpreise auf fünf Mark pro Liter aus, um den Autoverkehr einzuschränken. Er muss dafür viel Kritik einstecken, auch in der SPD. In dieser Zeit versucht er auch, seinen Minister-Dienstwagen, den PS-starken und Sprit fressenden Audi A6 gegen einen kleineren A3 zu tauschen, der mit Rapsdiesel fährt und »unter fünf Litern« verbraucht, was nicht ganz einfach ist. Die Staatskanzlei bringt für diesen seltsamen Wunsch kein Verständnis auf. »Platzeck musste drängeln, sogar einen harschen Brief schreiben, weil ihm kein kleinerer Dienstwagen genehmigt werden sollte«, erklärt Büroleiter Herbert Dunkel. Aber er setzt den grünen Öko-Audi durch.

Platzeck will zeigen, dass er nicht Wasser predigt und Wein trinkt. Aber er hat auch einen gewissen Hang zu symbolischen Gesten, zu symbolischer Politik. Andere Minister zeigen ihm freilich insgeheim einen Vogel, weil es kaum Rapsdiesel-Tankstellen im Land gibt, weil sie eitler als Platzeck sind und weil Brandenburg obendrein ein altmodisches Land ist. Die Menschen in den Dörfern lesen eben auch an der Größe eines Dienstwagens ab, ob ein Politiker wichtig ist oder nicht, ob er Einfluss hat oder nicht. Manfred Stolpe hat darauf immer geachtet.

Deichgraf

Brandenburg ist ein flaches Land. Aber es hat wellige Hügel. Und die sind in der Uckermark so schön, dass Matthias Platzeck von der »Busen- und Po-Landschaft« schwärmt, zu der er ein »quasi erotisches Verhältnis« habe, was sowohl etwas über seine Liebe zu Brandenburg als auch zu Frauen sagt. Die Topografie ist trotzdem übersichtlich, weshalb der dortige Menschenschlag gemeinhin auch nicht zum Schwärmen neigt: Die Böden sind sandig, und in den Wäldern wachsen fast nur Kiefern. Es gibt zwei größere Flüsse. Elbe und Oder fließen von Süden und Osten aus den Bergen kommend nach Norden, zur Nordsee die Elbe, zur Ostsee die Oder. Von Osten nach Westen sind beide Flüsse durch die Havel und ihre von Menschenhand geschaffenen Kanäle verbunden und irgendwo dazwischen fließt aus dem Süden noch die Spree in Richtung Berlin.

Hochwasser an Elbe und Oder sind Alltag in diesem Landstrich. Und trotzdem wird die Oder-Flut im Sommer 1997 mit ihren dramatischen Pegelständen und den gebrochenen Deichen ein »Jahrhundert-Hochwasser« sein, was sich im Rückblick schon wieder relativiert, da auf unserem mehr und mehr außer Kontrolle geratenden Planeten die Hurrikans, Tsunamis und all die anderen Katastrophen immer häufiger und gefährlicher werden, die nächste »Jahrhundert-Flut« in Brandenburg schon fünf Jahre später an der Elbe folgen wird.

Zunächst scheint es ein normales Hochwasser zu werden, das Mitte Juli 1997 nach starken Regenfällen in Polen und Tschechien nach Brandenburg schwappt. Noch ahnt niemand, dass es schon in wenigen Tagen Pegelstände erreichen wird, die die Menschen im Oderbruch bis dahin noch nicht erlebt haben, dass etwa in Frankfurt 6,57 Metern gemessen werden. Der bisherige Rekord stand 1937 bei 6,35 Metern. Normalerweise ist die Oder hier im Sommer nur 2,44 Meter tief.

Noch wiegen sich alle in Sicherheit. Auch im Potsdamer Umweltministerium auf dem Telegraphenberg winken die Experten ab, als Platzeck auf der wöchentlichen Dienstberatung mit den Abteilungsleitern am Mittwochmorgen, es ist der 16. Juli, die Frage stellt: »Was kommt auf Brandenburg zu?« Er erhält die Antwort: »Nach unseren Berechnungen, nach dem, was wir bisher wissen, werden die Deiche halten. Wir werden die höchste Alarmstufe 4 ausrufen. Aber es wird kein Extremhochwasser.« Platzeck traut dem nicht, die Daten aus Polen, aus Tschechien sind widersprüchlich. Er fährt, als die Vorläufer der Flut Brandenburg erreichen, an die Oder, um sich selbst ein Bild zu machen. Auch dort wiegelt man ab. Das Übliche.

Aber er bleibt skeptisch. Abends nach der Rückkehr in Potsdam, unterwegs hat er noch in einem Baumarkt Grillkohle gekauft, sitzt Platzeck in seinem kleinen Garten mit engen Mitarbeitern zusammen. Auf dem Grill brutzeln die Würstchen. Er geht noch einmal die aktuellen Daten durch, lässt sich die Lage erläutern, die sich verschärft, weil in der Oderregion Dauerregen niedergeht. »Ich war mir plötzlich sicher, es wird kein normales Hochwasser«, erinnert sich Platzeck. Noch beim Grillen trifft er die Entscheidung: »Wir ziehen morgen früh nach Frankfurt an der Oder um.« Eigentlich hat er Urlaub an der Ostsee machen wollen, weil er ans Wasser wollte. Nun hat er Wasser genug, aber keinen Urlaub.

Am nächsten Morgen quartiert sich Platzeck mit seinem engsten Stab im »Kongresshotel« in Frankfurt ein. Es ist nicht unbedingt romantisch. Das Hotel steht genau an der Oder, der Keller ist bereits überflutet. »Er war derjenige, der als Erster begriffen hat, dass gehandelt werden muss«, erzählt Manfred Stolpe. »Wir haben mit solchen extremen Hochwassern keine Erfahrung«, habe Platzeck ihm erklärt und betont: »Wir müssen die Bundeswehr zu Hilfe holen.« So geschieht es auch.

Für die Koordinierung der Hochwasserbekämpfung ist Platzeck eigentlich gar nicht zuständig, nach der Geschäftsordnung der Landesregierung obliegt das dem Katastrophenschutzminister, also jenem Innenminister Alwin Ziel, dem seinerzeit die überdimensionierten Abwasser-Anlagen »übergeholfen« wurden. Jetzt ist es umgekehrt. Platzeck übernimmt ohne förmlichen Kabinettsbeschluss die Koordinierung des Hochwassereinsatzes. Ziel gilt als fleißig und penibel, aber auch als etwas zögerlich, vor allem ist er nicht unbedingt jemand, der Menschen überzeugen kann. »Also haben wir das so hingedreht, dass Platzeck das macht«, erinnert sich Stolpe. Natürlich genügte ein Wort von ihm.

Eine richtige Entscheidung, wie sich zeigen wird, denn auf den Oderdeichen, die unter dem Druck der trüben Wassermassen aufweichen, beweist Platzeck, dass er in Krisen einen kühlen Kopf behält. Er ist jeden Tag von morgens um fünf bis spät in die Nacht auf Achse. Kurz vor Mitternacht sitzt er immer im Ratskeller mit den engsten Mitstreitern in einer stillen Ecke zusammen, völlig erschöpft. Dort wird der Tag ausgewertet. Selbst die Journalisten bekommen das nicht mit.

Platzeck fährt ständig die Deiche ab, mit deren Konstruktion er sich in Windeseile vertraut macht. »Beim Selbstgucken lernt man am meisten dazu.« Er motiviert die Helfer, predigt unermüdlich, sie mögen wachsam bleiben, weil es zu spät sein kann, wenn nicht jeder kleine Riss sofort gestopft wird, wenn nur einer von Tausenden »Deichläufern« nicht aufpasst, müde wird. Er beruhigt die vom Hochwasser Bedrohten, versucht es jedenfalls. Als sich das Gerücht verbreitet, dass man bestimmte Dörfer gezielt fluten will, um das große Oderbruch zu retten, das bis zu sechs Meter tiefer liegt als der Fluss, schlagen die Wogen der Empörung hoch. Man glaubt Platzeck nicht, obwohl der hundertmal versichert, dass absichtliche Flutungen »absurd« seien: Es werde keine Opfergaben geben. Er wird beschimpft, verflucht in diesen Tagen.

Am 23. Juli bricht an zwei Stellen der Damm bei Brieskow-Finkenheerd, 300 Menschen verlieren Haus und Hof, die ersten Deichbrüche. Die Ziltendorfer Niederung wird überflutet. Die Angst wächst mit jedem Tag, dass auch das Oderbruch – 55 Kilometer lang, 15 Kilometer breit – wie eine gigantische Badewanne voll laufen könnte, jener Landstrich, den der Alte Fritz vor 250 Jahren durch den Bau der Deiche der Natur abrang und danach frohlockte, er habe eine ganze Provinz im Frieden gewonnen. Solche Provinzen kann man auch im Frieden wieder verlieren. Vorsorglich lässt Platzeck das nördliche Oderbruch evakuieren. Viele Menschen sind so verwurzelt mit ihren Häusern, ihrem Vieh, ihrer Heimat, dass sie nicht gehen wollen, wie jene alte Frau, die ihm sagt: »Hier bin ich geboren, hier lebe ich, hier sterbe ich.«

Der Deichbruch in der Ziltendorfer Niederung geht Platzeck nahe. Jahrhundertealte Bäume werden wie Streichhölzer weggespült. Die Bilder vergisst er nie. Er habe dort ein Gefühl für die Urgewalt der Natur bekommen, die der Mensch nicht einfach ignorieren könne, erzählt er später. Man dürfe solche Flüsse nicht in ein enges Bett zwingen, ihnen den natürlichen Überschwemmungsraum nehmen. Er wird diese Mahnung später oft wiederholen.

Es gibt in diesen Stunden auch Momente der Unsicherheit, des Zweifelns. Einmal kommt ein Oberst der Bundeswehr zu ihm. »Herr Platzeck, wie sehen Sie denn aus, was ist denn mit Ihnen los? Denken Sie immer daran: Es gibt keine hoffnungslose Situation. Es gibt nur eine hoffnungslose Führung.« Das offensive Herangehen, der perfekte Einsatz der Truppe

»Deichgraf« Matthias Platzeck im Hubschrauber über der Oderflut (1997)

beeindrucken Platzeck so sehr, dass er sein bis dahin distanziertes Verhältnis zur Bundeswehr korrigiert. »Das hat Wirkung gezeigt«, erzählt der einstige Büroleiter Dunkel. Und: »Er hat gelernt, dass man bestimmte Entscheidungen ganz einsam treffen muss.«

Am 30. Juli, dem 16. Hochwassertag, ist Platzeck dennoch kurz davor, die Hoffnung aufzugeben: Im ganzen Oderbruch heulen die Sirenen, weil am Kilometer 70,4 bei Hohenwutzen ein riesiges Loch im Deich nicht gestopft werden kann. Er ruft sofort Stolpe an, berichtet ihm, dass das Oderbruch wohl nicht gehalten werden kann. Die Chance liege höchstens bei zehn Prozent. Stolpe fragt, ob wirklich alles Menschenmögliche getan werde. Platzeck antwortet: »Ja. Wir kämpfen, alles andere liegt in Gottes Hand.« Mit General Hans-Peter von Kirchbach, der die Hilfstruppen der Bundeswehr kommandiert, verabredet er, dass man gemeinsam vor die Presse treten wird, wenn das Oderbuch untergeht. Keiner wird dem anderen die Schuld geben. »Wir tragen die Verantwortung gemeinsam.«

Die letzte Hoffnung sind Hubschrauber, die Tausende Sandsäcke abwerfen, um das Leck zu schließen. Freiwillige, die in ständiger Gefahr sind, von den Fluten mitgerissen zu werden, weisen sie ein. Und was kaum jemand für möglich hält: die Katastrophe bleibt aus.

Manchmal, im Rückblick, könnte es scheinen, als habe Matthias Platzeck im Sommer 1997 nur auf den Oderdeichen gestanden und den aus ganz Deutschland angereisten Reportern Interviews gegeben. Einige, die nicht dabei waren, haben sogar von einer geschickten PR-Inszenierung gesprochen. Sie müssten nur den früheren Bundeswehrgeneral von Kirchbach fragen, der die 15 000 Soldaten kommandierte und der es nicht nötig hat, einem Politiker zu schmeicheln: Er war beeindruckt von dem umsichtigen zivilen Krisenmanager, der genau an der Achillesferse ansetzte: der permanenten Motivation. Ein General wie er weiß am besten, dass die Moral der Truppe das Wichtigste ist, wenn man eine Schlacht gewinnen will. Er habe selten einen Menschen getroffen, der so begabt sei, andere Menschen für eine Sache zu gewinnen, sagt von Kirchbach. Platzeck habe schnell und präzise entschieden. Als ein Wald abgeholzt werden musste, habe er sofort zugestimmt.

Natürlich ist Matthias Platzeck in diesen Tagen ein gefragter Interviewpartner. Deutschlands Fernsehzuschauer lernen durch ihn solche merkwürdigen märkischen Ortsnamen kennen wie Hohenwutzen, Aurith, Brieskow-Finkenheerd, die vorher selbst in Brandenburg kaum einer kannte, weil das so ein gottverlassener Landstrich ist. Abend für Abend erklärt er auf den Fernsehkanälen ruhig, mit einer Sprache, die jeder versteht, ohne Unter- und Übertreibungen, die Lage an den Deichen. Und nie versäumt er, auf die eigentliche Katastrophe hinzuweisen, die dieses Hochwasser zur gleichen Zeit anrichtet, nämlich in Polen, auf der anderen Seite der Oder, wo Hunderte Dörfer überflutet wurden, viele Menschen umgekommen sind. Irgendwann nennen die Journalisten ihn den »Deichgrafen«. Manche Reporter aus dem Westen, die im gleichen Hotel wie Platzeck wohnen, sind verblüfft über die Bescheidenheit des Ministers, der nicht anders behandelt werden will als alle anderen Gäste. Das haben sie bisher nicht erlebt.

Auch im fernen Bonn horcht man auf, werden manche aufmerksam auf diesen Mann, der da täglich auf allen Bildschirmen zu sehen ist, dessen Name in allen Zeitungen steht. Vielleicht schwant dort manchem sogar, dass da einer in der märkischen Provinz heranreift, mit dem einmal zu rechnen sein wird. Kanzler Helmut Kohl jedenfalls, der Instinktmensch, hat so eine Ahnung. Er gibt seiner Bundesumweltministerin Angela Merkel, als die an die Oder aufbricht, mit auf den Weg: Platzeck wisse, was die Leute von einem Politiker erwarten. Was wohl heißen sollte: So wie der Platzeck das macht, so schnell vor Ort, so nahe bei den Menschen, so muss man das machen.

Helmut Kohl kommt selbst zweimal an die Oder, beide verstehen sich gut. Dass der Kanzler Matthias Platzeck in der Wendezeit einmal abgekanzelt hat, ist vergessen. Kohl erlebt hautnah, wie der junge Minister bei den Menschen ankommt: In einen Dorf eilen zwei ältere Frauen auf die Politiker-Gruppe zu. Mit Blumensträußen. Sie sind aber nicht für den Kanzler der deutschen Einheit, sondern für Matthias Platzeck bestimmt. Diesem seien solche Szenen der »Heldenverehrung« »unheimlich« gewesen, erzählt Herbert Dunkel. »Es war, als ob der liebe Gott erscheint.«

Worüber er damals mit Helmut Kohl gesprochen hat, weiß Platzeck nicht mehr im Einzelnen. Er erinnert sich aber noch genau, dass Kohl sehr viele Fragen gestellt und »Berge von Kuchen und Bockwürsten verdrückt« habe. In einem Bundeswehrzelt sei mittags Erbsensuppe mit Würstchen ausgeteilt worden. »Helmut Kohl war aber noch nicht satt, er hat einen Begleiter losgeschickt: Der sollte aber keine Erbsensuppe mehr bringen, sondern nur Würste.« In einem anderen Ort, wo man am späten Nachmittag angemeldet ist, lässt der »Deichgraf« vorsorglich den Kuchen beim Dorfbäcker »requirieren« und eine große Kaffeetafel aufbauen.

Auch Angela Merkel und Matthias Platzeck treffen sich auf den Oderdeichen. »Ah, der Herr Platzeck, grüße dich«, sagt sie. Die beiden kennen sich aus Umweltminister-Konferenzen, verstehen sich prächtig. Sie tuscheln, ziehen sich zurück. Im Hubschrauber über dem Oderbruch lobt Angela Merkel ihren Brandenburger Kollegen in den höchsten Tönen: »Will sagen, dass die Politik von Matthias Platzeck, dem Fluss den Raum zurückzugeben, nur richtig sein kann. Natürlich danken wir dir, Matthias, für alles. Es wird alle Unterstützung für den Nationalpark geben.«[41]

Merkels Bekenntnis zum Nationalpark »Unteres Odertal« ist wichtig für Platzeck, denn die märkische Union, damals in der Opposition, bekämpft das Projekt erbittert. Ironie des Schicksals: Auch Angela Merkel hat mit der Brandenburger CDU so ihre Erfahrungen gemacht. Sie wollte, was kaum noch jemand weiß, nach der Wende einmal deren Vorsitzende werden. Doch die märkischen Christdemokraten, damals ein ziemlich intriganter und politisch unbedeutender Haufen, ließen die Lieblingsministerin von Helmut Kohl im November 1991 auf dem Parteitag in Kyritz an der Knatter sang- und klanglos durchfallen.

Als das Hochwasser in die Ostsee abgeflossen ist, hat sich manches verändert. Matthias Platzeck hat jetzt bundesweit einen Namen. Er hat gut daran getan, diesmal nicht auf Rainer Speer gehört zu haben: Der hatte ihm geraten, die Hochwasserbekämpfung lieber dem Katastrophenschutzminister zu überlassen. Deiche können auch brechen, in der Politik sucht man schnell nach Sündenböcken. »Zum Ende des Hochwassers kam ein Bundeswehr-Offizier der Hubschrauberstaffel zu mir. Er sagte: Ich staune immer noch, dass Herr Platzeck das überhaupt gemacht hat. Es war doch klar, wenn etwas schief geht, wenn nur ein Menschenleben zu beklagen ist, dann ist er seinen Job los«, erzählt Dunkel.

Es ist anders gekommen. Platzeck erhält nach dem Hochwasser von der »Hörzu« eine »Goldene Kamera« für seine politische Glaubwürdigkeit. Den Smoking, den er für die Gala braucht, leiht er sich im Fundus der Babelsberger Filmstudios aus.

Von diesem Hochwasser-Sommer 1997, als die wabbeligen Deiche an der Oder fast weggespült wurden, gibt es ein Foto von Matthias Platzeck: Es zeigt, wie er versonnen aus dem Hubschrauber auf die überflutete »Ziltendorfer Niederung« schaut. Jens Rübsam von der »taz«, der ihn bei diesem Flug begleitet, hat die Wandlung registriert, die Platzeck auf den Deichen erfahren hat. »Er ist schon immer brandenburgisch gewesen, aber noch mehr brandenburgisch geworden in den vergangenen Tagen«, schreibt er.[42]

Auch Manfred Stolpe, der Regierungschef, nimmt das so wahr. Er fasst nach der Oderflut einen Entschluss: Matthias Platzeck soll sein Nachfolger werden. »Wie er zupackte, die Menschen überzeugte, sich bescheiden darstellte, das war imponierend«, sagt Stolpe rückblickend. Er spricht mit niemandem darüber, dass die »Erbfolge« für ihn persönlich geklärt ist. Er wird auch später, als kaum noch jemand daran zweifelt, nie offiziell bestätigen, dass Platzeck der »Kronprinz« ist: »Ich wollte nicht, dass sich alle auf ihn stürzen und ihn kaputtmachen.« Stolpe will aber auch nicht als Ministerpräsident auf Abruf gelten, nicht als einer, dessen Tage gezählt sind.

»Retter von Potsdam«

Potsdam ist eine Stadt, in der es nie ein ausgeprägtes Bürgertum gab. Die Residenz wurde immer per Dekret von oben entwickelt. Könige ließen Schlösser bauen und Kasernen. Sie steuerten so die Entwicklung der Stadt, prägten ihr Bild. Potsdam blieb immer eine Residenz-, Beamten- und Garnisonstadt. Das war unter den Königen so, und so blieb es im Grunde auch unter Walter Ulbricht und Erich Honecker. Obrigkeit, Beamte, Soldaten. »Potsdam ist intellektuell nicht zu begreifen«, schrieb der 1938 gestorbene Berliner Ludwig Sternaux in seinen Erinnerungen über die Havelstadt. Für das Potsdam Mitte der 90er Jahre wäre das eine Untertreibung.

Die Stadt stagniert trotz ihrer exzellenten Potenziale, der historischen Schlösser und Gärten von Sanssouci, der unmittelbaren Nachbarschaft zur Hauptstadt, sie stagniert trotz des hoffnungsvollen Anfangs mit Argus und den anderen Bürgergruppen in der Babelsberger Friedrichskirche. Es gehört zu den traurigen Geschichten über den »Aufbau Ost«, dass Potsdam nach der Wende nicht gut regiert und repräsentiert wird, jedenfalls nicht so, wie es dieses Gesamtkunstwerk, das seit 1990 zum internationalen Weltkulturerbe der Unesco gehört, wie es die »mediterranste Stadt Deutschlands« (Wolfgang Joop) verdient hätte. Stattdessen ist die Stimmung so mies wie das Image. Kein Wunder, dass der »Spiegel« die einstige Preußenresidenz im Oktober 1996 zur »Jammerhauptstadt des Ostens« kürt. Zugrunde liegt eine Untersuchung des Leipziger Instituts für Marktforschung in 20 großen Städten der neuen Länder. Es ist paradox: Die Potsdamer haben das höchste Pro-Kopf-Einkommen und die geringste Arbeitslosigkeit im Osten, sind aber am missmutigsten und unlustigsten.

Noch immer gibt es viel Verfall, liegt die Stadtmitte am Alten Markt brach, dort, wo einst das Stadtschloss stand. In Dresden baut man in den 90er Jahren längst die Frauenkirche wieder auf. Und genau gegenüber dem Alten Markt, auf der anderen Seite der Havel, haben die demokratisch gewählten Nachwende-Stadtväter 1997 einen mächtigen Betonklotz in die filigrane Stadt gesetzt, wie es die SED nicht schlimmer hätte machen können: das »Potsdam-Center«, ein gewaltiger, fast fensterloser Shopping-Bunker am Bahnhof.

Die Bausünde ruft sofort das Welterbekomitee der Unesco aus dem fernen Paris auf den Plan, Bundesregierung und Landesregierung intervenieren im Rathaus, weil die Streichung der Schlösser und Gärten aus der Welterbeliste droht. Ein Imageschaden, der kaum wieder gutzumachen wäre.

Misstrauen, Kleingeist, Zwietracht grassieren in Potsdam, als sich Ende 1997, nur wenige Monate nach dem Oderhochwasser, plötzlich die Ereignisse in der Heimatstadt des Umweltministers überschlagen. Eine Baufilz-Affäre erschüttert das Rathaus, beherrscht die Schlagzeilen der regionalen Blätter. Der sozialdemokratische Baustadtrat Detlef Kaminski, der 1989 die von der SED gefälschte Kommunalwahl mit aufgedeckt hatte, muss am 28. Januar 1998 seinen Stuhl räumen. Er war bis dahin der starke Mann im Rathaus, der Macher. Sein Sturz zieht auch den sozialdemokratischen Oberbürgermeister Horst Gramlich mit, der nach acht Jahren müde, bitter und einzelgängerisch geworden ist, der sich lieber im dunklen Rathaus vergräbt, als unter die Menschen zu gehen. Eine Bürgerinitiative will ihn vorzeitig abwählen, es scheint nur eine Frage der Zeit, bis Gramlich stürzt. Die SPD muss erneut fürchten, dass die PDS, die in Potsdam eine ihrer Hochburgen hat, die Macht im Rathaus übernimmt.

In der Not fällt der SPD nur einer ein, der der PDS Paroli bieten, die Stadt aus der Krise führen könnte: Matthias Platzeck, der im Babelsberger Kiez wohnt, beliebtester Politiker in Potsdam ist und erkennbar an dieser Stadt hängt. Aber Platzeck, mit Leib und Seele Umweltminister, quält sich. Warum soll ich mir das antun, fragt er Freunde. Der Job als Oberbürgermeister bedeutet einen Abstieg, nicht nur finanziell. Und das Risiko ist in dieser chaotischen Stadt nicht kalkulierbar. Manfred Stolpe nimmt ihn ins Gebet: Sie können das! Die beiden sagen übrigens trotz ihrer engen Beziehung Sie zueinander – bis heute. Ein Zeichen besonderen Respekts, erklären sie.

Auch Steffen Reiche, der SPD-Landeschef, fleht Platzeck bei einem Treffen in einem Babelsberger Café an: »Niemand kann es so wie du!« Platzeck hatte damals auch ein attraktives Angebot, als Vorstand in ein Umweltunternehmen zu gehen. »Er hätte ein angenehmes Leben führen können und trotzdem ein sinnvolles«, sagt Reiche.

Es werden immer mehr, die ihn bedrängen, ob der Publizist und Potsdam-Liebhaber Alexander Gauland oder die Kustodin der Schlösserstiftung und Sprecherin der Bürgerbewegung gegen das »Potsdam-Center«, Saskia Hüneke. Wildfremde Menschen reden Platzeck sogar an der Kinokasse zu. Aber der ringt weiter mit sich.

Einer schafft es, den Zögernden zu überzeugen: Rainer Speer. Dem Staatssekretär und Potsdamer SPD-Chef ist längst klar, dass die Stimmung nicht mehr zu drehen, dass Gramlichs Abwahl nicht zu verhindern ist. Speer überlegt, selbst anzutreten. Er traut sich zu, die Stadt zu führen. »Nur der Weg dorthin, nämlich gewählt zu werden, wäre für mich sehr schwierig geworden«, sagt er rückblickend. Da untertreibt er noch.

Platzeck lässt es nicht kalt, wie der Freund und Vertraute leidet, wie er nach einer Lösung sucht. »Und irgendwann flog die Tür zu meinem Büro im Ministerium plötzlich auf und Matthias sagte: Ich kann nicht länger zusehen, wie du dich quälst. Ich mach es«, erinnert sich Speer. Die Zusage wird an einem Februar-Abend 1998 in der Wohnung von Matthias Platzeck besiegelt. Rainer Speer, der ein begnadeter Hobbykoch ist und Kochbücher schreiben könnte, hat einen Lammbraten zubereitet. Mit am Tisch sitzt Manfred Stolpe. Auch er ist erleichtert. Dass Platzeck seit dem Oderhochwasser sein »Kronprinz« ist, verrät er auch in dieser intimen Runde nicht. Er spricht, wie es seine Art ist, durch die Blume: Das Oberbürgermeisteramt in Potsdam sei ja nicht das Ende aller Wege Gottes. Warum sich Platzeck schließlich doch durchgerungen hat, obwohl es ein Abstieg war, erklärt Speer so: Es sei eine Mischung aus Verantwortung für die Stadt und geahnter Zukunftsperspektive gewesen.

Wie es dann weitergeht, passt nicht unbedingt zu Platzeck, der auf fairen und menschlichen Umgang großen Wert legt.

Denn die Potsdamer SPD betreibt ein doppeltes Spiel: Auf einer Pressekonferenz gibt Platzeck am 17. Februar 1998 bekannt, dass er als Oberbürgermeisterkandidat der SPD für Potsdam bereitsteht, falls Horst Gramlich abgewählt wird. Scheinheilig tut die SPD so, als ob sie weiter hinter Gramlich stehe. In Wirklichkeit versetzt aber allein Platzecks Ankündigung Gramlich den politischen Todesstoß – und das ist auch so vorgesehen. Er wird in einem Bürgerentscheid gestürzt, die Potsdamer wollen Platzeck. Sie wählen ihn trotz mehrerer Gegenkandidaten mit 67 Prozent der Stimmen zum neuen Oberbürgermeister.

Die Umstände des Sturzes von Gramlich, immerhin eines Genossen der ersten Stunde, lassen Platzeck nicht kalt. Er wird, wie es auch bei Horno der Fall war, nicht gern darauf angesprochen. Es sei um »übergeordnete Interessen«, um die Zukunft Potsdams gegangen, sagt er. Gramlich reagiert verbittert. »Ich habe die Solidarität vermisst, die sich die SPD auf ihre Fahnen schreibt.« Er gibt sein Parteibuch zurück und betritt Potsdam einige Jahre nicht mehr.

Kommunaler Alltag

Matthias Platzeck hätte das Potsdamer Rathaus bald wieder verlassen können – wegen gewichtiger Aufgaben für Deutschland. Gerhard Schröder, der neue Kanzler, bietet ihm bald einen Ministerposten in seinem Kabinett an. Man trifft sich im Babelsberger Schlösschen zum Abendessen. Schröder kommt mit Gattin Doris, Platzeck mit seiner damaligen Freundin, der RBB-Moderatorin Carla Kniestedt. Getroffen hatten sich Schröder und Platzeck schon vorher einmal, im Bundestagswahlkampf auf dem Potsdamer Luisenplatz. Beide verstanden sich vom ersten Moment an. Jetzt, im Babelsberger Schlösschen, schüttelt Schröder über Platzecks Absage den Kopf: Er biete ihm eine Perspektive und dann wolle er Bürgermeister bleiben.

Platzeck, erst kurz im Amt, will kein Job-Hopper sein. Aber eins steht dennoch für ihn fest: Potsdam ist eine befristete Aufgabe, die er nicht für acht Jahre übernehmen wird. So lange dauert die reguläre Amtszeit eines Oberbürgermeisters. Schon vor seiner Wahl hatte er sich mit Jann Jakobs zusammengesetzt, dem Sozialbeigeordneten im Rathaus, einem gebürtigen Ostfriesen. Im Restaurant »Starstecher« unweit des Holländischen Viertels, fand ein sehr offenes Gespräch statt, bei dem Jakobs, selbst Sozialdemokrat, auch den miesen Umgang von Platzeck und der SPD mit Gramlich kritisierte. Trotzdem stimmte die Chemie, hatte Jakobs sofort das Gefühl, »mit einem Kumpel zusammenzusitzen, mit dem man alles reißen kann«. Als Platzeck danach in seinen Dienstwagen einstieg, sagte er zu Jakobs: »Setz dich schon mal mit der Idee auseinander, dass du im Rathaus mein Stellvertreter wirst und später mal die Funktion übernimmst, in die ich jetzt gewählt werde.« Jakobs war so perplex, dass Platzeck noch hinzufügte: »Mein Fahrer ist absolut vertrauenswürdig. Von ihm erfährt niemand etwas.« Noch gar nicht zum Oberbürgermeister gewählt, hatte sich Platzeck schon seinen Nachfolger auserkoren. Er denkt langfristig.

Zwei enge Vertraute aus dem Umweltministerium nimmt er ins Rathaus mit: Wieland Eschenburg, seinen Büroleiter und Freund aus Argus-Zeiten, und seine Sekretärin Ursula Jaeger. Dem Trio muss die neue Wirkungsstätte wie eine Bruchlandung auf einem fremden Planeten vorgekommen sein. An die ersten Tage, an die ersten Wochen erinnert sich Ursula Jaeger noch sehr genau. Schon der Eindruck beim Betreten der Stadtverwaltung sei deprimierend gewesen: alles dunkel, alles miefig, alles piefig. »Es war so, als wollte man den Bürgern sagen: Haltet Abstand! Fragt uns bloß nichts.« Und so war es ja auch.

Schon die Pförtnerloge ist dreckig und mit schmuddeligen Gardinen zugehängt. »Wir haben erst einmal die Scheiben putzen und Grünpflanzen hineinstellen lassen«, sagt Ursula Jaeger. Was noch die leichteste Übung war. Denn plötzlich wollen alle,

»die ganze Stadt«, wie die Sekretärin erzählt, einen Termin beim neuen Oberbürgermeister, als hätte es in den Jahren zuvor eine Schweigemauer im Rathaus gegeben. Das Telefon klingelt von morgens bis abends. »Das war wie ein Dammbruch.« Ursula Jaeger notiert jeden Gesprächswunsch akribisch auf gelbe Klebezettel – alle natürlich dringend und möglichst sofort, es sind bestimmt 80 bis 100 in den ersten drei Tagen. Schnell füllt sich der Dienstkalender dicht an dicht, bald ist der Oberbürgermeister mehr als ein halbes Jahr im Voraus ausgebucht.

Weil längst nicht alle einen Termin bekommen können, führt Platzeck eine »Sprechstunde« in seinem Büro und so genannte Stadtwanderungen ein, bei denen die gesamte Rathausspitze durch die Stadt marschiert, mit Bürgern spricht, Institutionen und Vereine besucht. »Die Stadtverwaltung zu motivieren, das war ihm wichtig«, sagt Wieland Eschenburg, der Büroleiter. Manchmal, wenn etwas Luft war, sei man einfach durchs Rathaus gegangen und habe »Überraschungsbesuche« gemacht. Einmal kommen beide in ein Büro: Ein Schreibtisch, auf dem in der Mitte eine Akte liegt, daneben ein Bleistift. Keine Grünpflanze im Raum, kein Bild, dafür hängt an der Wand ein Monatskalender. Die Tage, die vorbei waren, sind säuberlich durchgestrichen. Nach dem Motto: Hier sitze ich und streiche meine Tage weg. »Es war wie eine Karikatur. Wir dachten, das kann nicht wahr sein«, erzählt Eschenburg.

Wilma Simon, die von 1995 bis 1998 Finanzministerin im Stolpe-Kabinett war, dort Matthias Platzeck kennen gelernt hat und mit ihm befreundet ist, erinnert sich an viele Gespräche, die sie damals mit ihm führte: »Die Dramatik der Situation in Potsdam war ihm vorher überhaupt nicht klar. Er hat nicht erwartet, dass das Stadthaus so verludert ist.« Sein Hauptproblem sei gewesen, dass es eine ungeheure Fülle von Problemen gab, aber niemand Verantwortung übernehmen wollte. Alles landete auf seinem Schreibtisch, gewissermaßen jede Ampelschaltung in Potsdam. Wilma Simon rät ihm damals: »Mach dir den Kopf frei!« Seine Gegenfrage: »Ja, wie denn?«

Der PDS-Mann Rolf Kutzmutz, später Bundesgeschäftsführer seiner Partei, hatte Platzeck einmal gewarnt: In Potsdam sei jeden Tag Oderflut! Jetzt zeigt sich, dass das keine Übertreibung war. Denn Matthias Platzeck wäre in der über ihn hereinbrechenden Flut lokaler Probleme und Schwierigkeiten beinahe untergegangen. »Die Verästelungen der Kommunalpolitik waren ihm nicht bekannt«, sagt Jann Jakobs, der ihm später tatsächlich als Oberbürgermeister nachfolgen wird. Platzeck habe sich immer auf Menschen konzentriert, weniger auf Bürokratie und Akten. »Das Innenleben der Verwaltung hat ihn nie besonders interessiert.« Platzeck ist lieber draußen, er besucht Institutionen und Vereine, er holt das nach, was sein Vorgänger versäumt hat, führt unzählige Gespräche, damit der Missmut schwindet. »Er hat geredet und geredet und geredet«, erzählt Jakobs. Wenn er sich nicht gerade mit der PDS im Hauptausschuss herumärgert, regiert er Potsdam oft von unterwegs: mal vom Autotelefon, manchmal auch von seinem Weberhaus in Babelsberg, wo er zu informellen Runden lädt, oder auch mal vom »Italiener« um die Ecke, wo er sich mit wichtigen Leuten zum Essen trifft. Jakobs bekommt regelmäßig knappe telefonische Anweisungen: »Übernimm heute Abend bitte den Termin mit dem Döpfner?« Mit wem? »Dem Vorstandschef des Springer-Konzerns.« Oder: »Flieg bitte morgen früh für mich nach Cannes zur Immobilienmesse.« Oder auch: »Ich habe da auf der AIDS-Gala in Berlin einen wahnsinnig reichen Menschen kennen gelernt, der lebt auf Sardinien und will nach Potsdam ziehen. Kannst du mal gucken, ob wir eine Villa für ihn haben: Er braucht aber 500 Meter freies Schussfeld nach allen Seiten …« Man wird leider nicht fündig.

Die regulären Beigeordnetensitzungen sind wohl die kürzesten in der Geschichte des Potsdamer Rathauses. »Nach einer Stunde wurde Matthias Platzeck immer unruhig. Gibt es noch Wortmeldungen? Und wehe, es gab welche. Das musste immer zack, zack gehen«, erzählt Jakobs. Platzeck will Ergebnisse, schnelle Entscheidungen. Was den Nachteil hat, dass das Für und Wider mancher Vorlage nicht genügend abgewogen wird. Die Minen, so Jakobs, seien dann später hochgegangen.

Aber die Wirkung, die Matthias Platzeck auf Menschen ausübt, wie er sie gewinnt, für sich einnimmt, ist für Jann Jakobs faszinierend. Schon auf der ersten Belegschaftsversammlung der Stadtverwaltung mit Platzeck ist alles anders als früher. Vorher waren diese Veranstaltungen ein Ausdruck der Potsdamer Griesgrämigkeit. Erst ließen die Stadtbediensteten ihren Frust heraus, dann Horst Gramlich seinen, am Ende gingen alle unzufrieden auseinander. Nicht so bei Platzeck: »Die Luft knisterte, die Skepsis war groß«, erzählt Jakobs. »Dann stand er vorn und redete auf seine freimütige, herzliche Art. Natürlich waren die Probleme danach nicht gelöst. Aber plötzlich war die Luft raus.« Auf einmal stimmen die alten Fronten nicht mehr.

Schon kurz nachdem Platzeck das neue Amt im Dezember 1998 antritt, sorgt er für einen Paukenschlag: Nach einem Kassensturz im Rathaus verkündet er ein rigoroses Sparprogramm, das es so in Potsdam noch nicht gab. Schulen und Kindertagesstätten sollen geschlossen, die städtische Philharmonie aufgelöst werden, was helle Empörung auslöst. Einige der Musiker kennt er persönlich, von Kindesbeinen an. Er wird als Kulturbanause beschimpft, »als Mensch, der keinen Sinn hat für die schönen Künste und dem Menschen egal sind – das stand alles auf den Transparenten. Angekettet standen sie vor dem Rathaus … Es gab keine Schranke dazwischen, die Menschen standen direkt vor mir. Sie haben gesagt: Du bist einfach ein Schwein, du entlässt uns. Wir haben keine Zukunft mehr.« So schildert es Platzeck später einmal. Aber er zieht die Sparbeschlüsse gegen alle Widerstände durch, was ihm nicht überall Respekt einbringt. Das sei seine Feuerprobe gewesen, sagt Jakobs.

Er ist schon längst nicht mehr der »Sonnyboy«, wie er in den Medien noch manchmal genannt wird. Und erst recht keiner, der es aus einem inneren Harmoniebedürfnis heraus allen recht machen will. Er verkündet den verwöhnten Potsdamern unbequeme Wahrheiten, in einer Deutlichkeit, die für Brandenburger Verhältnisse nicht üblich ist: »Potsdam hat über seine Verhältnisse gelebt. Ich höre jetzt immer, dass man Bildung, Schulen, Kitas, öffentlichen Nahverkehr, Kultur und Sport nicht gegeneinander ausspielen kann. Das ist ein Wunschtraum. Jede Mark kann nur einmal ausgegeben werden.«[43] Wäre die Stadt eine Firma, warnt Platzeck, dann müsste im Jahr 2000 oder 2001 Konkurs angemeldet werden.

Und genau in diesem Jahr 2001 will die in einer tiefen Finanzkrise steckende Stadt eine Bundesgartenschau ausrichten. Potsdam hatte den Zuschlag nur bekommen, weil das Konzept das bisher ehrgeizigste und anspruchsvollste in der Geschichte deutscher Bundesgartenschauen war. Statt des bisher üblichen Buga-Parks, den man irgendwo in einer Stadt anlegt, soll es in Potsdam gleich vier Kulissen geben, die ganze Park- und Schlösserstadt soll einbezogen werden.

Matthias Platzeck ist kurz davor, die Gartenschau abzusagen. Er befürchtet, dass sie ein Desaster werden könnte, nicht nur finanziell. Denn es ist, auch eine Folge der Krise der Stadt, zwei Jahre vor der Schau fast nichts geklärt, fast nichts vorbereitet. Eine Absage wiederum wäre ein Armutszeugnis für Potsdam und ein herber Rückschlag für Platzeck, der ja als »Retter« ins Rathaus eingezogen ist, auf den die Potsdamer hoffen. So bleibt ihm gar nichts anderes übrig, als die Herausforderung anzunehmen.

Er ist überall und nirgends in dieser Zeit, es brennt an allen Ecken und Enden. Jetzt auch beim »Potsdam-Center«, der Bausünde am Hauptbahnhof. Dort machen die Investoren immer mehr Druck, weil sie das Shopping-Center endlich eröffnen wollen, drohen mit Schadenersatzforderungen in Millionenhöhe und gerichtlichen Auseinandersetzungen, während in der nur zwei Kilometer entfernten Innenstadt die Händler rebellieren, weil sie durch die drohende Konkurrenz das Aus für ihre kleinen Läden befürchten, was die Sanierung der Altstadt empfindlich stören würde.

Eine Kommune ist eine gute, vielleicht die beste Lehrzeit für Politiker. Stolpes erster Staatskanzleichef Jürgen Linde äußerte einmal, dass sich einer, bevor er Minister wird, seine Sporen als Oberbürgermeister verdienen sollte. Man erfährt in diesem Job ganz direkt, wie alles mit allem zusammenhängt, welche konkreten Wirkungen konkrete Entscheidungen haben. Platzeck wird später einmal über diese Jahre sagen: »Potsdam war eine Schule, die man sich auch selber wünschen sollte, wenn man später etwas anderes machen will. Zum Ministerpräsidenten kommt das Problem im Aktenordner und dann muss man es lösen. Beim Bürgermeister sitzt das Problem vor der Tür, breitet sein Butterbrotpapier aus und geht nicht weg.«

Platzeck verhängt über das kolossale »Potsdam-Center« trotz des juristischen Risikos ein Nutzungsverbot. Nur ein paar kleine Läden dürfen rein, aber kein großes Einkaufszentrum, solange in der Innenstadt nicht das geplante Kaufhaus in der Fußgängerzone eröffnet. Die Potsdamer warten sehnlichst darauf. Der Karstadt-Konzern tut sich schwer, schließt anderswo in Deutschland Häuser. Lange Zeit ist nicht klar, ob gebaut oder ob das Projekt abgeblasen wird. Der Oberbürgermeister führt viele Gespräche mit dem Vorstand in Essen, auch mit der Denkmalpflege in Potsdam, die um den Jugendstil-Lichthof im Inneren kämpft, den Karstadt abreißen will.

Matthias Platzeck wirkt rastlos in dieser Zeit, angespannt, obwohl er das ganz gut hinter seinem Charme verstecken kann. Er reagiert nervös, wenn in den Zeitungen etwas Kritisches steht, das kennt er, der Liebling der Medien, bisher nicht. Da greift er schon mal zum Telefonhörer, selbst morgens um acht, erklärt, fragt nach, aber nie vergreift er sich im Ton. Er will verstanden werden. Er braucht eine Weile bis zur Erkenntnis, dass er nicht mehr alles unter Kontrolle, nicht mehr alle Fäden in der Hand haben kann, weil eine Stadt eben anders funktioniert als ein Umweltministerium mit einer klaren Hierarchie und einem Zuchtmeister wie Rainer Speer.

Viel Zeit, darüber nachzudenken, bleibt ihm nicht. Im Stadtparlament muss er bei wichtigen Entscheidungen um eine Mehrheit werben. Seine Vorlagen gehen meist mit den Stimmen von SPD, CDU und Grünen durch, der »Spaghetti-Koalition«, die so genannt wird, weil man sich regelmäßig beim Italiener trifft. Die Suche nach Mehrheiten ist mühsam, aufwändig. Platzeck könnte es wie sein Vorgänger leichter haben, wenn er sich mit der PDS verbünden würde. Doch das will er nicht, weil ihm die SED-Nachfolger zu rückwärtsgewandt sind, weil sie nicht das richtige Gespür für das historische Potsdam haben. Aber sie stellen im Stadtparlament eine starke Fraktion.

Jede Sitzung der Stadtverordnetenversammlung ist unberechenbar. Der »Hoffnungsträger« muss Rückschläge hinnehmen, er fällt mit Personalvorschlägen durch, selbst die eigene, bunt zusammengewürfelte SPD-Fraktion lässt ihn mehr als einmal im Regen stehen. Doch sein Stellvertreter Jann Jakobs ist immer wieder verblüfft, wie schnell Platzeck nach einer Niederlage zur Tagesordnung übergeht, selbst wenn alles schief gelaufen ist, die eigene Fraktion sich querstellt. »Da hat er dann immer gesagt: Komm, wir trinken einen Rotwein! Das Leben geht weiter. Wir finden schon eine Möglichkeit.« Selbst Jakobs fragt sich manchmal, woher Platzeck diesen unendlichen Optimismus nimmt. »Ich bin jemand«, sagt Platzeck über sich selbst, »der immer guter Hoffnung ist. Das liegt vielleicht in den Genen. Ich würde sonst wahrscheinlich auch verrückt werden.«

Doch wird er in dieser Zeit härter, auch schon mal laut. Manchmal, wenn er von einer der immer viele Stunden dauernden Tagungen des Stadtparlaments an seinen Schreibtisch zurückkehrt, hallt ein lautes »Mist!« durch das Büro. Aber Platzeck ist alles andere als ein Choleriker. Nie reagiert er seinen Ärger an Mitarbeitern ab. Er wird dies auch später nie tun. »Aber er konnte seitdem auf den Tisch hauen, damals ging das los«, sagt seine Sekretärin Ursula Jaeger. Und noch etwas hat sie beobachtet, was damals begann: »Er nahm nicht mehr alles persönlich.«

Das ist schon eine Frage des Selbstschutzes. Im März 1999, er ist knapp vier Monate im Amt, muss er für einige Tage aussetzen, der Kreislauf streikt. Kaum wieder gesund, hetzt Platzeck weiter, zur nächsten Baustelle: Potsdam will ein richtiges Theater bauen, das alte war im Krieg zerstört worden. Jahrelang ist darüber – eine Potsdamer Krankheit – ergebnislos gestritten worden. Man konnte sich nicht über den Standort der neuen Bühne einigen. Das Hans-Otto-Ensemble spielt immer noch in der »Blechbüchse«, wie die Potsdamer den hässlichen Riesencontainer auf dem Alten Markt nennen, genau dort, wo einst das Stadtschloss stand.

Als Platzeck ins Rathaus einzog, hatte man sich gerade darauf verständigt, das Theater gleich neben dem Schlosspark Sanssouci zu bauen. Die Entwürfe sind modern, sehr modern sogar, mit einem futuristischen Dach, das aussieht wie eine Muschel. Und das in Sichtweite des berühmten Lustschlosses. Stiftungsdirektor Hans-Joachim Giersberg, der ein Gespür dafür hat, was zu Sanssouci passt und was nicht, der eine Instanz in Potsdam ist, äußert Bedenken.

Matthias Platzeck muss abwägen. Er ist stets für einen sensiblen Umgang mit dem Erbe eingetreten, und er will nicht, dass es zu einem neuen Streit mit der Unesco kommt. So wird bei einer der Denkrunden in seiner Babelsberger Wohnung die Idee geboren, das neue Theater lieber in der Schiffbauergasse zu bauen, einem früheren Industrieareal unweit der Glienicker Brücke am Tiefen See, über den er in seiner Kindheit oft ruderte.

Die Entscheidung, die der Oberbürgermeister gegen den Widerstand der PDS durchsetzt, wird sich auszahlen für Potsdam: Noch ehe das neue Theater Ende 2006 überhaupt fertig ist, siedelt sich nebenan der Oracle-Konzern mit einer Vertriebszentrale für den deutschsprachigen Raum an, und die Volkswagen AG baut ein »Design-Zentrum«. Hier werden neue Audis und Bugattis entworfen, hinter dicken, abschirmenden Mauern zur viel befahrenen Berliner Straße hin, aber mit einer großen gläsernen Fassade zum Tiefen See. Für Kreative ist es ein idealer Ort, der einen weiten Panoramablick auf die Havellandschaft erlaubt, ein Ort, der wie die gesamte Stadt eine gewisse Leichtigkeit hat und die Fantasie anregt. Aber das wusste der Mann, der inzwischen Oberbürgermeister ist, schon zu Zeiten des realen Sozialismus.

Matthias Platzeck kann wie kein anderer für Potsdam werben – und er tut es. Wenn er Gäste durch die Stadt führt, spaziert er fast immer über den Pfingstberg, auf dem nicht nur das Belvedere von Persius im italienischen Stil steht, sondern gleich auch noch der klassizistische Pomonatempel und ein russisch-orthodoxes Kirchlein, Werke des Baumeisters Karl Friedrich Schinkel. Und dann plaudert der Bürgermeister vergnügt: »Unser Lehrer hat immer gesagt: Wenn's älter aussieht, tippt auf Knobelsdorff, wenn's nicht so alt aussieht, ist es von Schinkel.«[44]

Kaum jemand kann sich seinem Charme entziehen. Auch nicht Werner Otto, der mittlerweile betagte Gründer des Otto-Konzerns, ein gebürtiger Brandenburger. Eines schönen Sommertages sitzt man also mit Werner Otto bei strahlendem Sonnenschein auf der Dachterrasse des Pomonatempels – mit dabei Manfred Stolpe, Hans-Joachim Giersberg, Wieland Eschenburg und die Hamburgerin Wilma Simon, die Otto gut kennt und den Kontakt vermittelt hat. Man lässt die Blicke über den Park, die Silhouette der Stadt und das Belvedere schweifen. Und Matthias Platzeck schwärmt, wie auf dem Pfingstberg 1988 alles begonnen hat. »Und plötzlich sagte Werner Otto: Er schenkt Potsdam den Westturm des Belvederes, der damals noch ruinös war«, erinnert sich Wilma Simon.

Auf dem Pomona-Tempel, der eine solche Zauberwirkung hat, trifft man sich auch mit Ernst Naumann, einem früheren – und inzwischen verstorbenen – Vorstand des Hamburger Medienkonzerns Gruner & Jahr. »Er guckte auf das Belvedere und dann Matthias an und sagte, nun überzeugen Sie mich mal, warum ich für diesen feudalistischen Bau auch noch Geld geben soll«, erzählt Wilma Simon. Matthias Platzeck legt los,

Naumann ist entzückt. Es läuft so gut, dass an diesem sonnigen Nachmittag gleich noch eine andere Idee geboren wird, sich doch die Französische Kirche von Knobelsdorff anzuschauen, die etwas versteckt am östlichen Rand des Bassinplatzes in der Nähe des Holländischen Viertels steht. Man fährt hin, lässt sich die Kirche aufschließen. Für die Rekonstruktion der barocken Orgel werden Spender gesucht, bislang ohne Erfolg. Ernst Naumann blickt zu seiner Frau: »Das machen wir.« Die beiden spenden 200 000 Mark und bezahlen später fast ganz allein die Rekonstruktion der gesamten Kirche, erzählt Simon.

Mit der Zeit beginnt sich Potsdam tatsächlich zu verändern. Zuerst verschwinden die Negativschlagzeilen, dann wird die Stimmung besser, dann stellen sich erste Erfolge ein. Der Karstadt-Konzern baut das Kaufhaus in der Fußgängerzone, der SAP-Gründer Hasso Plattner schenkt der Stadt ein privat finanziertes Institut zur Ausbildung von Software-Systemtechnikern, Werner Otto, der Versandhausgründer, und Philipp Reemtsma spenden ein paar Millionen Euro für das Belvedere auf dem Pfingstberg. Und dank Günter Jauch, der mit seiner Familie in einem Haus am Heiligen See lebt, kann Matthias Platzeck rechtzeitig vor der Bundesgartenschau sogar verkünden, dass das Fortunaportal aufgebaut wird, der Eingang des einstigen Schlosses am Alten Markt – finanziert mit Werbeeinnahmen des TV-Moderators.

Potsdam ist eine magische Stadt, sie zieht Prominente an. Platzeck unterstützt und fördert das, auch wenn manchmal nichts für Potsdam herausspringt außer ein paar Schlagzeilen. Als ein Berliner Glamour-Paar, der nach einer Affäre abberufene Schweizer Botschafter Thomas Borer-Fielding und seine Party-Gattin Shawne, in die Potsdamer Villa Kampffmeyer an der Glienicker Brücke ziehen, unterbricht Matthias Platzeck extra seinen Urlaub, um sie empfangen: natürlich auf dem Pfingstberg mit seinem märchenhaften Ambiente. Doch Borer-Fielding, mit dem sich Platzeck noch öfter trifft und der zunächst zusagt, seine Kontakte für Potsdam und Brandenburg nutzen zu wollen, verlässt mit seiner Gattin bald wieder die Traum-Villa an der Glienicker Brücke. Potsdams einzigartige Schloss-Kulisse ist den beiden Partygängern wohl doch nicht schillernd genug.

Kein großer Verlust für die Stadt, denn es ist inzwischen eine ansehnliche Liste von Diplomaten, Künstlern und Unternehmern, die Potsdam als Ort zum Leben, Entspannen und Flanieren entdeckt haben. In die feudale Villa Kampffmeyer an der Glienicker Brücke, in der die Borer-Fieldings vorübergehend zur Miete wohnten, zieht ein Scheich aus den Vereinigten Arabischen Emiraten ein, Ahmed al Shaik, Militärattaché in Berlin.

Auch viele Adlige mit klingenden Namen sind in die alte Preußenresidenz zurückgekehrt, Prinzen und Prinzessinnen darunter, Grafen und Gräfinnen. Gerd Gebhardt, sein alter Freund und Mentor, hatte Platzeck beim Einzug ins Rathaus mit auf den Weg gegeben, »mehr Blaublütige mit ihren Konten in die Stadt zu locken, als Sozialisten schon da sind«.

Der Modedesigner und gebürtige Potsdamer Wolfgang Joop, dessen Firma »Wunderkind« in der »Weißen Villa« am Heiligen See residiert, schwärmt in Talkshows von Potsdam, nennt die Stadt, wann immer er gefragt wird, als einen seiner Wohnsitze neben New York und Monaco. Er tauft ein Parfüm »Rokoko«, inspiriert von Sanssouci. Auch die TV-Moderatoren Ulrich Meyer und Georgia Tornow, die in der Berliner Vorstadt Mietshäuser aus der Gründerzeit sanieren, der Regisseur Volker Schlöndorff, der Babelsberger Ufa-Chef Wolf Bauer, Springer-Vorstand Matthias Döpfner und die Verleger-Witwe Friede Springer leben in Potsdam. Nach dem Oderhochwasser kommt auch der frühere Generalinspekteur der Bundeswehr, Hans-Peter von Kirchbach, hinzu.

Einmal lässt Wolfgang Joop dem Oberbürgermeister, den er bei einem Empfang für sein Alter etwas bieder gekleidet fand, per Boten einen chicen grauen Anzug vorbeibringen. Was dann geschieht, ist typisch für Matthias Platzeck. Weil er fürchtet, dass jemand Anstoß nehmen könnte an dem teuren Geschenk, würde er es am liebsten zurückschicken. Er möchte aber Wolfgang Joop auch nicht verärgern. Also bezahlt Matthias Platzeck den Anzug und überweist vorsichtshalber gleich noch 1000 Mark an ein Kinderheim. Es sei der teuerste Anzug seines Lebens, sagt er danach. Nicht jeder versteht ihn. Selbst sein Freund Wieland Eschenburg findet, dass er bisweilen »übermäßig streng« mit sich sei. Wolfgang Joop ist jedenfalls ziemlich pikiert. Auch Günther Jauch wundert sich einmal, wie peinlich genau es Platzeck selbst bei kleinen Dingen nimmt. »Wir trafen uns in einem Café, um über den Aufbau des Fortuna-Portals zu sprechen«, erinnert er sich. »Er wollte unbedingt seinen Kaffee selbst bezahlen, sich nicht von einem Journalisten einladen lassen.« Manchmal kann Matthias Platzeck in der Sorge um seinen Ruf, um seine Glaubwürdigkeit auch übertreiben.

Parteisoldat

Matthias Platzeck hatte lange gezögert, ob er Oberbürgermeister von Potsdam werden soll. Jetzt, ein gutes Jahr später, sieht er, dass es aufwärts geht mit der Stadt. Der Job macht ihm Spaß, er hat auch angenehme Seiten. Aber er festigt auch seine Stellung in der SPD, in Land und Bund. Es geschieht eher nebenbei, ohne dass es groß auffällt. Platzeck will für die Zeit danach vorbereitet sein. Er pflegt seine guten Drähte ins Brandenburger Kabinett, zu Manfred Stolpe. Und zu Gerhard Schröder, dem Kanzler und Parteivorsitzenden.

Schon ein Jahr nach seiner Wahl zum Oberbürgermeister ist Platzeck 1999 in den SPD-Bundesvorstand gewählt worden, an Stelle von Stolpe und auf Bitten von Schröder, der an Platzeck einen Narren gefressen hat. Beide haben eine Wellenlänge, sie treffen sich regelmäßig oder telefonieren. »Der Sexappeal der Macht hat ihn an Gerhard Schröder fasziniert«, glaubt Rainer Speer.

Platzeck ist beeindruckt von Schröder, vor allem von dessen Mut und Entschlossenheit, für etwas zu kämpfen, was er als richtig erkannt hat. Aber auch von dessen Cleverness. Im SPD-Vorstand hält Platzeck sich zurück, jedenfalls fällt er nicht durch politische Vorstöße, durch programmatische Aktivitäten auf. Er geht anders vor: hört zu, nimmt auf, knüpft Kontakte. Sein bekanntes Muster: Menschen interessieren ihn mehr als Papiere.

In Brandenburgs SPD hat das Wort des »Oderhelden« und »Potsdam-Retters« mittlerweile durchaus Gewicht. Er wirft es in die Waagschale, als die Sozialdemokraten bei der Landtagswahl im Herbst 1999 ihre absolute Mehrheit verlieren und sich entscheiden müssen, ob sie mit der PDS oder der CDU regieren wollen, die inzwischen vom früheren Berliner Innensenator Jörg Schönbohm angeführt wird, der die kleine Bühne der Brandenburger Politik tüchtig aufmischt.

Es ist Matthias Platzeck, der schwankende Delegierte erst auf einem »Kleinen Parteitag« in Potsdam-Hermannswerder und dann auf dem Landesparteitag in Ludwigsfelde von einer Koalition mit der CDU überzeugt, obwohl keine Geringere als die populäre Sozialministerin Regine Hildebrandt dagegenhält. Die »Stimme des Ostens« zündet ihr gesamtes rhetorisches Feuerwerk für ein rot-rotes Bündnis. »Ich will Ministerin in Brandenburg bleiben, ich bin nicht amtsmüde«, ruft Hildebrandt in Ludwigsfelde, wo der ausgehandelte Koalitionsvertrag mit der Union beschlossen werden soll, und fleht die Genossen an: »Lasst uns noch einmal überlegen, ob nicht doch noch eine Koalition mit der PDS möglich ist.« Diese habe sich als verlässlich und fair erwiesen, während ihre Arbeitsmarkt- und Sozialpolitik von der CDU immer diffamiert worden sei.

»Bei allem Respekt«, hält Platzeck der SPD-Ikone entgegen, er müsse sich schon sehr über diese Wahrnehmung wundern: Man könne nicht die Zukunft mit einer Partei gestalten, die »nur auf Populismus und Ostalgie« baue. Die PDS wolle in der Bundesrepublik nicht ankommen, weil sie sich sonst überflüssig machen würde. Hildebrandt und Platzeck mögen sich sehr, sie

Mit Fernsehmoderator Günter Jauch und Regine Hildebrandt, ehemalige Ministerin für Arbeit, Soziales und Gesundheit des Landes Brandenburg

saßen beide in der letzten DDR-Volkskammer und dann am Potsdamer Kabinettstisch. Aber ihre Positionen zur PDS sind unversöhnlich, weil es für beide um eine Prinzipienfrage geht.

Die couragierte Sozialdemokratin, die immer ausspricht, was sie denkt, ist an der Basis beliebt wie niemand sonst, aber für Rot-Rot kann sich die große Mehrheit der Genossen nicht begeistern. So steht Regine Hildebrandt plötzlich allein da. Sie zieht aus ihrer Niederlage die Konsequenz, scheidet aus der Regierung aus und legt sogar ihr Landtagsmandat nieder. Eine Zerreißprobe für die märkische SPD entsteht daraus zur Verwunderung mancher nicht.

Dafür kriselt es im Sommer 2000 in der Partei – allerdings aus ganz anderen Gründen. Die märkische SPD ist klein, zählt nicht einmal 7000 Mitglieder, deshalb hat jeder Dritte irgendein Amt, eine Funktion. Jeder kennt jeden. Eigentlich geht es in der Partei ruhig, vielleicht zu ruhig zu, aber es gibt Animositäten, und ab und zu kommt es zu Hahnenkämpfen, so auch vor dem regulären Landesparteitag im Juli. Steffen Reiche, Parteichef seit zehn Jahren, will wieder antreten. Aber er ist zunehmend umstritten, gilt manchen als zu unkritisch und abgehoben, erst recht seit dem Absturz der SPD bei der Landtagswahl im Herbst 1999.

Reiche hat, was ihm zum Verhängnis wird, kein sonderlich ausgeprägtes Gespür für Stimmungen, für drohende Gefahren, aber dafür eine provokante spitze Zunge. Von einem Radioreporter wird er um eines dieser schnellen Interviews auf den Fluren des Landtags gebeten: Und da sagt Reiche, der sich eigentlich zurückhalten und jedes Wort auf die Goldwaage legen müsste, über den viel älteren Gunter Fritsch, der gerade den Vorsitz der SPD-Landtagsfraktion übernommen hat, abwertend etwas von zu »großen Schuhen«.

Gunter Fritsch aus dem Hochwasser-Landkreis Märkisch Oderland, der vor seinem Wechsel an die Fraktionsspitze als Landrat und Agrarminister keinen schlechten Job gemacht hatte, ist empört. Der eigentlich Bedächtige kündigt eine Kampfkandidatur gegen Reiche um den Parteivorsitz an, rügt die »Einschlafstimmung« in der SPD, womit er nach den Jahren der Stolpe-Alleinherrschaft so Unrecht nicht hat. Und so haben die Sozialdemokraten nach ihrem Absturz bei der Landtagswahl und dem Zerwürfnis mit Regine Hildebrandt nun doch noch eine »Zerreißprobe« um die künftige Führung am Hals.

Allerdings ist sie nur von kurzer Dauer. Denn Ministerpräsident Manfred Stolpe, in der SPD immer noch die größte Autorität, ergreift die Gelegenheit beim Schopf, die Thronfolge ein für alle Mal zu regeln: Er schlägt seinen heimlichen Kronprinzen als neuen Vorsitzenden vor. Und Matthias Platzeck zögert nicht, sagt sofort zu, dass er kandidieren werde, um die »Zerreißprobe« zu beenden. Fritsch verzichtet, auch Reiche steckt schließlich auf, obwohl ihm das sehr schwer fällt und er lange daran tragen wird. Als ihm der Rückzug in einer kleinen Runde bei sich zu Hause nahe gelegt wird, hält er Matthias Platzeck vor: »Aber du bist doch mein Freund!« Und bekommt die Antwort: »In der Politik geht es nicht um Freundschaften. Es muss getan werden, was notwendig ist.«

Es ist ein merkwürdiger Parteitag am 8. Juli 2000 in Oranienburg, auf dem Matthias Platzeck zum Landesvorsitzenden gewählt wird. Regine Hildebrandt, die populärste deutsche Sozialdemokratin, die »Mutter Courage« des Ostens, kommt gar nicht erst, das Klima zwischen ihr und der Landes-SPD ist immer noch unterkühlt. Und Matthias Platzeck scheint sich in seiner neuen Rolle noch fremd zu fühlen. Er tritt vor den Genossen eher wie ein zweiter Stolpe auf, diplomatisch, unverbindlich, um Konsens in der Großen Koalition bemüht, nicht wie einer, der frischen Wind in die Brandenburger SPD bringen will. Er spürt zwar, dass die Parteibasis, nach der Wahlniederlage frustriert, einen Vorsitzenden erwartet, der dem umtriebigen, ständig präsenten CDU-Landeschef und Innenminister Jörg Schönbohm Paroli bietet. Aber das widerstrebt Platzeck. Aufbruchstimmung gibt es jedenfalls nicht.

Kein Wunder, dass die Genossen Platzeck erst einmal Grenzen aufzeigen: Jeder fünfte Delegierte wählt ihn nicht. Manche sehen in ihm einen »Emporkömmling«, andere erinnern sich noch an die »Verhinderungspolitik« des grünen Ministers. Manchem gefällt auch nicht, wie Stolpe und Platzeck die Partei überrumpelten. Jedenfalls ist das 80-Prozent-Ergebnis nicht gerade triumphal. Es lasse keine Flügel wachsen und garantiere Bodenhaftung, kommentiert es Platzeck selbst. Es hänge wohl auch mit seiner grünen Vergangenheit und seiner erst viereinhalbjährigen Mitgliedschaft in der SPD zusammen.

Vielleicht hat ja auch Kanzler Gerhard Schröder unbeabsichtigt zu dem mäßigen Ergebnis beigetragen. Er war eigentlich zur Unterstützung seines Lieblings-Ossis nach Oranienburg geeilt, hatte ihn vor dessen Wahl in den höchsten Tönen gelobt:

Der habe inzwischen »bundesweit Ansehen« erworben, »als Deichgraf und als Oberbürgermeister«. Aber ein anderer Satz des Kanzlers hat manche irritiert: »Matthias, ich freue mich auf künftige gemeinsame Aufgaben.« Womit der Kanzler wohl sagen wollte: Wer als Oberbürgermeister schon bundesweites Ansehen hat, ist dort eigentlich längst fehl am Platz, reif für höhere Aufgaben. Das mag manchen missfallen haben.

In Potsdam murren sie nach dem Oranienburger Parteitag ohnehin über den zusätzlichen Parteijob des viel beschäftigten Stadtoberhaupts, seine »Doppelbelastung«. Die Zeitungen sprechen von »unerledigten Hausaufgaben«, vom »Tanz auf zu vielen Hochzeiten« und listen auf, wo es überall noch krankt. Und so legt Matthias Platzeck noch einmal los. Er treibt die Vorbereitungen für den Wiederaufbau des von der SED in den 60er Jahren gesprengten Stadtschlosses voran. Im Frühjahr hatte das Stadtparlament einen von Platzeck beförderten Grundsatzbeschluss gefasst – eine historische Entscheidung für Potsdam und gegen die PDS, deren Vorgängerpartei die Schandtat zu verantworten hat. Er powert, damit die Bundesgartenschau, die am Anfang auf der Kippe stand, sein Potsdamer Meisterstück wird. Und sie wird ein Erfolg, trotz der eisigen Temperaturen bei der Eröffnung im April 2001, die viele Blumen und Pflanzen erfrieren lassen. 2,6 Millionen Besucher pilgern nach Potsdam, um die alten und neuen Parks zu besichtigen. Anders als bei der missglückten Tausendjahrfeier 1993, die ein Strohfeuer ohne Wirkung im Stadtbild geblieben war, macht Potsdam einen sichtbaren Sprung nach vorn. Viele Sehenswürdigkeiten zeigen sich im neuen Glanz: das gerade fertiggestellte Belvedere auf dem Pfingstberg, der in den 60er Jahren von der SED zugeschüttete und jetzt auf 120 Metern freigelegte und rekonstruierte Stadtkanal, der einst zum Flair des »Venedig des Nordens« beitrug. Auf einem alten Kasernengelände auf dem Bornsteder Feld ist ein 73 Hektar großer Park entstanden. Im Stadtzentrum vis-à-vis vom Alten Markt, wo das Stadtschloss wieder aufgebaut werden soll, ist ein neuer Lustgarten angelegt.

Matthias Platzeck kann inzwischen eine ganz respektable Bilanz für eine Stadt vorweisen, die drei Jahre zuvor in einer tiefen Krise steckte. Viele Brachen im Stadtbild sind verschwunden, die Lebensqualität hat sich verbessert, ein frischer Geist ist eingezogen. Es hat sich wieder so etwas wie eine Potsdamer Gesellschaft herausgebildet. Man trifft sie auf den Neujahrsempfängen, die sein introvertierter Vorgänger eingestellt hatte und die Matthias Platzeck wieder einführte. Beim ersten fing man noch ganz klein an, mit einigen tausend Mark, weil man sich nicht sicher war, ob überhaupt jemand kommt. 2001 ist das Alte Rathaus schon überfüllt, auch Hohenzollernspross Prinz Wilhelm Karl von Preußen findet sich ein und schwärmt: Platzeck mache in Potsdam einen wunderbaren Job. Jedes Mal, wenn er komme, sei in der Stadt etwas Neues zu sehen. Wegen des Andrangs lässt Platzeck die Neujahrsempfänge schließlich in den Nikolaisaal verlegen, in dem einige hundert Menschen Platz finden.

Im Juni 2001 besucht auch Kanzler Gerhard Schröder wieder einmal Potsdam, umgarnt Platzeck. Die beiden Medien-Politiker rudern für das gemeinsame Foto auf dem Templiner See. Und sofort schießen wieder Spekulationen ins Kraut, dass der Kanzler Platzeck in sein Kabinett holen will, Spekulationen, die es regelmäßig gibt und die vom Kanzler nie wirklich dementiert werden. Diesmal ist es nicht anders. Matthias Platzeck, sagt Schröder auf der gemeinsamen Pressekonferenz, werde seine »außerordentlich erfolgreiche Arbeit« als Oberbürgermeister in Potsdam »einstweilen« fortsetzen. Die Betonung liegt auf »einstweilen«. Es klingt so, als ob Platzeck bald zu ihm nach Berlin kommen wird – was auch Manfred Stolpe sehr aufmerksam registriert. Er sorgt sich, dass sein Kronprinz den Avancen nachgeben könnte.

Aber bald bringt eine kleine Meldung Klarheit: Matthias Platzeck legt den Vorsitz des beim Kanzleramt angesiedelten »Rates für Nachhaltige Entwicklung« nieder, den er erst im Frühjahr 2001 auf Wunsch Schröders übernommen hatte. Er war gebeten worden, hatte Feuer gefangen, konnte nicht Nein sagen, was ihm gelegentlich passiert. In einem Brief an die Mitglieder der hochkarätigen Denkfabrik für die Bundesregierung – Manager, Wissenschaftler, Politiker – begründet Platzeck seinen Rückzug damit, dass seine »zeitlichen Kapazitäten« durch »die Zunahme landespolitischer Aufgaben« und seine Tätigkeit als Oberbürgermeister »immer mehr eingeschränkt« würden. »Neuen Gremien sieht man manchmal den Umfang der Arbeit nicht an …« Er hat sich fürs Erste gegen die Bundespolitik entschieden.

Aber wer ihn genau beobachtet, merkt, dass für ihn nach der Bundesgartenschau eine Etappe abgeschlossen ist. Er sieht seine Aufgabe, die für ihn immer eine befristete war, als erledigt an. So sehr er sein »Städtchen« liebt, als Wirkungsraum wird Potsdam ihm zu eng, was schon einmal in den Stoßseufzer mündet, er komme kaum noch raus.

Jann Jakobs, sein damaliger Stellvertreter im Rathaus, erinnert sich: »Man merkte, dass er keine Lust mehr hatte.« Vielleicht spielt auch eine private Krise eine Rolle. In dieser Zeit trennt sich Matthias Platzeck nach vier Jahren von Carla Kniestedt, der RBB-Moderatorin, einer Powerfrau, die nicht so schnell aufgibt und um die Beziehung kämpft, die für beide offenbar eine sehr tiefe war.

Ministerpräsident

Es ist schon lange dunkel, als vor dem unscheinbaren Haus in der etwas abseits gelegenen Straße in Babelsberg zwei schwarze Mercedes-Limousinen vorfahren. Aus einer springen zwei Bodyguards, aus der anderen steigt Manfred Stolpe. Eiligen Schrittes verschwindet er hinter dem kleinen zweigeschossigen Haus von Matthias Platzeck, dessen Eingang versteckt auf der Rückseite liegt. Rainer Speer, sein Staatskanzleichef, ist schon da. Es ist der 2. Dezember 2001, der erste Advent.

Die drei einflussreichsten Brandenburger Politiker sind unter sich: Niemand soll erfahren, was sie zu besprechen haben. Rainer Speer, der das Ganze auf Stolpes Wunsch arrangiert hat, brutzelt in Platzecks großer und moderner Küche wieder mal einen Lammbraten, diesmal mit Schalotten, die Portion für den Landesvater »ohne Knoblauch«. Das sei »die Bedingung« gewesen, sagt Stolpe, der Knoblauch hasst.

Der 64-jährige Ministerpräsident erzählt launig dies und das, um dann eher beiläufig zu bemerken, dass er den Zeitpunkt für die Wachablösung allmählich für gekommen hält. »Ich habe das etwas umständlich angesprochen«, erinnert sich Manfred Stolpe. Platzeck hört aufmerksam zu, zeigt aber kaum Emotionen. »Er war nicht überwältigt, nicht total überrascht«, erinnert sich Stolpe. Vor diesem Abend hat er mit seinem Wunsch-Nachfolger merkwürdigerweise nie über den Stabwechsel gesprochen. »Ich wollte ihn nicht in Verlegenheit bringen.«

Man kann davon ausgehen, dass Rainer Speer, der Drahtzieher, das Thema vorher mit Platzeck erörtert hat. Speer ist Vertrauter des »Monarchen« und des »Kronprinzen«. Seit Stolpe ihn 1999 zum Chef der Staatskanzlei machte, sieht er es auch als seine Aufgabe an, den Boden für Platzecks Einzug zu bereiten. Stolpe hatte Speer früh in seine Pläne eingeweiht, als Einzigen. Bereits im Sommer 2001 vermerkte er in seinen Notizbüchern, die auch bei der Untersuchung seiner Stasi-Verwicklungen eine Rolle gespielt hatten, einen Termin. »Ich verwende immer Kürzel, übersetzt stand da: Gespräch Speer Wachablösung«, erinnert sich Stolpe.

Ein erstes Signal von Stolpe hatte Speer schon am Abend der Landtagswahl 1999 empfangen, im Restaurant »Minsk« am Brauhausberg, wo die SPD nach dem Verlust der absoluten Mehrheit ihre Wahlparty feierte. Da nahm ihn Stolpe zur Seite und meinte, dass er sich vorstellen könne, zur Mitte der Legislaturperiode zurückzutreten, um den Weg für Platzeck frei zu machen. »Wir haben dafür nicht viele Worte gebraucht. Wir haben überhaupt immer nur mit wenigen Worten kommuniziert. Und jeder hat trotzdem alles gewusst«, sagt Speer. »Ich habe ihm damals allerdings auch gesagt: Davon brauchen nur wir zwei zu wissen«, erinnert sich Stolpe, der auf Diskretion und Verschwiegenheit immer größten Wert legte.

An diesem Wahlabend im »Minsk« gab es eine auffällige Szene: Manfred Stolpe und Regine Hildebrandt, die beiden Spitzenkandidaten, standen auf der Bühne und versuchten die Genossen darüber hinwegzutrösten, dass man nun nicht mehr allein regieren könne. Plötzlich holte Stolpe demonstrativ seinen heimlichen Kronprinzen Platzeck auf die Bühne. Niemanden sonst, auch nicht den Parteichef Steffen Reiche. Viele wunderten sich damals, es war eines der Signale Stolpes.

Dass Politiker ohne Not freiwillig und lange geplant die Macht abgeben, kommt nur selten vor. Patriarchen verpassen häufig den richtigen Zeitpunkt, weil sie die Macht nicht loslassen können. Selbst gestandene Ministerpräsidenten wie Kurt Biedenkopf, Erwin Teufel oder Johannes Rau haben diesen Punkt verfehlt und dadurch Schaden genommen. Manfred Stolpe hatte das beobachtet und sich geschworen, dass ihm das nicht passieren wird. Wer ihm genau zuhörte, konnte daran nie einen Zweifel haben. »Glauben Sie, dass ich an meinem Stuhl klebe, dass man mich hier raustragen muss?«, fragte er schon im Oktober 2000 einen Journalisten.

Aber geregelte Machtübergaben müssen sorgsam vorbereitet werden, wenn alles reibungslos und ohne Schaden für die Beteiligten über die Bühne gehen soll. Manfred Stolpe überlässt am 2. Dezember 2001, als die entscheidenden Sätze in Platzecks Küche gefallen sind, sofort Rainer Speer das Wort. »Er machte konkret und zügig weiter«, erinnert sich Stolpe.

Rainer Speer hat sich seit Wochen auf diesen Abend vorbereitet, einen genauen Fahrplan für die Machtübergabe ausgearbeitet: Auf seinem Laptop spielt er nun Schaubild für Schaubild der Powerpoint-Präsentation »Wachablösung« ab. Auf dem ersten heißt es unter der Überschrift: »Zielsetzungen«: »Manfred Stolpe regelt seine Nachfolge – es gibt kein Gezänk.« Beim

Schaubild »Verfahren« wird der Verfassungsartikel zum Rücktritt des Ministerpräsidenten erläutert. Unter »Zeitpunkt« werden zwei Varianten genannt: »Zwischen 1.9. und 20.10. 2002«, also im Umfeld der Bundestagswahl, oder im »Frühsommer 2002«. Dann ein wichtiger Hinweis: Bei der früheren Variante könnte »der Ministerpräsident«, also Platzeck, bereits Ende Juni im Landtag vereidigt werden und die Wahl eines neuen Oberbürgermeisters in Potsdam zeitgleich mit der Bundestagswahl stattfinden. Die Originaldatei »Wachablösung« wird im Laptop von Speer sogar von lautem Beifall begleitet. Aber an diesem Adventsabend stellt der Staatskanzleichef den Ton dann doch lieber ab, um die Atmosphäre nicht zu stören. Stolpe hätte das falsch auffassen können.

»Als ich fertig war, sagte Manfred Stolpe nur: So soll es sein. So machen wir es. Das läuft wie ein Uhrwerk«, berichtet Speer. Allerdings stellt Stolpe, ehe die Abmachung per Handschlag besiegelt wird, noch eine Bedingung: Es dürfe, bis es so weit ist, kein anderer erfahren. »Sonst werde ich es öffentlich dementieren.« Die Geheimbündler verabschieden sich spät in der Nacht. Nur sie wissen: Der Countdown läuft.

Trotzdem zögert Manfred Stolpe, der damals keineswegs amtsmüde wirkt und später sogar für drei Jahre bei Gerhard Schröder Verkehrsminister wird, noch einmal, als der Zeitpunkt des geplanten Rücktritts näher rückt. Das sagt jedenfalls Rainer Speer: »Ich vermute, wenn man es ihm allein überlassen hätte, hätte er weitergemacht. Deshalb war es meine Aufgabe, es festzumachen.« Manfred Stolpe widerspricht da zwar. »Im Inneren meines Herzens war die Entschlossenheit da.« Aber er hat auch eine Erklärung, weshalb Speer zu seinem Eindruck gekommen sein könnte. Er habe überlegt und darüber wohl auch mit Speer gesprochen, ob ein Rücktritt zum geplanten Zeitpunkt nicht falsch verstanden werden könnte, erinnert sich Stolpe. »Ich habe mich gefragt: Du übergibst viele Probleme. Könnte das nicht so gedeutet werden, dass du einen Scherbenhaufen hinterlässt und Fahnenflucht begehst?« Genau in dieser

Zeit geraten wichtige wirtschaftliche Renommierprojekte seiner Regierung ins Trudeln.

Doch Stolpe hält sein Wort. Im Frühjahr 2002 stimmt er mit Platzeck und Speer die Details ab: Er wird seinen Rückzug auf dem Landesparteitag in Wittenberge bekannt geben, der extra vom 29. auf den 22. Juni vorgezogen wird, damit Matthias Platzeck ein paar Tage später, auf der letzten Landtagssitzung vor der Sommerpause, als Ministerpräsident vereidigt werden kann. Alles soll Schlag auf Schlag gehen. »Eine lange Debatte wäre ein Störfaktor gewesen. Es war nicht auszuschließen, dass sich aus der Partei andere melden und rufen: Wir sind dran«, erinnert sich Stolpe.

Tatsächlich ist Matthias Platzeck vor dem Wittenberger Parteitag, auf dem Stolpe seinen Rücktritt öffentlich machen und seinen Nachfolger benennen will, nicht unangefochten. Er soll als Landesvorsitzender wiedergewählt werden, aber aus der SPD wird Kritik laut, dass er die Union mit Samthandschuhen anfasse, dass er in der Partei keine Akzente setze und zusehe, wie sich CDU-Landeschef Jörg Schönbohm als Reformer profiliert.

Platzeck kann und will keine zweite Front aufmachen, steht er doch seit Monaten in Potsdam unter Feuer: Die Stadtverordnetenversammlung setzt mehrmals von ihm angeordnete Haushaltssperren außer Kraft. Die eigene Fraktion lässt seinen Kandidaten für das Finanzdezernat durchfallen, den CDU-Mann Herman Junghanns, was fatale Folgen hat: Da die geplante Koalition mit der CDU nicht zustande kommt, hat Platzeck keine ausreichende Mehrheit, um den von ihm angekündigten radikalen Sparkurs durchzusetzen, der über Anfänge nicht hinausgekommen ist. Was umso bedenklicher ist, da Potsdam immer noch mehr Geld als jede andere ostdeutsche Landeshauptstadt ausgibt, wie das Rechnungsprüfungsamt der Stadt Platzeck unter die Nase reibt.

Zu allem Überfluss meldet das von CDU-Chef Schönbohm geführte Innenministerium »deutliche Zweifel« am »Konsolidierungswillen« der Stadt an und genehmigt den Haushalt 2002 nicht. Deshalb muss Platzeck der Kommunalaufsicht wenige Tage vor der Machtübergabe erklären, wie er die Finanzen der Stadt zu sanieren gedenke. Um laufende Ausgaben zu begleichen, fehlt ein zweistelliger Millionenbetrag. Ein CDU-Stadtverordneter stichelt, der Oberbürgermeister arbeite offenbar auf Abruf. Er kann nicht ahnen, wie nahe er der Wahrheit ist.

Matthias Platzeck hat seinem Stellvertreter und Wunschnachfolger im Rathaus, Jann Jakobs, längst offenbart: »Es ist so weit. Stell dich darauf ein.« Am 14. Juni, acht Tage vor dem Parteitag, ist Bundeskanzler Gerhard Schröder in Potsdam unterwegs. Nach dem offiziellen Besuch im Luftschiffhafen ziehen sich Schröder, Stolpe und Platzeck ins »art-otel« zurück, eine Lifestyle-Herberge, die an einen historischen Speicher angebaut worden ist und direkt an der Havel liegt. Dort informiert Stolpe den Kanzler und SPD-Vorsitzenden über den bevorstehenden Machtwechsel. »Er musste nicht überzeugt werden«, erinnert sich Stolpe: »Er hat immer geschwärmt von Platzeck und früh erkannt, dass er ein Naturtalent ist.«

Dass er ausgerechnet Schröder als einen der Letzten informiert, hat Gründe. Stolpe war sich nicht sicher, ob der Kanzler es nicht irgendwann ausgeplaudert und »das ganze Kartenhaus« umgestoßen hätte. Nur Generalsekretär Franz Müntefering hat er vorher unterrichtet, weil er bei ihm sicher war, dass er »dichthält«.

Am 21. Juni, dem Abend vor dem Parteitag, sucht Manfred Stolpe seinen Koalitionspartner Jörg Schönbohm in dessen Haus in Kleinmachnow bei Potsdam auf. Stolpe hatte ein paar Tage vorher um ein Gespräch gebeten, was dem CDU-Landeschef »gleich verdächtig« vorkam. Er hat »so eine Ahnung«. Schönbohm erinnert sich noch genau: Er habe extra eine teure Flasche Grand Cru Classée geöffnet und nach der Begrüßung zu Stolpe gesagt: »Ich weiß, Sie besuchen mich zum letzten Mal als Ministerpräsident.« Stolpe ist schockiert, muss er doch annehmen, dass der Geheimplan verraten worden ist: »Wer hat gequatscht?« Seine Sorge ist unbegründet. Niemand hat geplaudert, die Eingeweihten halten bis zum Parteitag dicht, selbst der Kanzler.

Zur selben Stunde, in der Stolpe und Schönbohm in Kleinmachnow bei einem edlen Tropfen Rotwein zusammensitzen und in melancholischer Stimmung Abschied nehmen, hat Rainer Speer ein halbes Dutzend Journalisten in seinen Lieblingsitaliener »La Cantina« in Potsdam in der barocken Altstadt geladen. Sie wundern sich zwar, was Speer an einem Freitagabend will, ahnen aber nichts. Es ist ein lauer Sommerabend, man sitzt im kleinen idyllischen Gartenhof, wie es in Potsdam viele gibt. Speer bestellt eine Drei-Liter-Flasche Rotwein, eine so genannte Doppel-Magnum der Marke Sagrantino di Montefalco, und sagt dann betont beiläufig: »Morgen passiert es.« Und nach einer Pause: Manfred Stolpe werde am Samstag auf dem Parteitag seinen Rücktritt verkünden und Matthias Platzeck als Nachfolger vorschlagen. Die Journalisten glauben zunächst, Speer mache einen dieser Scherze, für die er bekannt ist.

Der Parteitag im Kulturhaus von Wittenberge, einer Kleinstadt in der Prignitz, beginnt mit Verspätung. Die Autobahn von Berlin nach Hamburg ist an diesem Morgen über Stunden dicht, sodass selbst der Hauptakteur Stolpe, ein Pünktlichkeitsfanatiker, zu spät kommt. Schon vor der Eröffnung spricht sich unter den Delegierten in Windeseile herum, dass Stolpe seinen Abschied nehmen wird. Die Genossen sind wie vom Donner gerührt.

Als Stolpe gelassen und gut gelaunt ans Rednerpult tritt, ist es mucksmäuschenstill im Saal, aber er stellt die Geduld der Anwesenden auf die Probe. Zunächst verteidigt er seine Wirtschaftspolitik, spricht über die schlechte Stimmung im Land, für die er die Bundes-SPD verantwortlich macht, der der Wind ins Gesicht bläst. Sie habe Darstellungsprobleme, die man ernst nehmen müsse. Die Menschen seien ungeduldig. Erst am Schluss seiner Rede fallen die entscheidenden Sätze, auf die alle warten: »Wir brauchen einen Stabwechsel, wir brauchen einen

Generationswechsel an der Spitze der Regierung.« Matthias Platzeck sei der richtige Mann und solle schon kommende Woche zu seinem Nachfolger gewählt werden.

Die Delegierten feiern den scheidenden Landesvater mit minutenlangen Ovationen, viele wischen sich Tränen aus den Augen. Eine Ära geht an diesem Tag zu Ende in einem Land, das Manfred Stolpe, bei seinem Rücktritt dienstältester deutscher Ministerpräsident, zwölf Jahre lang prägte. Er hat dem Land eine neue Identität vermittelt, aber auch eine postsozialistische Fürsorge- und Subventionspolitik betrieben, die Brandenburg den Ruf einer »kleinen DDR« einbrachte. Die Zeit ist, als er abtritt, reif für einen Kurswechsel.

Auch die überrumpelten Genossen sehen das so. Platzeck, der sich in seiner Parteitagsrede als »spät berufenen Sozialdemokraten« bezeichnet, wird mit 98 Prozent der Stimmen als Landesvorsitzender wiedergewählt. In seiner Rede, in ersten Interviews, verspricht der künftige Ministerpräsident Kontinuität. Er werde die Politik »des Mitnehmens aller Menschen« fortsetzen. »Abrupte Wendungen« seien von ihm nicht zu erwarten. Das klingt nach Stolpe und so soll es wohl auch klingen. Allerdings sagt er auch: Neue Zeiten brauchen neue Antworten. Viel konkreter wird Platzeck nicht.

Aber die »Operation Wachablösung« ist noch nicht beendet. Nicht nur die SPD ist kalt überrascht worden, auch der Koalitionspartner CDU. In der Union zweifeln viele an der Verlässlichkeit und Kompetenz von Matthias Platzeck. Wohl auch der Landesvorsitzende Jörg Schönbohm, dessen erster Kommentar lautet: Es werde »nicht leichter« mit Platzeck. Die Christdemokraten befürchten, das die SPD, wenn der »Übervater« Manfred Stolpe nicht mehr da ist, unberechenbar werden könnte. Platzeck braucht für seine Wahl zum Ministerpräsidenten die Stimmen der Christdemokraten. Also wirbt er in der CDU-Fraktion um Vertrauen. Er erinnert daran, dass er es war, der 1999 in der SPD die Große Koalition durchsetzen half – gegen den ausdrücklichen Willen von Regine Hildebrandt. Jörg Schönbohm warnt hinterher dennoch: Der neue Ministerpräsident, der anders als Stolpe auch SPD-Landeschef ist, dürfe aus der Staatskanzlei keine Parteizentrale machen. Wenn das passieren sollte, werde es Ärger geben.

Seinen Auftritt in der SPD-Fraktion, die diesmal ausnahmsweise die Öffentlichkeit zulässt, nutzt Matthias Platzeck für eine »persönliche Erklärung«. Sie ist – seine Vereidigung soll am nächsten Tag stattfinden – vor allem für die Medien gedacht. Er habe nicht vor, »Ministerpräsident in Turnschuhen« zu werden. Eine Anspielung auf sein Schuhwerk, das er wegen eines Bänderrisses tragen muss, den er sich beim Badminton zugezogen hat. Er will erst gar keine Missverständnisse aufkommen lassen, die konservativen Märker sind altmodisch in diesen Dingen. Aber am nächsten Morgen ist der Fuß noch stärker angeschwollen. So muss Matthias Platzeck an diesem 26. Juni 2002, an dem er Ministerpräsident wird, notgedrungen Turnschuhe tragen, die zum grauen Nadelstreifenanzug sonderbar aussehen.

Im Landtag ist es kurz nach 14 Uhr, als das Ergebnis der geheimen Abstimmung bekannt gegeben wird: 54 von 82 anwesenden Parlamentariern haben für Platzeck votiert. 45 hätten genügt, eine satte Mehrheit, aber drei Stimmen fehlen ihm aus den Koalitionsfraktionen. Er spricht nur kurz, dankt für das Vertrauen. Er hoffe, dass er denen, die ihn nicht gewählt haben, beweisen könne, dass es ihm um das Wohl des Landes geht. Er wolle ein »modernes« und »selbstbewusstes« Brandenburg. Er kündigt »harte Zeiten und steinige Wege« an.

Den Eid beendet der neue Regierungschef, was einige nicht erwartet haben, mit der religiösen Formel: »So wahr mir Gott helfe.« Dann, als die Zeremonie beendet ist, kann er sich vor Gratulanten kaum retten. Seine Mutter Christa ist da, seine drei Töchter, die erstmals in der Öffentlichkeit auftreten, sich durch Journalistenfragen aber nicht aufs Glatteis führen lassen: Wann der Vater sie eingeweiht hat, verraten sie nicht.

Kaum, dass die Sitzung weitergeht, beginnt schon der Alltag, ganz unspektakulär. Matthias Platzeck nimmt auf der Regierungsbank den Platz von Manfred Stolpe ein, studiert erste Unterlagen, telefoniert, nimmt eine Petition entgegen, die ihm eine PDS-Abgeordnete überreicht. Es geht um eine vietnamesische Familie, die abgeschoben werden soll. Ein kräftiger Mann stellt sich vor, ein Bodyguard, der ihn ab jetzt begleiten wird. Gegen 17 Uhr fährt Platzeck mit der schwarzen Ministerpräsidenten-Limousine vom Landtag in die Staatskanzlei, wo ihm Manfred Stolpe nicht ohne ein Fünkchen Wehmut das Büro übergibt – und einen martialischen Morgenstern, eine Keule mit spitzen Zacken. Die habe ihm der Oberkommandierende der russischen Streitkräfte General Burlakow einst beim Abzug der Russen geschenkt, sagt Manfred Stolpe, der Platzeck dabei tief in die Augen blickt. »Er hat damals gesagt: Jetzt müssen Sie allein klarkommen. Wir sind nicht mehr da.«

Brandenburger Zustände

Für das Land, das Matthias Platzeck von Stolpe übernimmt, war der Nachruf schon erschienen. In einem Essay über Brandenburgs Rolle im Lauf der Jahrhunderte diagnostizierte der Berliner Publizist und Brandenburg-Kenner Wolf Jobst Siedler einen »Bedeutungsverlust« des Landes seit dem Ende des Zweiten Weltkriegs, der sich auch seit seiner Neugründung 1990 fortsetzt. »Hängt dieser Bedeutungsverlust Brandenburgs damit zusammen, dass die Menschen, die es wichtig machten, aus dem Land gegangen sind oder getrieben wurden, Bauer, Bürger, Edelmann?«, fragte Siedler und lenkte den Blick auf eine dramatische Parallele in der Gegenwart. »Auf jeden Fall steht neben dem geistigen Bedeutungsverlust Brandenburgs eine Bevölkerungsentleerung, die immer schneller voranschreitet … Immer hatten die brandenburgischen Landesherren die Mark zu peuplieren gesucht, wovon früher in Ostpreußen die Einwanderer aus Salzburg, in Berlin noch heute der Französische Dom und in Potsdam das Holländische Viertel zeugen. Jetzt findet weithin unbemerkt der entgegengesetzte Prozess statt. Seit dem Fall der Mauer hat Brandenburg mehr Menschen verloren, als es zur Zeit der Französischen Revolution gehabt hat«, schrieb Siedler.

Und er fuhr fort: »Die Menschen haben den Reichtum Brandenburgs ausgemacht, und an der Rückkehr der aus dem Lande getriebenen und der Zuwanderung neuer Menschen ist alles gelegen. Stattdessen rechnen die langfristigen Prognosen mit weiteren Hunderttausenden von Auswanderern.« Seine Prophezeiung für das »Land ohne Bodenschätze, ohne fruchtbaren Acker und selbst ohne Wasserkraft« lautet: »Was zur Zeit in Brandenburg stattfindet, ist – aus Ignoranz nicht gesehen oder aus Behutsamkeit nicht ausgesprochen – ein wirklicher Exitus. Endet Brandenburg so, wie es begonnen hat – ein langes Schlafen in der Geschichte, dann ein kurzes heftiges Dasein und nun ein allmähliches Verdämmern?«

Der Beitrag, der schon 1996 in der »Frankfurter Allgemeinen Zeitung« erschien[45] und den Wolf Jobst Siedler unter dem Eindruck der gescheiterten Länderfusion schrieb, löste in Brandenburg seltsamerweise keine Debatte aus. Er blieb völlig unbeachtet, was vermutlich auch damit zusammenhängt, dass die Streitkultur in diesem Land – vielleicht auch eine Folge seines Bedeutungsverlusts – unterentwickelt ist.

Siedlers Diagnose für Brandenburg wäre sechs Jahre später, als Platzeck Regierungschef wird, vermutlich nicht optimistischer ausgefallen, im Gegenteil. Die »Entleerung« des Landes hat sich seit 1996 unvermindert fortgesetzt, eine Trendwende ist nicht in Sicht. Insbesondere aus den dünn besiedelten, ländlich geprägten Regionen fernab von Berlin, aus der Uckermark, der Prignitz, der Lausitz, ziehen Jahr für Jahr Tausende Menschen weg – nach Bayern, Baden-Württemberg, Nordrhein-Westfalen. Oder ins Berliner Umland, wo die Chancen auf Jobs etwas besser sind, wo sich noch Firmen ansiedeln, was auch dazu führt, dass sich innerhalb des Landes immer deutlicher eine Armutsgrenze ausprägt.

Dass in den ersten Jahren nach der Wende viele jahrzehntelang eingemauerte Berliner ins Umland abwandern, sich dort ihren Traum vom Häuschen im Grünen erfüllen, kann die Abwanderung aus den Randregionen nicht mehr ausgleichen. Es setzt überraschenderweise sogar allmählich eine Gegenbewegung ein: Nicht wenige Berliner, die nach der Wende ins Umland gezogen sind, zieht es nun wieder zurück in den großstädtischen Kiez mit Kneipen, Geschäften, Arztpraxen, Apotheken nebenan, mit einer perfekten Infrastruktur.

Ein Jahr vor der Demission Stolpes hatte die Regierung eine amtliche Bevölkerungsprognose veröffentlicht, wonach die Berlin fernen Regionen bis 2015 infolge geringer Geburten und der hohen Abwanderung rund 175000 Menschen verlieren werden, also jeden zehnten Bewohner. Das ist eher noch die optimistische Variante. Mittlerweile schließen Experten nicht mehr aus, dass es in der Mark in nicht allzu ferner Zukunft wieder »Wüstungen« geben wird, verlassene Dörfer wie nach dem Dreißigjährigen Krieg.

Der von Wolf Jobst Siedler konstatierte Bedeutungsverlust spiegelt sich auch in der Politik wider. Den Parteien mangelt es an gescheiten Köpfen, an talentiertem Nachwuchs, an Ideen und Visionen. Es sind vor allem die Jüngeren, die Klügeren, die Selbstbewussten, die Brandenburg verlassen und dorthin gehen, wo sie Chancen und Perspektiven sehen, während die Alten, die Schwachen, die Arbeitslosen zurückbleiben. In vielen Regionen Brandenburgs wird es schon deshalb keine Unternehmensansiedlungen mehr geben, weil qualifiziertes junges Personal fehlt.

Der »Brain-Drain«, der Abfluss von Intelligenz und Kompetenz, ist die zwangsläufige Folge der Abwanderung, der Entleerung von Städten und ganzen Landstrichen, und er muss sich in der Gesellschaft bemerkbar machen, auch wenn man das in Brandenburg lange nicht wahrhaben will. So wird der Regionalforscher Professor Ulf Matthiesen 2003 für seine These beschimpft, dass die Außenregionen des Landes »zu verblöden« drohten, weil nicht gerade die Hellsten zurückbleiben.

Da gerade auch die jungen qualifizierten Frauen abwanderten, würden in manchen Teilen des Landes kaum Kinder geboren, deshalb bestehe die Gefahr, dass die Gemeinden an der Peripherie bald hauptsächlich nur noch bevölkert würden »von arbeitslosen Stadtdeppen ohne die Chance auf Familien- oder Paarbeziehungen«. Das klingt hart, ist so unrealistisch aber nicht. Spätere Untersuchungen werden zu dem Ergebnis kommen, dass jeder dritte Mann in diesen Regionen keine Frau finden wird.

Was so viele die Koffer packen und die Stimmung im Land immer schlechter werden lässt, was Resignation und Lethargie auslöst: Eine wirtschaftliche Wende zum Besseren ist nicht in Sicht, es mehren sich im Gegenteil die Krisensymptome. Manfred Stolpe hatte bei seinem Amtsantritt 1990 angekündigt, aus Brandenburg ein deutsches »Musterländle« zu machen – zehn, fünfzehn Jahre sollte das dauern. Er setzte auf Großprojekte – und auf die Fusion mit Berlin. Im Herbst 1994, nach der Debatte um seine Stasi-Verwicklungen, hatte er sogar im Hochgefühl seines Wahlsieges versprochen, die Arbeitslosigkeit bis 1999 auf »unter zehn Prozent« zu senken.

Aber das Land steckt, als Matthias Platzeck es übernimmt, in einer tiefen Krise. Es war zwar beim Wachstum einige Jahre Spitzenreiter in Ostdeutschland, doch 2002 herrscht Stagnation. Beim Bruttoinlandsprodukt ist Brandenburg hinter die anderen neuen Länder zurückgefallen – und das, obwohl der »Motor« Berlin in seiner Mitte liegt und sich um die Hauptstadt so etwas wie ein Speckgürtel mit einer Reihe florierender Unternehmen gebildet hat. Dass 2002 die durchschnittliche Arbeitslosenquote trotzdem mit 19,4 Prozent deutlich über dem Bundesdurchschnitt von weniger als zehn Prozent liegt, ist die Folge der wirtschaftlichen Ödnis im großen Rest des Landes.

1996, als der Streit um die Abbaggerung des sorbischen Dorfes Horno eskaliert war, hatte Platzeck noch gewarnt, dass ein Land mit einer Arbeitslosenquote um 20 Prozent »unregierbar« werde. Als er Ministerpräsident wird, ist die kritische Marke erreicht, in manchen Regionen Brandenburgs sogar weit überschritten. Es gibt Gebiete, in denen jeder zweite oder dritte arbeitslos ist. Apathie und Depression breiten sich aus.

Der Versuch, den Abstieg der Randregionen zum Armenhaus zu stoppen, ist gescheitert. Millionen und Abermillionen wurden dort hineingepumpt, zwei Drittel der für Brandenburg bestimmten Aufschwung-Ost-Gelder hier investiert. Man sieht in vielen Dörfern auch schön gepflasterte Bürgersteige und Radwege, aber kaum junge Leute.

Als Irrweg hat sich die Strategie erwiesen, mit hoch subventionierten so genannten »Leuchttürmen« Brandenburgs Wirtschaft in Schwung bringen. Wenn sich kein Investor für solche politischen Prestigeprojekte fand, übernahm das Land selbst die Rolle des Unternehmers. Was sich nun bitter rächt, und zwar nicht nur, weil eine Pleite die nächste ablöst, sondern weil der Ruf des Landes, die Glaubwürdigkeit solider Regierungspolitik, nachhaltig beschädigt ist.

Natürlich hatte die von Manfred Stolpe nach dem »Prinzip Hoffnung« betriebene Subventionspolitik Gründe, die mit der Strukturschwäche des Landes und seiner Geschichte zu tun haben. Anders als Sachsen hat Brandenburg keine Industrietradition, es war immer ein armes, von Ackerwirtschaft geprägtes Land. Und schon immer hat die Obrigkeit versucht, es per Dekret zu entwickeln. So machten es die Preußenkönige, als sie die Hugenotten ins Land holten, Manufakturen gründen und die Oder eindeichen ließen. Und so versuchte es auch die SED, die ganze Industrien wie das Chemiekombinat Premnitz oder ein großes Stahlwerk samt einer »sozialistischen Stadt« auf die grüne Wiese bauen ließ: Eisenhüttenstadt, lange Zeit die einzige Kommune in der DDR, in der es keine Kirche gab.

Manfred Stolpe versuchte nach der Wende nicht nur, die DDR-Kombinate mit Millionen-Spritzen für die freie Marktwirtschaft fit zu machen, was nur in Ausnahmefällen gelang. Eisenhüttenstadt ist eines der wenigen gelungenen Beispiele. Er wiederholte auch die Fehler früherer Herrscher, indem er neue

Großprojekte in die Landschaft setzen ließ: zum Beispiel den Lausitz-Ring, die modernste Rennstrecke Europas, in die das Land 120 Millionen Euro steckte und die 2002 vor der Insolvenz steht; oder das Riesenluftschiff Cargolifter, das in der größten freitragenden Halle der Welt in Brand südlich von Berlin starten sollte – ein teurer Traum, der Brandenburg 40 Millionen Euro kostete.

Die Landesentwicklungsgesellschaft, die im Auftrag einer naiven, an sozialistischen Bau-auf-Prinzipien orientierten Politik strukturschwache Regionen mit Staatsgeldern aufpäppeln sollte, ist ebenfalls pleite: Der Schaden beläuft sich auf mindestens 100 Millionen Euro. Einen zweistelligen Millionenbetrag verschlang das »größte deutsche Konversionsprojekt« in Wünsdorf: Das einstige Oberkommando der russischen Streitkräfte in der DDR sollte eine blühende Wald- und Beamtenstadt werden. Es wurde sang- und klanglos aufgegeben. Überhaupt fällt auf, dass es in Brandenburg immer »das modernste«, »das größte« sein sollte – so wie früher in der DDR.

Auch für die beiden letzten Großprojekte stehen die Chancen im Sommer 2002 nicht gut. Der Großflughafen Berlin-Brandenburg International (BBI) in Schönefeld befindet sich nach zehn Jahren noch immer im Planungsstadium, begleitet von Pech und Pannen. Und für die Chipfabrik in Frankfurt/Oder, die der Grenzregion zu Polen ein Wirtschaftswunder bescheren und Brandenburg »in die Weltliga der Hochtechnologie« katapultieren soll, steht die Gesamtfinanzierung nach anderthalb Jahren noch immer in den Sternen, was die Landesregierung entgegen allen Warnungen nicht davon abgehalten hat, selbst mit rund 40 Millionen Euro einzusteigen.

Brandenburg macht auch sonst mit Negativschlagzeilen auf sich aufmerksam. Mit rechtsextremen Gewalttaten, brutalen Angriffen auf Asylbewerber, auf junge Linke, Obdachlose und andere Opfer. Mit schlechten Noten bei der PISA-Studie, wo Brandenburgs Schüler auf den letzten Plätzen liegen, während das ostdeutsche Nachbarland Sachsen trotz gleicher Startbedingungen zum Spitzentrio in Deutschland gehört.

Das ist das Land, das der neue Regierungschef im Sommer 2002 übernimmt. Sein Zustand ist so, dass diese oder jene Kurskorrektur nicht ausreicht, um den von Wolf Jobst Siedler beklagten Abstieg zu stoppen. Platzeck müsste einen radikalen Schnitt wagen, ein neues Brandenburg entwerfen.

Schwieriger Start

Wenn Politiker neue Aufgaben übernehmen, wird ihnen normalerweise eine »Schonfrist« zugestanden. 100 Tage, das ist die Regel. Aber kaum ist der Regierungschef Matthias Platzeck im Amt, muss ein Minister zurücktreten, bedroht ein neues Hochwasser Brandenburg, läuft es in der Regierung nicht rund. Er hätte sich schon einen besseren Start gewünscht, wird Platzeck später über diese Zeit sagen, in der er seine Rolle sucht.

Er ist gerade drei Wochen Ministerpräsident, als er mitten in den Sommerferien von einer Affäre aufgeschreckt wird: Justiz- und Europaminister Kurt Schelter (CDU), ein »Ziehsohn« des bayerischen Ministerpräsidenten Franz Josef Strauß, dessen Staatsbegräbnis er 1988 als Protokollchef organisierte, soll sich mit Immobilien in Berlin verspekuliert haben und in dubiose Geschäfte verwickelt sein. Ausgerechnet Kurt Schelter, ein schneidiger Law-and-Order-Konservativer, der in der Kohl-Regierung Staatssekretär bei Bundesinnenminister Manfred Kanther war. Der als Justizminister in Brandenburg hart durchgriff, etwa im verlotterten Strafvollzug.

Schelter gilt als überkorrekt. Platzeck fällt aus allen Wolken, er hätte alles Mögliche, nur nicht das erwartet. Dann wird auch noch bekannt, dass das Gehalt des Justizministers gepfändet wurde, was es in Deutschland noch bei keinem seiner Kollegen gab. Es ist keine Frage für Platzeck, dass Schelter seinen Posten räumen muss. Eine Affäre, die sich vielleicht noch über die Sommerferien hinzieht, kann er, kann die Koalition sich nicht leisten. So sieht es auch Jörg Schönbohm, der CDU-Landeschef und Innenminister. Nach einem Gespräch mit Platzeck reicht Schelter am 23. Juli 2002 seinen Rücktritt ein und kommt so seiner Entlassung zuvor. Schönbohm präsentiert mit der Landtagsabgeordneten und Anwältin Barbara Richstein, 36 Jahre jung, sofort eine passable Nachfolgerin.

Eigentlich ist die Affäre vom Tisch, doch die Personalie bringt den Regierungschef in Zugzwang. Die designierte CDU-Ministerin – jung und sympathisch – lässt die Altherrenriege der SPD-Minister, die Platzeck von Manfred Stolpe übernommen hat, plötzlich noch älter aussehen. Nicht unbedingt ein überzeugendes Hintergrundbild für einen Ministerpräsidenten, der selbst für einen Generationswechsel steht und von dem man Erneuerung und Aufbruch erwartet.

Zwei Tage vor Richsteins Vereidigung im Landtag lässt Platzeck den Arbeits- und Sozialminister Alwin Ziel kurzfristig zu sich in die Staatskanzlei bitten. Dessen Ressort fristet ein klägliches Schattendasein, seit Regine Hildebrandt, die omnipräsente »Mutter Courage« des Ostens, ihren Job hingeworfen hat, weil sie nicht mit der CDU regieren wollte, die SPD aber nicht von Rot-Rot überzeugen konnte. Ziel, der frühere Innenminister, der von Platzeck auf den Oderdeichen abgedrängt wurde, sprang eher widerwillig ein. Er sei nicht Regine Hildebrandt, hielt er denen entgegen, die ihn an seiner feurigen Vorgängerin messen wollten. Obwohl der 61-Jährige als Fehlbesetzung gilt, hat Platzeck ihm ein paar Wochen zuvor noch die Ernennungsurkunde in die Hand gedrückt.

Es ist ein Montagmorgen, als Ziel gut erholt aus dem Urlaub zurückkommt und Platzecks Büro betritt. Der Regierungschef eröffnet ihm ohne Umschweife, dass er das Amt neu besetzen will – sofort. Der Minister reagiert »konsterniert«, so erzählt man danach in der Staatskanzlei, will zunächst nicht freiwillig zurückzutreten, beugt sich aber schließlich.

Platzeck holt an seiner Stelle einen bis dahin auf der Landesbühne völlig Unbekannten ins Kabinett, einen Kommunalpolitiker: Günter Baaske, den Sozialdezernenten des Kreises Potsdam-Mittelmark, frisch, energisch, bürgernah. Der 44-Jährige hat zu DDR-Zeiten die Kultband »Keimzeit« gemanagt und ist als Discjockey aufgetreten. Ein unkonventioneller Typ, T-Shirt statt Anzug, und so burschikos, dass er alle mit der Ankündigung verblüfft, er wolle als Minister in der Arbeits- und Sozialpolitik »große Brötchen« backen. Als »großkotzig« empfinden das CDU-Politiker. Die Empfehlung, Ziel gegen den 16 Jahre jüngeren Baaske zu tauschen, kam von Rainer Speer, der mit ihm seit der Zeit, als beide in der DDR Platten auflegten, befreundet ist.

Viele sind überrascht, wie resolut Platzeck dem dienstältesten Minister Alwin Ziel, einem SPD-Mann der ersten Stunde, der schon 1990 dabei und zeitweise stellvertretender Ministerpräsident war, nun den Stuhl vor die Tür setzt. Es ist eine für brandenburgische Verhältnisse schnelle Entscheidung. Manfred Stolpe hatte selbst an Ministern, die in Affären verwickelt waren, lange festgehalten. Wie Platzeck kurzen Prozess macht, das hinterlässt Wirkung, nicht nur, weil er damit der CDU die Show stiehlt, die die Schelter-Affäre nutzt, um ihre Ministerriege zu verjüngen. Er demonstriert auch Entschlusskraft und signalisiert den müde gewordenen Ministern der SPD, dass nicht mehr frühere Verdienste, sondern Leistungen zählen. »Es nervte ihn ziemlich, dass ihn alle nur als Sonnyboy ansahen«, erinnert sich Rainer Speer.

Aber wer geglaubt hatte, dass Platzeck nun mit der gleichen Konsequenz den überfälligen Umbau des Landes einleiten und die Politik seines Vorgängers korrigieren würde, sieht sich enttäuscht. Der Ministerpräsident lässt es langsam angehen. Er will mit »ruhiger Hand« regieren, »nicht hektisch«, Worte, die man auch von Gerhard Schröder gehört hatte, als er Kanzler wurde. Schon kurz nach seinem Einzug in die Staatskanzlei hat Platzeck intern die Parole ausgegeben: »Kein schlechtes Wort über

Manfred Stolpe.« Nicht nur aus Respekt vor seinem Förderer, der ihm den Platz frei machte.

Platzeck ist überzeugt, dass die Brandenburger einen plötzlichen Kurswechsel nicht verstehen würden. Er befürchtet, dass seine Glaubwürdigkeit leiden würde, schließlich saß er selbst lange im Kabinett, hat dort und später als SPD-Landeschef die Politik seines Vorgängers vertreten. Er meint auch, dass er kein Recht hat, »auf die Pauke zu hauen«, solange er nicht selbst eine Wahl als Ministerpräsident gewonnen hat. »Wenn man grundlegend neu sortieren will, muss man erst eine eigene Legitimation haben.« Deshalb meldet er sich auch bundespolitisch nur selten zu Wort, obwohl er dem Vorstand der SPD angehört. Aber vielleicht unterschätzt er in diesen ersten Wochen und Monaten auch, wie schlecht es mittlerweile um Brandenburg bestellt ist.

Manches macht Platzeck allerdings anders als sein Vorgänger. Am deutlichsten merkt man das bei seinen Antrittsbesuchen im Land. Nur auf den ersten Blick ist alles so, wie man es schon von Manfred Stolpe kannte: Der Landesvater ist da, schüttelt viele Hände, hört sich Sorgen von Kommunalpolitikern und Unternehmern an, gibt wohlmeinende Ratschläge. Es fällt schnell auf, dass Platzeck unkonventioneller, weniger förmlich, verbindlicher als Stolpe ist, auch konkreter. Er bringt Dinge schneller auf den Punkt. Seine kommunalpolitischen Erfahrungen erweisen sich dabei als hilfreich.

Eine typische Szene in der Kurstadt Buckow, der »Perle der Märkischen Schweiz«, einst Sommersitz des Künstlerpaares Bertolt Brecht und Helene Weigel: Bürgermeister Hans-Ulrich Schulze trägt im Rathaus seine Probleme vor, Platzeck fragt nach, empfiehlt eine Lösung oder äußert Bedenken. Weiter, der nächste Punkt. »Das geht«, »Das geht nicht« werden bald die gängigsten Redewendungen Platzecks sein. Als der Ministerpräsident wieder abgereist ist, vergleicht Schulze die Methode Platzeck mit der Methode Stolpe: »Stolpe hat vier Stunden mit uns gesprochen, Platzeck 50 Minuten. Aber heute sehe ich klarer, auf was wir bei der Landesregierung rechnen können. Vor sechs Jahren sagte Stolpe meistens: Mal sehen, was wir tun können.«[46]

»Mal sehen« ist unkonkret, zwei Worte, die Erwartungen auslösen können, gleichzeitig aber zu nichts verpflichten. Worte, die auch so vage sind, dass sie zu Enttäuschungen führen können. Matthias Platzeck hat sich fest vorgenommen, keine Versprechungen zu machen, die er nicht halten kann. »Das Schlimmste ist, Hoffnungen zu wecken, die gar nicht erfüllbar sind.« Er will Menschen auch nicht hinhalten.

Bei einer seiner ersten Kabinettsentscheidungen bekommt der Ministerpräsident zu spüren, wie schnell Stimmungen sich gegen ihn wenden können. Platzeck lässt Brandenburg in einem formalen Akt für die Europäische Union in zwei Förderregionen teilen. Nach der EU-Osterweiterung sollen so wenigstens für den ärmeren Norden Brandenburgs weiterhin die Höchstfördersätze gesichert werden, die bisher dem ganzen Land viele Millionen aus Brüssel bescherten. Weil arme Länder hinzukommen, wird der Kuchen kleiner. Platzeck fürchtet, dass ohne Zweiteilung das ganze Land die Höchstförderung verlieren würde. Eindeutige Belege gibt es allerdings nicht, die Zahlen sind diffus, die Prognosen unsicher.

So folgt der Aufschrei in den südlichen Regionen auf dem Fuße, die mit weniger Geld aus Brüssel rechnen müssen. Platzeck hat große Mühe, die empörten Politiker zu beruhigen. Später gesteht er ein, es sei falsch gewesen, das Problem vorher nicht besser zu kommunizieren. Aber auch die Entscheidung selbst war wohl ein Fehler: 2006 wird sich herausstellen, dass ab 2007 tatsächlich nur noch der Norden die Höchstförderung erhalten wird, diese aber ohne die formale »Zweiteilung« auch dem Süden, also dem ganzen Land zugute gekommen wäre. Ein Schnellschuss mit Spätfolgen.

Kaum ist etwas Ruhe eingekehrt, bedroht in der zweiten August-Woche 2002 wieder ein »Jahrhundert-Hochwasser« Brandenburg, diesmal an der Elbe. In Sachsen und Sachsen-Anhalt hat es bereits schwere Zerstörungen angerichtet. Natürlich eilt Platzeck sofort wieder auf die Deiche, auch wenn dies die zuständigen Minister machen könnten. Der Deichgraf, das ist er. Platzeck beruhigt die Menschen, motiviert die Soldaten, die auch aus entfernten Bundesländern kommen und die er ganz locker anspricht: »Matthias Platzeck, ich bin hier Ministerpräsident.« Nein, sie hätten den Mann in Jeans und Sporthemd nicht erkannt, sagen sie hinterher.

Besonders dramatisch ist die Situation in Mühlberg, an der Landesgrenze zu Sachsen, dem südlichsten Zipfel des Landes, wo die Flutwelle zuerst eintrifft. Die Kleinstadt mit 5000 Einwohnern wird ab 15. August schrittweise evakuiert. Das Wasser steigt schneller, als Sandsäcke gestapelt werden können. So schnell, dass Matthias Platzeck bald nicht mehr glaubt, dass eine Überflutung der Stadt verhindert werden kann, wie er nach einer Sitzung des Krisenstabes am 16. August 2002 erklärt.

Einen Tag später, am 17. August, ertönen in Mühlberg um 10 Uhr 35 die Sirenen: »Alle Einsatzkräfte sofort abrücken«, lautet das Kommando. Die Deiche sind weich wie Pudding, das Wasser steht an der Deichkante, das Risiko ist für die Helfer nicht mehr zu vertreten. Alle haben die Hoffnung aufgegeben. Aber die Dämme halten dem extremen Druck stand. So erlebt auch dieses neue »Jahrhundert-Hochwasser« in Brandenburg wieder sein Wunder, das »Wunder von Mühlberg«. Danach wird Matthias Platzeck dort verehrt als wäre er ein »Messias«, wie eine Reporterin nach der Flut bei einem Besuch Platzecks in Mühlberg beobachtet: »Und da stehen sie, 200, 300 Menschen, Männer, die Tränen in den Augen haben, Mütter, die mit ihrem Kind auf dem Arm dem Ministerpräsidenten danken. Frauen, die ihn umarmen. Und einer tritt vor, ein echter Held der Lyrik, und trägt spontan ein Gedicht vor, dessen Zeilen in der Erkenntnis gipfeln: Unser Ministerpräsident hatte eine besondere Hand, mit seinem Ideenreichtum wurde die Flut gebannt.« Das ist ihm nicht geheuer. Seine Reaktion: »Es ist wie es ist, und dann ist es auch wieder vorbei.«[47]

Was so nicht ganz stimmt, denn nach der Renaissance des Deichgrafen ist Platzeck im Land beliebter als zuvor. Dass die Brandenburger SPD bei der Bundestagswahl am 22. September 2002 mit 46 Prozent einen klaren Sieg einfährt, die CDU nur magere 20 Prozent schafft, führen Meinungsforscher auch auf den »Platzeck-Effekt« zurück.

Merkwürdigerweise wird das Hoch der SPD von einem Tief, einer Schwächephase der Regierung begleitet, die ständig mit Affären zu kämpfen hat. Sie halten auch Platzeck auf Trab. Ein V-Mann des Verfassungsschutzes hat mit Zustimmung der Behörde einen schwunghaften Handel mit einer Neonazi-CD betrieben, in der zum Mord an Prominenten und Politikern aufgerufen wird. Und Wirtschaftsminister Wolfgang Fürniß (CDU) muss im November zurücktreten, weil ein Scheich aus den Vereinigten Arabischen Emiraten ihm eine Million Dollar aufs Privatkonto überwiesen hat. Just zu der Zeit, in der der in finanziellen Nöten steckende Minister in Dubai über die Chipfabrik in Frankfurt/Oder verhandelte, die die Scheichs mitfinanzieren wollen – natürlich nicht aus lauter Liebe zum schönen Brandenburg. Nach der ersten soll eine zweite Fabrik in Dubai gebaut werden, um Chips mit modernstem Know-how aus dem renommierten Institut für Halbleiterphysik in Frankfurt/Oder zu produzieren. Auch der US-Konzern Intel ist an der Technologie der Frankfurter Forscher interessiert und mit von der Partie. Eine richtige Räuberpistole aus dem wilden und dem Nahen Osten – spannender Stoff für ein eigenes Buch.

Als ob das alles nicht genug wäre, stürzt das Land Ende 2002 in eine schwere Finanzkrise, denn über Nacht stellt sich heraus, dass im laufenden Haushalt ein Loch von fast 700 Millionen Euro klafft, dass 2003 eine Milliarde Euro Schulden gemacht werden müssen. Auch eine Folge der rot-grünen Steuerreformen in Berlin, aber eben nicht nur: In einem Gutachten deckt der Wirtschaftswissenschaftler Helmut Seitz von der Europa-Universität »Viadrina« in Frankfurt/Oder auf, dass das Land dramatisch über seine Verhältnisse lebt, fast überall mehr Geld ausgibt als der Freistaat Sachsen oder finanzschwache Westländer wie Schleswig-Holstein. Im Vergleich zu Sachsen verbraucht das viel ärmere Brandenburg eine Milliarde Euro mehr. Kein Wunder, dass 15 Milliarden Euro Schulden angehäuft wurden, so viel wie kaum in einem anderen ostdeutschen Land, dass man in nur zwölf Jahren sogar die finanzschwachen West-Länder in der Pro-Kopf-Verschuldung überholt hat.

Platzeck ist alarmiert, er verschiebt seine erste Regierungserklärung, auf die alle warten, jetzt schon zum zweiten Mal. »Ich will erst Klarheit.« Jörg Schönbohm, der stellvertretende Regierungschef, rät ihm, eine »Blut-Schweiß-und-Tränen-Rede« zu halten, die Lage so schonungslos darzustellen, wie sie ist, rigorose Einschnitte anzukündigen, sich auf diese Weise auch von Manfred Stolpe abzugrenzen. »Er hat mir sinngemäß geantwortet, so ginge das nicht, er müsse Rücksicht auf die Stimmung im Land nehmen«, erinnert sich Schönbohm.

So wirkt seine erste Regierungserklärung, die er am 13. November 2002, ein halbes Jahr nach seinem Amtsantritt, abgibt, eher unentschlossen. Die Erwartungen sind inzwischen kaum noch zu überbieten. Platzeck spricht nicht frei, er liest seine Jungfernrede vom Blatt ab. Er spricht vom »Ende der Nachwendezeit«, fordert von den Ostdeutschen »neuen Mut und neues Selbstbewusstsein«. Sicher, er redet auch Klartext: Ein drastischer Sparkurs sei nötig, weil »die Handlungsfähigkeit Brandenburgs und nicht weniger als unsere politische Selbständigkeit« auf dem Spiel stehe. Aber er sagt nicht, wie das Sparprogramm bei einem Milliardendefizit aussehen soll, was die Brandenburger konkret zu erwarten haben, was er anders machen will als sein Vorgänger.

Der Funke will nicht überspringen, als er ankündigt, ein »modernes Brandenburg« aufbauen zu wollen. Der Beifall im Parlament dauert genau 20 Sekunden, selbst die eigenen Genossen sind enttäuscht, und Lothar Bisky, der Bundesvorsitzende der PDS und Oppositionsführer im Landtag, diagnostiziert knapp: »Zu philosophisch, inhaltlich dürftig und enttäuschend.«

Matthias Platzeck hat mit der Regierungserklärung zu lange gezögert. Ein Fehler. Später sieht er das auch so. Von Aufbruchstimmung ist jedenfalls ein halbes Jahr nach seinem Amtsantritt nichts zu spüren.

Frauenversteher

In Platzecks Anfangszeit als Regierungschef fällt auch ein ungewöhnlicher TV-Auftritt. Bis dahin hat er seine Familie, sein Privatleben – sieht man einmal vom Auftritt seiner drei erwachsenen Töchter am Tag seiner Vereidigung ab – weitgehend aus dem medialen Rampenlicht herausgehalten. Über sein Liebesleben spricht er schon gar nicht öffentlich. Er hat das durchgehalten, obwohl die Grenzen zwischen Boulevard und seriöser politischer Berichterstattung mehr und mehr verschwimmen, obwohl das Interesse der Medien und Wähler am Privatleben der Politiker wächst.

Doch bei Reinhold Beckmann, in der ARD-Talkrunde, macht Matthias Platzeck am 21. November 2002 eine Ausnahme. Er sei gerade frisch verliebt von den Kanarischen Inseln zurückgekommen, schwärmt er, habe dort eine »wunderschöne Woche« mit seiner Angebeteten verlebt. Die neue Frau an seiner Seite – seine ehemalige Referentin im Potsdamer Rathaus, Jeanette Jesorka – habe er schon lange gemocht. Aber er sei »damals ja noch fest gebunden« gewesen. Eine Anspielung auf seine Beziehung mit Carla Kniestedt, der TV-Moderatorin, die er auf den Oderdeichen kennen gelernt und die er lange umworben hat.

Erst nach seiner Zeit als Potsdamer Oberbürgermeister, nach der Trennung von der TV-Journalistin sei aus der gegenseitigen Zuneigung zwischen ihm und Jeanette Jesorka mehr geworden, so jedenfalls erzählt es Platzeck bei Beckmann. »Es war ein bisschen wie nach der Wende, da überstürzte sich auch alles.«

Der Ministerpräsident lässt vor den TV-Kameras erstmals tief in das Innere seiner Seele blicken. Hinterher bereut er, seine Gefühle so offen vor der Nation ausgebreitet zu haben. Eine Frage zu seiner neuen Flamme habe man verabredet, sagt er später. Doch sei Beckmann nicht mehr zu bremsen gewesen. »Ich habe ihn unter dem Tisch mit dem Fuß angestoßen, damit er aufhört.« Doch der habe immer weiter gebohrt. »Außerdem wusste ich nicht so genau, ob es besser ist, weiter über die SPD zu reden oder doch ins Private zu wechseln.«

So gibt der 48-Jährige preis, dass ihm die Sucht nach »Schmetterlingen im Bauch« nicht fremd sei. Er verrät sogar, wie wichtig ein ausgeglichenes Liebesleben für ihn ist: »Im Privaten muss das Nicht-Beschreibbare absolut stimmen, dann kann das andere auch auf halb acht stehen.« Weil aber jedes Mal, wenn etwas vorbeigeht, viel Leid angerichtet werde, »traut man sich manchmal auch nicht mehr«, sagt er. So spricht wohl nur einer mit einer starken Sehnsucht nach Liebe und einer perfekten Frau.

Der Regierungschef gibt bei Beckmann auch zu verstehen, dass er mit der Charakterisierung, er sei ein Frauenversteher, gut leben kann: Die Fähigkeiten dazu habe er wohl dadurch erworben, dass es zeit seines Lebens in seiner Nähe immer eine »signifikante Frauendichte« gegeben habe. In der Kindheit und Jugend waren das neben der Mutter seine zwei Schwestern: »Man lernt wenige Frauen besser und direkter kennen als Schwestern«, so Platzeck. Während eine Mutter bestimmte Dinge immer zurückhalte, »lassen Schwestern alles raus«. Er habe von den Mädchen an seiner Seite viel gelernt, sich aber auch als »Hahn im Korbe« gefühlt.

Worauf seine Wirkung auf das weibliche Geschlecht beruht, darüber wird immer wieder gerätselt. Nicht wenige Frauen schreiben Platzeck eine »erotische Ausstrahlung« zu. Der Berliner Star-Friseur Udo Walz sagt: Er denke schon, dass viele

Frauen Herrn Platzeck auf Grund seines Drei-Tage-Bartes erotischer finden. Er mache sein Gesicht markanter. Für Walz hat das aber nichts mit Machotum zu tun, sondern spiegle vielmehr Platzecks praktische Lebenseinstellung wider: Er habe wenig Zeit und wolle sich nicht jeden Tag rasieren.[48]

Aber allein mit dem inzwischen grau melierten Bart, der längst so etwas wie sein Markenzeichen ist, kann man Platzecks Wirkung auf Frauen wohl nicht erklären. In der »Süddeutschen Zeitung« hat Annette Ramelsberger einmal über ihre Beobachtungen bei einem Empfang auf dem Pfingstberg geschrieben: »Und dann stehen sie an ... die Damen vor allem, die er umarmt und küsst. Erst die Leiterin des Filmmuseums, dann die Frau von der Bürgerinitiative. Und die Dame vom Potsdamer Kultursommer tätschelt ihm hingebungsvoll die Hand ...«[49] Eine typische Szene, wie man sie bei vielen öffentlichen Auftritten Platzecks beobachten kann. Er versteht es wie kein anderer, die Frauen zu umgarnen.

Rainer Speer, der Freund und Berater, wundert sich dennoch, über das, was dabei manchmal herauskommt: »Da ist eine Journalistin, die sich vorgenommen hat, einen kritischen Beitrag über ihn zu schreiben. Er spricht mit ihr eine Stunde und dann steht eine Lobeshymne in der Zeitung.« Es ist auch schon passiert, dass Platzeck bei einem Interview einer Journalistin so tief in die Augen schaut, dass er die Frage vergisst – oder umgekehrt.

Bei manchen löst das mitunter Irritationen aus, wie es die parlamentarische Geschäftsführerin der PDS-Bundestagsfraktion, Dagmar Enkelmann, in ihrem Büchlein *Mein Brandenburg* beschreibt: »Wegen der Umarmerei hatte ich schon mal Probleme: Genossen, die in meiner Partei für Öffentlichkeitsarbeit zuständig sind, wiesen mich darauf hin, dass Umarmungen hohen politischen Symbolgehalt hätten und gemeinhin als Zeichen für Koalitionsabsichten gedeutet würden. So hatte ich das noch gar nicht gesehen ... Soll ich das nun unterlassen, weil es ein Zeichen für irgendetwas ist?«, fragt Enkelmann, die Platzeck noch aus der Zeit der gemeinsamen Volkskammer kennt, mit ihm damals nächtelang zusammenhockte und ihn sogar »meinen Freund« nennt.[50] Aber selbst wenn sie es wollte, könnte sie es nicht verhindern – Platzeck würde sie bei der nächsten Gelegenheit doch umarmen, Küsschen geben, weil das bei ihm zur Kommunikation gehört.

Platzecks Wirkung auf die Frauen sei ein Grund für seine Wahlerfolge, sagen Meinungsforscher. Die Ministerpräsidenten werden in Deutschland zwar nicht direkt gewählt, aber wäre es so, würden ihn in Brandenburg nach einer Umfrage mehr Frauen als Männern wählen, nämlich 58 gegenüber 53 Prozent. Bei der Landtagswahl 2004 kam Platzecks SPD bei den weiblichen Wählern auf 36 Prozent, bei den Männern nur auf 28.

Jeanette Jesorka, »meine Liebste«, wie Platzeck sie meist nennt, scheint ganz gut damit zurechtzukommen, dass ihr Lebensgefährte ein herzliches Verhältnis zu Frauen pflegt. »Jeanette sagt manchmal, ich könnte zu Frauen generell ein klein bisschen distanzierter sein«, gibt Platzeck zu. Doch akzeptiert sie wohl, dass er sich in diesem Punkt nicht mehr ändern wird. »Es ist alles, wie es ist. Ich finde es schön, dass es Männer und Frauen auf der Welt gibt«, sagt er beim ersten gemeinsamen Interview, das beide mit der Potsdamer Journalistin Sabine Schicketanz im Januar 2004 über ihr Zusammenleben führen. Es wird nicht gedruckt, weil Platzeck meint, es sei nicht der richtige Zeitpunkt für eine solche Home-Story: Die Brandenburger Trennungsgeld-Affäre, die ihn noch beschäftigen wird, kocht gerade hoch.

Aber das Interview ist bemerkenswert. Macht es doch deutlich, dass beide, die unkomplizierte und natürliche Termin-Referentin des Potsdamer Oberbürgermeisters und er einen gemeinsamen Wesenszug haben, der vielleicht der Schlüssel für ihr privates Glück ist: Beide freuen sich an dem, was sie haben, was ist, anstatt zu lamentieren, was sein könnte. Sie stellen nicht unerfüllbare Forderungen an den anderen, führen jeder ein eigenes Leben und genießen die wenigen gemeinsamen Stunden.

Matthias Platzeck mit Lebensgefährtin Jeanette Jesorka

Jeanette Jesorka, Jahrgang 1963, geschieden wie Platzeck und Mutter einer erwachsenen Tochter, sagt in dem Gespräch auf die Frage, ob sie sich nicht manchmal wegen des engen Terminplans ihres Freundes, des Ministerpräsidenten, »vergessen« fühle: »Dass so wenig Zeit da ist, ist ja nicht zu ändern. Das muss man akzeptieren, das wusste ich von Beginn an … Man muss viele Dinge vor sich herschieben. Muss sich sagen: Später. Viel später.« Und sie sagt auch: »Politik ist das, was er machen möchte. Soll ich ihn daran hindern? Dann wäre ich auch nicht glücklich.« Eine Politikerfrau müsse eben hinten anstehen. Sie sagt das nicht klagend, sie ist selbst berufstätig.

Allerdings schafft es Platzeck, auch noch im allergrößten Terminstress ein halbes Stündchen für ein Treffen mit seiner Liebsten herauszuholen, selbst an jenem historischen Tag, an dem der Bundestag die erste Kanzlerin Deutschlands wählt, am 21. November 2005. Platzeck, bereits SPD-Vorsitzender, fährt nach Berlin, gratuliert Angela Merkel, wie sich das gehört, rast dann nach Potsdam zurück, wo die SPD-Fraktion tagt und anschließend das Kabinett. Aber zwischendurch, in der Mittagszeit, kommt aus einem China-Restaurant in der Innenstadt ein strahlendes Paar, das sich innig umarmt. Matthias Platzeck gibt Jeanette Jesorka noch einen Kuss, ehe er weiter ins Kabinett eilt: »Ich musste endlich mal wieder meine Liebste sehen.«

Platzeck erzählt in dem schon erwähnten Interview auch, dass die Politik im Zusammenleben mit Jeanette Jesorka eine »große Rolle« spielt. Überhaupt glaubt er, dass sich beide wahrscheinlich nie privat näher gekommen wären, wenn nicht auch politische Übereinstimmungen da gewesen wären, die sich schon bei der Zusammenarbeit im Rathaus gezeigt hätten. Bereits 2001, da ist er noch Oberbürgermeister, ist Jeanette Jesorka in die SPD eingetreten. »Indirekt« von Platzeck beeinflusst, wie sie sagt. Er betont jedoch, dass er sie »nicht agitiert« habe.

Andererseits sagt er aber auch: »So politisch wie ich bin, muss es schon stimmen. Bei aller Liebe, eine astreine CDU-Frau würde bei mir über die erste Aufwallung der Gefühle hinaus nicht überleben. Ich finde es relativ normal, dass ich Jeanette auch zunehmend leiden konnte für ihre Einstellungen, dafür, wie sie das Leben sieht und politische Fragen bewertet.« Kann sie ihn politisch beeinflussen? »Ich bin schon ein bisschen ein Dickkopf, ich bin schwer von Meinungen abzubringen. Da muss sie ganz schön arbeiten«, sagt Platzeck.

Jeanette Jesorka gehört zu den eher leisen Frauen, die lieber im Hintergrund bleiben. Man merkt es auch daran, dass sie nicht wild darauf ist, die offizielle First Lady Brandenburgs zu sein: »Ich befasse mich mit dieser Frage nicht so intensiv. Ich weiß auch nicht, ob ich in diese Rolle reinpasse. Vielleicht muss man hineinwachsen.« Platzeck lässt ihr Zeit, drängt sie nicht: »Da, wo es sein muss, gehen wir gemeinsam hin. Aber generell ist es Jeanettes Sache. Sie muss sich bereit fühlen. Ich mache ihr keine Vorschriften.«

Die Frage liegt nahe, warum er nach seiner Scheidung nicht mehr geheiratet hat. Seine Mutter Christa verriet 2002 einer

Journalistin: »Ich vermute, er glaubt nicht an die Ehe. Das ist ihm nicht so wichtig.« Platzeck selbst bestreitet das. »Ich bin ja nie von den Mädels gefragt worden. Außerdem war ich jemand, der nicht treu sein konnte.« Doch das habe sich geändert: »Ich bin innerlich unangreifbarer. Das hat mit Jeanette zu tun.« Er erlebe jetzt etwas, was er bisher nicht gekannt habe: »Wir kommen mit der Zeit eher dichter zusammen. Ich habe ein zunehmend stabiles Gefühl.«

Es gab einen lebenserfahrenen Mann, der Platzeck immer wieder gedrängt hat, nun doch endlich den Hafen der Ehe anzusteuern, Jeanette Jesorka zu heiraten: Es war Johannes Rau, der frühere Bundespräsident. Beide kannten sich seit 1990. Rau, damals noch Ministerpräsident in Nordrhein-Westfalen, lud den jungen Grünen vom Runden Tisch, der gerade Minister ohne Geschäftsbereich im Modrow-Kabinett werden sollte, nach Bonn ein, in die Ständige Vertretung von Nordrhein-Westfalen, zu einer »Privataudienz«. Es war Ende Januar oder Anfang Februar, erinnert sich Platzeck, die Sonne hatte schon Kraft, ein Vorfrühlingstag, wunderschön: »Wir haben uns auf Anhieb prächtig verstanden. Ich bin auch eher auf Raus Linie: versöhnen statt spalten. Er war ein Vorbild.«

Seither trafen sich Platzeck und der 23 Jahre ältere Rau regelmäßig. »Nachdem Johannes Rau Jeanette kennen gelernt hatte, fragte er mich bei jeder Begegnung: Wann heiratet ihr denn nun?«, erzählt Platzeck. »Und er hat angeboten: Wenn du einen Trauzeugen brauchst, mache ich das gern.« Das war eine Abmachung.

Einen Tag vor Weihnachten 2005 hat Platzeck, damals schon SPD-Vorsitzender, Johannes Rau zu Hause in Berlin besucht, »es ging ihm schon sehr schlecht«. Aber er habe sich sogleich nach Jeanette erkundigt, nur ihr Nachname sei ihm nicht gleich eingefallen. Da habe Rau zu ihm gesagt: »Ach, heirate endlich, dann muss ich nicht grübeln, wie sie mit Nachnamen heißt, sie ist dann ja Jeanette Platzeck.« Fünf Wochen später ist Rau gestorben.

Aktuell denke er zwar nicht an Heirat, sagt Matthias Platzeck, als er diese Geschichte erzählt. Er habe als Ministerpräsident und Vorsitzender der SPD im Moment ganz andere Sorgen. »Aber ich schließe nicht aus, dass wir heiraten.« Jeanette Jesorka erklärt: »Wir haben keine konkreten Pläne. Wir sagen unseren Kindern, wenn sie fragen: Wenn es so weit ist, erfahrt ihr es als Erste.«

Herausforderer und Herausforderungen

Für Vize-Regierungschef Jörg Schönbohm ist der Nachfolger von Manfred Stolpe, der Anfang 2003 ein halbes Jahr Brandenburg regiert, immer noch »Herr Platzeck«. Schon das sagt einiges darüber aus, wie distanziert das Verhältnis zwischen den beiden Männern an der Spitze der Koalitionsregierung ist. Sie könnten von ihrem Wesen und ihrer Vita her kaum unterschiedlicher sein. Hier der 49-jährige Platzeck, der pazifistisch geprägte Ostdeutsche, der auf Ausgleich und nicht auf Konflikt setzt. Da der 65-jährige Innenminister, der frühere General und Berliner Innensenator, ein Wertkonservativer, der den Konflikt nicht scheut, der gern polarisiert, dem der Mentalitätswechsel und das Umsteuern in Brandenburg nicht schnell genug gehen.

Aber diese Unterschiede sind es nicht allein, die die Zusammenarbeit der beiden Männer an der Spitze der Regierung schwierig machen. Schönbohm ist kein politisches Federgewicht. Er gehört dem Präsidium der CDU an, mischt auch in der Bundespolitik mit, wie im März 2002, als es im Bundesrat bei der Abstimmung über das Zuwanderungsgesetz zum Eklat kam: Schönbohm sagte Nein, Stolpe sagte Ja, ein abgekartetes Spiel zwar, das es beiden erlaubte, ihr Gesicht zu wahren. Doch lässt es trotzdem Rückschlüsse auf die Prinzipienfestigkeit Schönbohms zu, auch wenn seine Spontaneität ihn öfter übers Ziel hinausschießen lässt. Die Brandenburger SPD reibt sich jedenfalls ständig an dem Unruhestifter, der sich aus dem kleinen landespolitischen Fenster, das normalerweise dem Ministerpräsidenten vorbehalten ist, weit hinauslehnt.

Stolpe, der in sich ruhende Landesvater, nahm das immer gelassen. Was auch ein Grund dafür sein mag, dass Jörg Schönbohm ihm nun nachtrauert. Es war eine Seelenverwandtschaft, die ihr Verhältnis zu einem besonderen machte, die ihn Platzeck umso distanzierter sehen lässt. Stolpe und Schönbohm gehören der gleichen Generation an, sind beide traditionsbewusst, kennen sich in Brandenburgs Geschichte bestens aus, sind Preußen vom Geiste. So scharf Schönbohm auch Stolpes »kleine DDR«, die Politik der Verschuldung, der Subventionen, der Staatsfürsorge ablehnte: Vor Stolpe selbst, der das Land zwölf Jahre durch die Stürme der Umbruchzeit steuerte und wie ein Monarch verehrt wurde, hatte Schönbohm immer Respekt, ja Hochachtung, »ein persönliches und krisengeprüftes Verhältnis«, wie er einmal sagt.

Seinen Nachfolger sieht er, wie viele Christdemokraten, eher als »Überflieger« an. Nur wenige Tage vor dem Rücktritt Stolpes fragte der damalige Generalsekretär der Brandenburger CDU, Thomas Lunacek – nicht ahnend, dass Platzeck bald an die Spitze der Regierung treten würde –, provokant: »Womit empfiehlt sich der SPD-Landesvorsitzende eigentlich für weitere Aufgaben – mit seinem Lächeln?« Schönbohm sieht das nicht anders, schon kurz vor der Vereidigung Platzecks als Ministerpräsident lästerte er: »Die TÜV-Plakette steht noch aus.« Platzeck kommentierte das nicht öffentlich, stellte in der SPD aber klar, er werde es sein, der TÜV-Plaketten verteilt.

Schon in den ersten Wochen, während des Elbehochwassers, waren die Rivalitäten zwischen dem Ministerpräsidenten und seinem Stellvertreter und Innenminister, der für den Katastrophenschutz zuständig ist, offen ausgebrochen. Am Anfang inspizierte man noch gemeinsam die Deiche, saß gemeinsam im Krisenstab, trat gemeinsam vor die Presse. Aber Platzeck führte das Wort, gab zu verstehen, dass er der Hochwassererfahrene ist, überließ Schönbohm nur die Statistenrolle. Man konnte es dem ehemaligen Drei-Sterne-General, der Chef des Planungsstabes der Hardthöhe war und später mit der NVA eine ganze Armee geräuschlos auflöste, ansehen, dass ihm das nicht behagte. Nach ein paar Tagen zog er die Konsequenz: Ab jetzt werde getrennt marschiert. Weil Schönbohm nicht Adjutant Platzecks sein wollte, inspizierte er fortan allein die Hochwasserfront – dort, wo Platzeck nicht war.

In der Folge passierten seltsame Dinge: Platzecks Staatskanzlei und Schönbohms Innenministerium machten sich den einzigen Polizeihubschrauber Brandenburgs für Flüge ins Hochwassergebiet streitig. Einmal beklagte sich Schönbohm, dass man ihm Zeit und Ort eines Besuchs von Bundesverteidigungsminister Peter Struck (SPD) in der Prignitz »verschwiegen« habe: Er habe sich den Termin »mit Partisanen-Methoden« beschaffen müssen. Platzeck wiederum war unangenehm berührt, als Schönbohm während des Hochwassers demonstrativ an einem Treffen der Ministerpräsidenten Bayerns, Thüringens und Sachsens auf dem Leipziger Flughafen teilnahm, das als »Hochwasser-Gipfel« der von der Flut betroffenen Länder deklariert wurde. Eingeladen waren aber nur die Ministerpräsidenten der CDU-regierten Länder – und Schönbohm. Spitz sprach Matthias Platzeck von einer »Wahlkampfveranstaltung der CDU«. Bis zur Bundestagswahl waren es nur noch wenige Wochen.

Wie angespannt das Verhältnis zwischen beiden war, konnten Journalisten bei einem gemeinsamen Auftritt von Schönbohm und Platzeck im hochwasserbedrohten Mühlberg beobachten. Es war nach einer Sitzung des Krisenstabes. Platzeck kam später. Schönbohm hatte ihn kurz über die Lage und die Entscheidungen informiert. Danach traten beide vor die Presse. Platzeck erklärte vor laufenden Kameras die Situation und was getan werde. Dann fragte er Schönbohm: »Wollen Sie ergänzen?« Die Antwort: »Sie haben schon alles ausgeführt, was ich Ihnen gerade vorgetragen habe, sodass ich nichts ergänzen muss.« Als die

Journalisten abzogen, sagte Platzeck vernehmbar zu seinem Minister: »Das machen Sie mit mir nicht noch mal!« Schönbohm antwortete: »Sie auch nicht!«

Jetzt, Anfang 2003, kommt es zur offenen Machtprobe: SPD und CDU streiten sich, wie das Milliardenloch im Haushalt gestopft werden soll. Die Situation sei fast aussichtslos, beschreibt Platzeck im Januar die Lage, Brandenburg lebe auf fast allen Gebieten über seine Verhältnisse. Schönbohm spricht von einer staatspolitischen Verantwortung »zum Umsteuern«: Die »Kleine DDR« müsse geschlossen werden. Man ist sich völlig einig im Ziel, trotzdem droht der Zehn-Milliarden-Etat an 20 Millionen Euro zu scheitern, die Schönbohm nicht einsparen will.

Platzeck muss Führungsstärke zeigen, seine Genossen geben ihm ziemlich deutlich zu verstehen, dass er dem General endlich klar machen muss, wer Herr im Hause ist. In einer nächtlichen Kabinettsitzung droht Platzeck dann mit dem Ende der Großen Koalition, sollte die CDU nicht einlenken. Demonstrativ verlässt er den Sitzungsraum. Schönbohm wird kalt überrascht.

Vorsorglich hatte sich Platzeck zuvor nicht nur die Rückendeckung der wichtigsten SPD-Gremien geholt, sondern auch bei der PDS vorgefühlt, ob sie für eine Koalition bereitstehe. Ihr damaliger Chef Ralf Christoffers sagt, es sei mehr als das übliche Geplänkel gewesen. Er erinnert sich noch gut an das Gespräch mit Platzeck in einem griechischen Restaurant in Babelsberg. »Er hat erklärt, er wolle die Große Koalition eigentlich weiter führen, aber es gebe eine Grenze.«

Im Rückblick sagt Platzeck, ihn habe genervt, dass Schönbohm und die CDU immer so getan hätten, als ob sie die großen Reformer und Sanierer seien. Aber als es um ihren Sparbeitrag gegangen sei, speziell den von Schönbohm, sollte nichts gekürzt werden. Das habe zu dem Zerwürfnis geführt. Ob es ihm tatsächlich ernst mit einer rot-roten Koalition war, verrät Platzeck auch später nicht. »Mein politisches Geheimnis.« Die frühere Finanzministerin Wilma Simon sagt: »Er hat das Pokern von Manfred Stolpe gelernt.« Schönbohm gibt jedenfalls nach.

Platzeck hofft, dass nun endlich Ruhe einkehrt, aber danach geht es gleich wieder los. Jörg Schönbohm unterschreibt – ohne sie richtig gelesen zu haben, wie er später sagen wird – eine Solidaritätsadresse an den US-Präsidenten George W. Bush, in der Landtagsabgeordnete der CDU ihr »Beschämen« über die Außenpolitik der rot-grünen Bundesregierung in der Irak-Frage bekunden und dieser vorwerfen, »unter dem Deckmantel der Erhaltung des Friedens ihre antiamerikanischen Grundeinstellungen auszuleben«. Die diplomatische Note aus der Provinz zieht Kreise, sogar die »Tagesschau« berichtet. Für Platzeck ein Politikum ersten Ranges. Er tadelt seinen Minister in einer öffentlichen Erklärung scharf: Es sei eine peinliche Ergebenheitsadresse, die an unselige DDR-Zeiten erinnere. Nur habe der Adressat damals in Moskau gesessen.

Er ruft Schönbohm an, der gerade in Brandenburg unterwegs ist, und droht erneut mit der Aufkündigung der Koalition, zum zweiten Mal innerhalb weniger Wochen: So könne es nicht weitergehen, die Stimmung in der SPD sei nicht mehr zu halten. Schönbohm hat den Eindruck, dass es Platzeck ernst ist. Weil er nicht Geburtshelfer eines rot-roten Bündnisses in Brandenburg sein will, gibt der CDU-Chef und Innenminister nach. Seine Unterschrift sei ein Fehler gewesen. Die SPD triumphiert: Platzeck habe klar gemacht, wer Koch und wer Kellner sei.

Es sind nicht nur die Machtkämpfe mit Schönbohm, die Platzeck zu schaffen machen. Aus dem Land erreichen ihn immer neue Hiobsbotschaften: In Premnitz hält die Belegschaft das Viskose-Werk besetzt, das vor dem Aus steht. Zu DDR-Zeiten war das Chemiefaserkombinat »Friedrich Engels« mit 7500 Beschäftigten ein Aushängeschild der sozialistischen Volkswirtschaft, seit dem Fall der Mauer kämpft es permanent ums Überleben. Die Stolpe-Regierung startete seit Anfang der 90er Jahre unzählige Rettungsversuche, pumpte insgesamt 430 Millionen

Euro in den Chemiestandort. Auch Platzeck hat noch im Dezember 2002 Hilfe versprochen, aber jetzt, unter dem Eindruck der Haushaltskrise, macht er den Schnitt. Die Regierung sei an die Grenzen des Möglichen und Verantwortbaren gegangen, erklärt der Regierungschef. Das Land könne einen fehlenden Investor nicht ersetzen. Er redet nicht um den heißen Brei herum.

Ein paar Tage später findet eine Konferenz der Ortsvereins-Vorsitzenden der SPD in Potsdam statt: Platzeck wird von Sozialdemokraten aus dem Havelland kritisiert, dass es so etwas wie mit Premnitz unter Stolpe nicht gegeben hätte, dass da ein Scheck gekommen wäre. Genau das gehe eben nicht mehr, stellt Platzeck klar. Überzeugen kann er die Premnitzer nicht.

Der Regierungschef hetzt in dieser Zeit durchs Land, erklärt, warum der Gürtel noch enger geschnallt werden muss, warum es nicht mit einem Paukenschlag aufwärts gehen kann. »Es geht um harte Arbeit im Detail und um viele kleine Schritte«, sagt er einmal. Es sind Sätze, die auch den Eindruck von Ratlosigkeit vermitteln können. Manche vermissen eine klare Strategie bei Platzeck, ein schlüssiges Konzept. Die frisch ins Kabinett gekommene Justizministerin Barbara Richstein nimmt den Regierungschef damals so wahr: »Er war immer stark am Moment orientiert, nicht an langfristigen Linien.« Möglicherweise ist Platzeck am Anfang auch unsicher gewesen, der Übervater Stolpe wirkte nach. Platzeck selbst sagt rückblickend, er habe »erst einmal ordnen und einen Boden reinziehen« müssen. Da bleibt wenig Zeit zum Nachdenken über die Strategie, die politische Linie.

Jörg Schönbohm und die CDU wittern im Sommer 2003 jedenfalls Morgenluft. Das Nachrichtenmagazin »Spiegel« druckt – Platzeck ist gerade aus dem Urlaub zurück – einen Verriss über den so hoffnungsvoll gestarteten Stolpe-Nachfolger, nennt ihn das »fröhlichste Placebo«, das »den Märkern je verabreicht« wurde: »Schlechte Umfragewerte, Profillosigkeit und mangelnder Arbeitseifer beschädigen den Ruf von Brandenburgs Ministerpräsident Matthias Platzeck.«[51]

Tatsächlich liegt Schönbohms Union in den Umfragen gleichauf mit Platzecks SPD. Es ist die Zeit, in der die rot-grüne Bundesregierung ihre Reformen startet, oft handwerklich schlecht vorbereitet, in der eine Schlagzeile über geplante soziale Grausamkeiten die nächste jagt, sich Ankündigungen und Dementis ablösen, die Stimmung auch in Brandenburg immer schlechter wird. Neun von zehn Brandenburgern, so ergibt eine Untersuchung, lehnen Gerhard Schröders Reform-Agenda 2010 ab, so viel wie nirgendwo sonst in Deutschland.

Manche Genossen halten es für »politischen Selbstmord«, aber Platzeck lässt sich nicht beirren: Er will sich, obwohl in Brandenburg Ende Oktober Kommunalwahlen sind, voll hinter das rot-grüne Berliner Reformprojekt stellen, den Kanzler unterstützen, wo es geht. »Wir können keine Reform aufschieben.«

Eines Abends, auf dem Rückweg von einer Wahlveranstaltung im Havelland, wo Platzeck im Dorfkrug des Ortes Bärenklau seine eigenen Genossen für Schröders Reformen zu gewinnen versuchte, aber nur skeptische Blicke erntete, sagt er unvermittelt: »Irgendwann wird es respektiert, dass man in schwierigen Zeiten Flagge zeigt.«

Irgendwann ... Freunden gegenüber spricht Platzeck offen über die absehbare Niederlage bei der Kommunalwahl: »Ich hoffe, dass meine Leute die Nerven behalten. Ich habe sie.« Tatsächlich erlebt die Brandenburger SPD am 26. Oktober 2003 ein Desaster: Die Partei, die die meisten Rathäuser regierte, die ihre Rolle als führende Kraft im Land aus ihrer starken Verwurzelung in den Kommunen ableitete, stürzt um über 15 Punkte auf klägliche 23,5 Prozent ab, hinter die CDU, die mit 27,8 Prozent vorn liegt. Das gab es noch nie bei einer Wahl in Brandenburg.

Im Rausch des Sieges, der bis dahin im roten »Stolpe-Land« undenkbar schien, will Jörg Schönbohm es jetzt wissen. Schon im Kommunal-Wahlkampf hatte er keinen Zweifel gelassen, dass er die Landtagswahl im nächsten Jahr, im Herbst 2004, gewinnen, dass er Ministerpräsident werden will: Er setze auf Sieg. Einen Tag nach der Kommunalwahl wiederholt der Christdemokrat auf einer Pressekonferenz die Kampfansage an Platzeck: Es sei nicht gottgegeben, dass Brandenburg von der SPD regiert werde. Die CDU sei eine Alternative. Wenn die Union in den Rathäusern stärkste Kraft werden könne, sei das auch im Land realistisch.

Für Matthias Platzeck wird es ernst. Er nimmt den Zweikampf, zu dem ihn Jörg Schönbohm herausfordert, an: er oder ich. Die SPD werde den Landtagswahlkampf 2004 »mit nie da gewesener Härte« führen, kündigt er an. Es bleibt ihm auch keine Wahl. Seine politische Karriere könnte abrupt beendet sein, verlöre er seine erste Landtagswahl.

Platzeck wird in dieser Zeit, anderthalb Jahre nach seinem Einzug in die Staatskanzlei, bestimmter, konkreter, konsequenter: Man merkt es, als er im Dezember seine zweite Regierungserklärung abgibt. Der Anlass ist bitter, das Erbe der Stolpe-Ära hat ihn eingeholt, wieder einmal. Der Traum von der Chipfabrik in Frankfurt/Oder, deren Rohbau gerade fertig gestellt ist, zerplatzt endgültig. Ende November hat die rotgrüne Bundesregierung eine Bürgschaft wegen zu hoher Risiken abgelehnt. »Wir haben zu lange von der Hoffnung gelebt und zu spät das Risiko der Finanzierungsfrage in seiner ganzen Tragweite geklärt«, gibt der Regierungschef im Parlament zu. Er wolle daraus auch persönlich Lehren ziehen.

Platzeck erteilt politisch motivierten Großprojekten, die so lange typisch für Brandenburg waren, eine Absage. Man müsse jetzt auch von der Erwartung Abstand nehmen, »dass private Großinvestoren oder öffentlich initiierte Großprojekte die Tausende von Arbeitsplätzen bringen, die im Land fehlen«. Überhaupt dürfe der Staat kein Ersatzunternehmen und Generalbürge für Investitionsrisiken sein.

Indirekt gesteht Platzeck ein, dass er den Schlussstrich bei der Chipfabrik früher hätte ziehen müssen: Selbst ein klares Nein sei besser als keine Entscheidung oder langwieriges Lavieren. Der Regierungschef beschönigt auch nicht eine gerade veröffentlichte Studie der Bertelsmann-Stiftung, nach der Brandenburg seit 1999 vom wachstumsstärksten Land Deutschlands auf den letzten Platz zurückgefallen ist. »Diese Studie hält uns einen Spiegel vor mit einem Bild von Brandenburg, das uns allen in Landtag und Regierung nicht gefallen kann. Wir stehen an einer Weggabelung und müssen einen neuen Anlauf nehmen.« Es ist auch ein Bruch mit der Politik von Manfred Stolpe. Doch er kritisiert ihn nicht, er erwähnt nicht einmal seinen Namen. Das ist nicht sein Stil. Aber er tritt aus dem Schatten des Übervaters heraus.

Reifeprüfung und Landtagswahl 2004

Das Jahr der Landtagswahl, bei der es im Herbst um sein politisches Überleben geht, beginnt unter schlechten Vorzeichen. Kurz vor seinem Fünfzigsten am 29. Dezember 2003 war Matthias Platzeck mit seiner »Liebsten« nach Gran Canaria geflogen. Er feiert seine Geburtstage nicht gern in der trüben und kalten deutschen Winterwelt, flieht fast immer auf die sonnigen Kanaren. Diesmal haben die beiden Pech. »Die Unterkunft war mies, das Wetter nicht besonders, das Auto ging kaputt«, erinnert sich Jeanette Jesorka, die Freundin. »Und dann der Ärger aus Potsdam.«

Zu Hause gibt es Debatten wegen des offiziellen Regierungsempfangs zu Platzecks Jubiläum, der am 9. Januar stattfinden soll. Die Protokollbeamten hatten sich einen besonderen Ort ausgesucht, der besser »zur Persönlichkeit Platzecks, zu seiner natürlichen Fröhlichkeit« passt als die amtlich wirkende Staatskanzlei. Ihre Wahl fiel auf das Restaurant »Mövenpick« gegenüber dem Schloss Sanssouci, direkt neben der Historischen Mühle, wo es einen großen gläsernen Pavillon gibt, lichtdurchflutet, mit echten Palmen – mediterranes Flair, so wie es Platzeck liebt.

Aber mitten in die Vorbereitungen platzt Anfang Januar – Platzeck ist noch auf Gran Canaria – der Bericht eines Boulevardblatts, in dem die Frage aufgeworfen wird, warum eigentlich der Steuerzahler die »Geburtstagsfeier« des Ministerpräsidenten bezahlen soll. Zwar hält die Staatskanzlei entgegen, dass es nicht seine private Feier sei, sondern der übliche offizielle Empfang, mit dem Politikern, Unternehmern und anderen Persönlichkeiten die Gelegenheit gegeben wird, dem Ministerpräsidenten zu gratulieren. So, wie es überall Routine ist. Von den Kosten in Höhe von 3500 Euro wollte Platzeck ohnehin einen Teil selbst tragen.

Doch schon wird gefragt, ob sich ein so armes Land wie Brandenburg solche Empfänge leisten kann. Als Matthias Platzeck von ersten Bürgeranfragen hört, erstickt er, gerade aus Gran Canaria zurückgekehrt, die im Land und in den Medien aufkommende Debatte sofort: Er bezahlt den Empfang aus seiner privaten Kasse. Schluss, aus. Die SPD ist entsetzt, auch Jörg Schönbohm, als Vize-Regierungschef der Einladende, versteht Platzeck nicht: Werde die Politik im Land jetzt von einem Boulevardblatt vorgegeben, fragt er. Aber Platzeck bleibt dabei. Die Leute seien empfindlicher in solchen Dingen als früher. Gepflogenheiten, die bisher selbstverständlich und nie Gegenstand öffentlicher Kritik waren, könne man nicht einfach fortführen in Zeiten, in denen es vielen schlecht geht.

Matthias Platzeck hat ein feines Gespür für Stimmungen. Und er lässt sich auch von Stimmungen leiten. Das ist eine Stärke und Schwäche zugleich. Es ist wie bei dem Anzug, den Wolfgang Joop ihm schenken wollte.

Andere Politiker mögen da robuster sein, so wie Klaus Wowereit, der Regierende Bürgermeister aus der benachbarten Hauptstadt, der ihm beim Geburtstagsempfang mit Berliner Humor einen »50-Pfennig-Schein« – Berliner Notgeld aus dem Jahr 1921 – »zur Finanzierung der Geburtstagsfeier« überreicht. Wowereit, der ganz andere Schlagzeilen gewöhnt ist, weil in Berlin die politischen Sitten härter sind als in Brandenburg, gibt

Platzeck noch einen Rat: Ein Politiker müsse das zwar ertragen, doch seien ein paar »Revanchefouls« zulässig. Aber so ist Platzeck nicht gestrickt. Er muss mit sich im Reinen sein. Ist er es nicht, bereitet ihm das schlaflose Nächte.

Nur ein paar Wochen nach dem privat finanzierten Staatsempfang, mit dem Matthias Platzeck neue Maßstäbe für die politische Moral gesetzt hat, erschüttert die »Trennungsgeld-Affäre« das Land. Hochrangige Juristen haben über Jahre Entschädigungen kassiert, weil sie zwar in Brandenburg arbeiten, aber weiterhin in Westdeutschland wohnen. Das darf man nach dem Beamtenrecht, wenn man umzugsbereit ist, was viele aber nie waren, weil ihre Familien nicht in den Osten wollten. Also ließen sich die Staatsdiener – darunter ein Staatssekretär, Gerichtspräsidenten, Staatsanwälte und Richter – ihre Heimfahrten und die Miete für die Zweitwohnung in den feinen Vierteln Potsdams oder Berlins aus der Landeskasse bezahlen. Ein Skandal, wie es ihn bis dahin in keinem anderen Bundesland gegeben hat. Ausgerechnet die, die über die Einhaltung von Recht und Gesetz zu wachen haben, nahmen es damit in eigener Sache nicht allzu genau.

Matthias Platzeck ist enttäuscht. Schon als Umweltminister legte er großen Wert darauf, dass seine Beamten in Brandenburg leben. Dass sich ausgerechnet viele Hüter des Rechts auf Kosten des Staates selbst bedienen, dass sie 14 Jahre nach der Einheit noch immer im Westen wohnen, kann er nicht fassen. Mit einigen spricht er persönlich. Ein hoher Jurist erzählt ihm etwas von einem standesgemäßen Apartment mit Rheinblick, das er in Brandenburg nicht finde. Platzeck, der in einem bescheidenen Weberhäuschen lebt, kann das nicht verstehen.

So nimmt er kein Blatt vor den Mund, als der Landtag am 28. Januar über die Affäre debattiert: »Viele Menschen fragen sich in Brandenburg und fragen auch mich seit Tagen ganz direkt: Wem können wir eigentlich noch trauen? Welcher Institution, welcher Einrichtung der Demokratie können wir trauen, wenn selbst in der Justiz derartige Vorkommnisse möglich sind?« Er habe sich mit den Fällen vertraut gemacht und sei »auf Anspruchshaltungen getroffen, bei denen mir die Spucke wegblieb und ich mich schon gefragt habe: Was ist eigentlich los? Es gibt eine schöne Tugend der Bescheidenheit und ich denke, sie ist nicht unmodern, sondern ist gerade in diesen Zeiten hochmodern.« Später, da ist er schon Bundesvorsitzender der SPD, wird Platzeck die Rückbesinnung auf preußische Tugenden fordern.

Im Landtag ist er so zornig, dass er entgegen seiner sonstigen Vorsicht sogar Namen nennt, darunter den des Präsidenten eines Obergerichts. Gegen ihn bestehe Betrugsverdacht und werde ein »Disziplinarverfahren mit dem Ziel der Amtsenthebung« eingeleitet. Die Rede findet ein bundesweites Echo. Das gab es noch nicht, dass ein deutscher Ministerpräsident die Justiz so angreift, die dritte Gewalt, die auf ihre verfassungsmäßige Unabhängigkeit pocht. Die Interessenverbände der Richter und Staatsanwälte laufen Sturm, protestieren gegen die Verletzung von Persönlichkeitsrechten. Die Justiz verzeiht Matthias Platzeck diesen Auftritt lange nicht. Es fällt auf, dass die Landesregierung danach einige wichtige Gerichtsverfahren verliert und der Regierungschef vorsichtig einlenkt. Es sei »ein Fehler« gewesen, Namen zu nennen. Platzeck hat sich, als er sie öffentlich machte, zu sehr von seinen Gefühlen leiten lassen.

Die Stimmung im Land ist durch die Trennungsgeld-Affäre, die die Regierung noch lange beschäftigt, weil Fall für Fall geprüft und zu Unrecht gezahltes Geld zurückgefordert wird, nicht besser geworden. »Bei uns streichen sie und kriegen selbst den Hals nicht voll« – Sätze wie diesen hört man im Frühsommer 2004 oft, als eine Wutwelle gegen die Arbeitsmarktreform Hartz IV durch den Osten brandet. Auch in vielen Brandenburger Städten wird zu Montagsdemonstrationen aufgerufen. Keiner versteht, dass das neue Arbeitslosengeld II im Osten geringer ist als im Westen, dass selbst die Guthaben auf Kindersparbüchern angerechnet werden sollen. Tausende demonstrieren.

Manche Genossen raten Platzeck, umzuschwenken, sich von der rot-grünen Bundesregierung abzugrenzen. Aber er lehnt das ab. Er bleibt auf Kanzler-Kurs, stellt sich hinter die umstrittenen Reformen: »Sie sind notwendig, um Deutschland wieder flottzumachen, wir können sie nicht aufschieben« – diesen Satz sagt er häufig. Wenn Strukturen nicht mehr zeitgemäß sind, muss man sie ändern. Hinter den Kulissen versucht er, Nachbesserungen für den Osten zu erreichen.

Hatte Platzeck, als er im Dezember 2003 im Vermittlungsausschuss des Bundesrats dem Gesetz zustimmte, den sozialen Sprengstoff für den Osten unterschätzt? Manche in der SPD sehen das so, denn die PDS macht Hartz IV zu ihrem Wahlkampfthema. Sie wittert die Chance zum »Durchmarsch« im Osten, auch in Brandenburg, klebt landauf, landab Plakate gegen Hartz IV mit der Parole »Armut per Gesetz«, was die Stimmung weiter anheizt.

Eine seriöse Prognose über den Ausgang der Landtagswahl am 19. September 2004 wagt bald niemand mehr. Die SPD ist in den Umfragen mittlerweile auf 28 Prozent abgerutscht, die PDS auf 29 Prozent geklettert. Die frühere Einheitspartei rechnet sich jetzt Chancen aus, stärkste politische Kraft zu werden, ihre Spitzenkandidatin Dagmar Enkelmann verkündet forsch: »Ich will Ministerpräsidentin werden.« Schon am 13. Juni bei der Europawahl war die PDS in Brandenburg stärkste Partei geworden. So hat Platzeck neben dem schwarzen Herausforderer Jörg Schönbohm plötzlich auch eine rote Rivalin.

Mancher SPD-Politiker findet es inzwischen gar nicht mehr so gut, dass Matthias Platzeck, der Spitzenkandidat, mittlerweile als der größte Freund des Hartz-IV-Kanzlers weit und breit gilt. Und mancher Genosse ist auch nicht begeistert, dass sich ausgerechnet Gerhard Schröder am 21. August auf dem Landesparteitag in Brandenburg an der Havel als Wahlhelfer betätigen will. Allein diese Nachricht reicht aus, um 450 Demonstranten anzulocken. Sie tragen Plakate mit Aufschriften wie: »Schröder muss weg!«, »Arbeit und keine Almosen«, »Wir wollen Lafontaine«. Sie singen: »Weine nicht, wenn der Schröder fällt«. Für den Kanzler die übliche Störerei.

Er nimmt den Unmut nicht auf, viele Genossen sehen ihre schlimmsten Befürchtungen bestätigt. Schröder bewege sich wie ein Fremder, kritisieren sie, ohne Gespür für die Situation im Osten, für die Wut der Menschen vor der Tür.

Ganz anders Platzeck, der nach Schröder spricht. Er geht zum ersten Mal seit Ewigkeiten auf Distanz zu ihm, dem Freund, den er direkt anspricht. Nicht etwa, weil er seine Meinung über Hartz IV geändert hätte. Ihn stört der Westblick des Kanzlers: Jede einzelne Familie in Brandenburg sei von Arbeitslosigkeit, jedes Dorf von Abwanderung und Überalterung betroffen. Hartz IV solle zwar helfen, sagt Matthias Platzeck: »Aber, Gerd, so wird es eben nicht wahrgenommen! Die Ostdeutschen fühlen sich als Menschen zweiter Klasse.« Mehr Sensibilität für Ostdeutschland – das ist seine Mahnung an den Kanzler, der auf dem Podium keine Miene verzieht. Eindringlich warnt Platzeck davor, den Ernst der Lage zu unterschätzen. Es seien »sehr viel Einfühlungsvermögen und Zuwendung« nötig. Denn in Ostdeutschland drohe etwas ins Rutschen zu geraten, und zwar sehr grundsätzlich, sehr umfassend, möglicherweise endgültig. Ob Schröder verstanden hat? Viele sind da skeptisch.

Dass im Osten etwas ins Rutschen gerät, bekommt Platzeck bald selbst zu spüren, ganz direkt, ja brutal. Die SPD-Strategen um Landesgeschäftsführer Klaus Ness hatten sich früh entschieden, den Wahlkampf allein auf Platzeck auszurichten. Er ist in allen Umfragen der beliebteste Politiker im Land, das einzige Pfund, mit dem die Sozialdemokraten noch wuchern können. Ein prächtiges farbiges »Fotoalbum«, das ihn auf Hochglanzpapier in allen Lebenslagen zeigt – mal privat, mal als Landesvater, mal als Deichgraf –, wird an die Haushalte verschickt. Auch seine drei hübschen Töchter sind mit ihm abgebildet. Nur die SPD kommt nicht vor.

Auf den Wahlplakaten steht unter seinem Foto »Einer von uns«, was auf Jörg Schönbohm, den aus dem Westen Gekommenen, gemünzt ist und diesen ärgert, weil er in Brandenburg geboren ist, weil 14 Jahre nach der deutschen Einheit »nicht neue Gräben aufgemacht werden sollten«. Platzeck will kein »Ober-Ossi« sein, aber jetzt, wo es um alles oder nichts geht, zieht er auch die Ost-Karte.

Die Wahlkampf-Strategie der SPD sieht vor, dass Platzeck über die Marktplätze des Landes zieht, ein großer Truck mit einer mobilen Bühne von Stadt zu Stadt fährt. Aber im August, kurz vor dem Start, ist die Stimmung überall so aufgeheizt, dass dem Regierungschef empfohlen wird, die Tour aus Sicherheitsgründen abzublasen. Matthias Platzeck lehnt das ab. »Wir ziehen das durch.« Es bleibt ihm nüchtern betrachtet auch gar nichts anderes übrig. Alles ist bis ins Detail geplant und vorbereitet, die Termine stehen fest, der Truck ist gemietet. Bei einer Absage stünde er als Feigling da. Überraschend ist etwas anderes: Dass Platzeck auf den Marktplätzen alles auf eine Karte setzt, einen neuen »Reformen-Wahlkampf« wagt, obwohl der erste bei der Kommunalwahl im Oktober 2003 mit einem Desaster endete.

Erste Station in der »heißen Phase« ist Senftenberg in der Lausitz. Die Stadt in der Bergbauregion Brandenburgs ist eine Arbeitslosen-Hochburg. Jeder Vierte hat hier keinen Job. An den Montagsdemonstrationen gegen Hartz IV beteiligen sich Tausende. Die Szenerie wirkt bedrohlich, als Platzeck am Abend eintrifft. Seine Mitstreiter sind beunruhigt und verstört über das, was sie auf dem Marktplatz erleben, wo sich rund 2000 Menschen versammelt haben, Unzufriedene, PDS-Aktivisten, auch Neonazis, viele alkoholisierte und ärmlich gekleidete Menschen. Sie alle eint die Wut auf Hartz IV, auf das »System«, auf die »Bonzen«.

»Lügner«, »Wir sind das Volk« – die Menge brüllt Matthias Platzeck von der ersten bis zur letzten Minute nieder. Er blickt von der Bühne auf hasserfüllte Gesichter, auf Menschen, die sich den angestauten Frust von der Seele schreien. Er hebt die Stimme, donnert ins Mikrofon: Es wisse doch jeder, dass es nicht mehr so weitergehen könne in Deutschland. »Wir müssen aufhören, uns selbst zu belügen.« Obwohl niemand seine Wahrheiten hören will, sie im Gebrüll untergehen, hält er seine Wahlkampfrede vom ersten bis zum letzten Satz. Danach ist er heiser. Klaus Ness, sein Wahlkampfleiter, wird bei der Auswertung am späten Abend in Potsdam verstört feststellen: »Das Ganze ist kurz davor, außer Kontrolle zu geraten, das war Mob.«

Die Wende dieses Wahlkampfs gelingt Platzeck in Schwedt an der Oder, der Industriestadt im Nordosten Brandenburgs. Jobs gibt es auch hier kaum, wer kann, zieht weg. In den grauen Plattensiedlungen aus der DDR-Zeit stehen ganze Blöcke leer, hängen keine Gardinen an den Fenstern. Stadtviertel, die abgerissen werden müssen. Wie in vielen Städten Ostdeutschlands.

Selbst hier in der Uckermark, wo die Menschen seit Jahrhunderten gewohnt sind, sich in ihr Schicksal zu fügen, schlägt Matthias Platzeck Hass entgegen. Es dämmert schon, als er auf dem »Platz der Befreiung« ans Rednerpult tritt, als das übliche ohrenbetäubende Pfeifkonzert losgeht. Plötzlich fliegen Eier, blitzschnell geworfen, eins zerplatzt am Jackett des Ministerpräsidenten. Matthias Platzeck, der sich kurz geduckt hat, springt keine zwei Sekunden später wieder auf, er schiebt den von den Bodyguards zum Schutz aufgespannten Regenschirm unwirsch beiseite – und spricht mit lauter Stimme weiter. »Ich habe keine Angst vor Eiern.« Er werde sich nicht verstecken. Aber Eierwerfen löse keine Probleme.

In diesem Moment dreht sich die Stimmung auf dem Marktplatz, zum ersten Mal auf seiner Tour. Die Pfiffe werden leiser. Immer mehr Menschen hören ihm zu, als er über die seit Jahrzehnten verzögerten Reformen spricht und Fehler eingesteht, in einer Sprache, in einfachen Sätzen, die jeder versteht. »Auch wir Sozialdemokraten waren am Anfang zu feige, diese Reformen anzupacken. Auch wir hatten mehr Schiss in der Hose als Vaterlandsliebe.« Aber jetzt sei der Punkt erreicht, wo es anders nicht mehr gehe, ob bei den Rentenkassen, im Gesundheitssystem oder auf dem Arbeitsmarkt. Jetzt müsse alles gleichzeitig gemacht werden. »Auch wenn das für Sie eine Zumutung ist.« Nachdenkliche Gesichter, er bekommt verhaltenen Beifall.

Nach der Kundgebung steht Matthias Platzeck, wie er es immer tut, noch dicht umringt auf dem Platz. Es ist nicht das übliche kurze Bad in der Menge, das Politiker gern genießen. Eine Stunde schüttelt er unzählige Hände, drückt Menschen aufmunternd am Oberarm, hört sich ihre Sorgen an, gibt Ratschläge. Er ist Sozialarbeiter, Seelentröster, Lebensberater. Es ist keine Pflichtübung für ihn. »Es wäre schlimm, wenn die Menschen die Faust in der Tasche ballen würden. Da ist es doch besser, dass der Ärger rauskommt, dass man diskutieren kann.« Es ist sein ursprünglicher, basisdemokratischer Politikansatz, so wie er ihn am Runden Tisch schätzen gelernt hat.

Als er mit seinen Helfern danach in einem türkischen Imbiss einkehrt, erst einmal eine Runde Hähnchen mit Pommes für alle bestellt, blickt er auf die Eier-Flecken an seinem Jackett und blinzelt vergnügt in die Runde. »Dieser Wahlkampf macht mir richtig Spaß.« Er tritt auf 32 Wahlkundgebungen im ganzen Land auf, zu denen fast 30 000 Menschen kommen. Immer geht er danach unters Volk, diskutiert mit den Menschen, mit Sympathisanten wie mit Gegnern.

Einmal vergisst er fast einen Festempfang. Etwa vierhundert geladene Gäste warten in den neuen Räumen des Burda-Verlages in der Berliner Zimmerstraße auf ihn, Polit-, Medien- und Wirtschaftsprominenz, das feine Parkett der großen Politik. Anlass ist der bevorstehende 15. Jahrestag des Mauerfalls. Matthias Platzeck ist der Festredner. Er ist noch nicht so bekannt, man ist neugierig. Und man wundert sich, weil der Ministerpräsident zu spät kommt. Er stand noch auf dem Marktplatz in der Ackerbürgerstadt Luckenwalde im Süden des Landes, hörte sich die Probleme der Leute an, im fünfzehnten Jahr nach der Wende.

Dann tritt Platzeck bei Burda ans Mikrofon und beginnt aus seinem Leben in der DDR zu erzählen, vom Urlaub in Ungarn im September 1989, seiner Rückkehr in der fast leeren Interflug-Maschine. Dass ungarische Freunde ihn über die österreichische Grenze fahren wollten und warum er ablehnte: »Ich habe zum ersten Mal gespürt, was Heimat ist – Heimat, in die man wieder zurück will.« Er erzählt von den Journalisten im Flugzeug, die ihn, als sie mitbekamen, dass er freiwillig zurück flog, verblüfft fragten: »Bist Du von der Stasi oder sonst irgendwie nicht ganz normal?«

Platzeck erzählt auf diesem Empfang von seinem Leben in der DDR, so persönlich, so authentisch, ohne Kitsch und Pathos, dass ihm jeder im Saal abnimmt: Da steht einer, der auch jetzt noch glücklich darüber ist, dass die Mauer mitten in Deutschland nicht mehr steht, ganz so, als wäre alles erst gestern passiert. In der ersten Reihe sitzt ein Mann, der bei Platzecks Rede Tränen in den Augen hat. Es ist Helmut Kohl.

Den Tag, der über seine Zukunft entscheidet, beginnt Matthias Platzeck ganz entspannt. Es ist der 19. September 2004, Brandenburg wählt. Er kann ausschlafen, gönnt sich ein ausgiebiges Frühstück mit seiner Freundin Jeanette, es sind seit Wochen endlich die ersten gemeinsamen Stunden. Mittags geht er aus der Babelsberger Wohnung ins Wahllokal schräg gegenüber neben der Kirche, wie bei jeder Wahl. Es sind nur ein paar Schritte. Anschließend essen beide beim Italiener. Über die Wahl wird nicht gesprochen, beide blenden sie völlig aus. Es gibt auch noch ein Leben ohne Politik.

Um 15 Uhr erhält Platzeck einen Anruf von Klaus Ness, dem Landesgeschäftsführer und Wahlkampfleiter: »Es sieht ganz gut aus. Wir liegen vorn.« Ness hat von einem Meinungsforschungsinstitut erste inoffizielle Prognosen bekommen. Sie bestätigen, was Platzeck schon in den letzten Tagen auf den Marktplätzen spürte. Dass die Stimmung umgeschlagen ist. Kurz darauf trifft sich der engste Beraterkreis in seinem Büro in der Staatskanzlei: Neben Ness ist auch der Büroleiter Albrecht Gerber dabei. Die Wahllokale haben zwar noch geöffnet – aber man stößt schon mit einem Glas Wein auf den erwarteten Sieg an.

Als Platzeck gegen 18 Uhr 30 im Alten Rathaus eintrifft, wo seine Genossen zur Wahlparty eingeladen haben, dröhnt aus den Lautsprechern »We are the champions«. Die SPD hat zwar gegenüber der Wahl 1999 knapp sieben Prozentpunkte verloren, ist aber mit 31,9 Prozent stärkste Partei geblieben, was kaum einer für möglich gehalten hatte. Die PDS folgt mit 28 Prozent, der Christdemokrat Jörg Schönbohm, der ihn stürzen und das Zepter übernehmen wollte, muss sich mit 19,4 Prozent geschlagen geben.

Matthias Platzeck hat den Arm um Jeanette Jesorka gelegt. »Sie hatte es in der letzten Zeit nicht leicht mit mir.« Grenzenlos ist die Freude bei den Genossen, die sich kaum beruhigen wollen, als er zu ihnen spricht. »Wir haben in einer schwierigen Zeit Gesicht gezeigt, wir waren draußen. Die Menschen haben ein Recht darauf, dass Politik sich in solchen Zeiten nicht hinter Aktendeckeln versteckt, sondern bei ihnen ist.« Er spricht in der Wir-Form. Aber dieser erste Wahlsieg der SPD bei einer Landtagswahl seit Ewigkeiten ist Platzecks persönlicher Triumph. Nach einem Wahlkampf, wie ihn diese Bundesrepublik wohl noch nicht erlebt hat. Nach einem politischen Feldzug für die Hartz-IV-Reformen im reformunwilligsten Land Deutschlands. Viel hätte nicht gefehlt, und Platzeck wäre in die Ahnenreihe gescheiterter Hoffnungsträger der SPD eingegangen. Nun hat die Partei plötzlich wieder einen Star, nicht nur in Potsdam, auch in Berlin.

Das ist eine Geschichte, wie die Medien sie lieben, dass einer noch etwas wagt und gewinnt, dass einer Dinge sagt, die niemand hören will, und die Menschen das noch honorieren. »Wer allerdings verstehen will, welche Leistung Platzeck vollbrachte, der sollte sich eine Forsa-Umfrage vom 25. August ansehen. Auf dem Höhepunkt der Anti-Hartz-Proteste lag die PDS neun Prozentpunkte vor der SPD, nicht einmal mehr der absoluten Mehrheit im Landtag konnten sich SPD und CDU gemeinsam sicher sein«, notiert etwa die »Frankfurter Rundschau«[52]. Und die »Financial Times« schreibt: »Wie es geht, hat gerade Brandenburgs SPD-Ministerpräsident Matthias Platzeck bewiesen. Er hat die ungeliebten Reformen seines Kanzlers mit Inbrunst verteidigt, statt sich wie der halbstarke Kollege Heiko Maas im Saarland in die Büsche zu schlagen. Er hat dafür Prügel kassiert, aber er hat gestanden und gewonnen.«[53]

Wer das geschafft hat, den kann so schnell nichts erschüttern. Nicht jeder bemerkt die Wandlung, die Matthias Platzeck in diesem Wahlkampf erfahren hat, bei dem er auch zum Bundespolitiker wurde. Rainer Speer, der Freund und Berater, beschreibt sie so: »Platzeck hat die Politik von Gerhard Schröder authentischer vermitteln können, als es Schröder je konnte. Und das hat er irgendwann gemerkt und sich gesagt: Hoppla!«

Fröhlichkeit und Härte

Als sich am Montagabend nach der Wahl der Landesvorstand der SPD in der kleinen gelben Villa in der Friedrich-Ebert-Straße trifft, deren Putz von den Wänden bröckelt und die in ihrer Schmuddligkeit an DDR-Zeiten erinnert, erleben die Genossen einen Matthias Platzeck, der den Schwung des Wahlkampfs in die Partei tragen will. Er stellt klar, dass ab sofort ein anderer Wind wehen wird, dass allein Leistung und Einsatz zählen werden, weil die Sozialdemokraten, wenn sie im alten Trott weitermachen, nicht noch einmal so glimpflich davonkommen werden. »Wir müssen in den nächsten fünf Jahren ackern, ackern, ackern – sieben Tage die Woche von morgens bis spät abends. Wir müssen schonungslos zu uns selbst sein.«

Platzeck weiß, dass die SPD noch mal Glück hatte, dass sein knapper Sieg ein Vertrauensvorschuss der Wähler ist. Man hat ihn gewählt, obwohl er kaum messbare Erfolge als Ministerpräsident vorweisen kann. Brandenburgs Wirtschaft stagniert weiter und auch sonst gibt es wenig, was Zuversicht vermitteln könnte. Sein Erfolg beruhte vor allem darauf, dass ihn die Brandenburger als »einen von uns« ansehen, als einen, der ihre Sprache spricht, den sie für glaubwürdig halten. Man hat seine Ehrlichkeit honoriert, seine Courage auf den Marktplätzen. Es ist weniger eine nachgewiesene, sondern mehr eine gefühlte Kompetenz, die die Brandenburger Platzeck zuschreiben. Er kann sich nicht auf seinem Sieg ausruhen, er muss Tempo machen.

Er führt ein kurzes, eher formales Sondierungsgespräch mit der PDS, regiert aber mit der CDU weiter, mit Jörg Schönbohm. Die Rollenverteilung an der Spitze, die Machtfrage, ist jetzt endgültig geklärt, der latente Zweikampf zwischen den beiden ungleichen Politikern ein für alle Mal entschieden. »Er ist die Nummer eins«, wird der CDU-Landeschef und Innenminister Jörg Schönbohm künftig sagen, wenn man ihn nach Matthias Platzeck fragt. Und nur noch von einem »vertrauensvollen Verhältnis« sprechen. Platzeck hat ihn im Kampf geschlagen, das kann der Ex-General akzeptieren.

Er wird Platzeck auch, als dieser an die Spitze der Bundespartei tritt, jede Unterstützung anbieten und ihn gegen Vorwürfe der Linkspartei/PDS in Schutz nehmen, er vernachlässige Brandenburg.

Platzeck nutzt seine neue Stärke. Er muss keine Rücksichten nehmen, er hat die Wahl gewonnen. Die Koalitionsverhandlungen zieht er im Rekordtempo durch, »entsorgt« dabei auch personelle Altlasten aus der Stolpe-Zeit wie Landwirtschaftsminister Wolfgang Birthler und Fraktionschef Gunter Fritsch. Er ist jetzt nicht mehr Ministerpräsident von Stolpes Gnaden, er wirkt befreit. Zwei Personalien sind von besonderem Interesse, weil sie alte Freunde und Wegbegleiter betreffen: Der eine, Rainer Speer, steigt vom Chef der Staatskanzlei zum Finanzminister auf, weil Platzeck auf diesem Posten einen Mann mit starken Nerven braucht, der Sparprogramme gegen alle Widerstände durchsetzen kann, der ihm den Rücken an dieser Front freihält.

Dem anderen, dem Bildungsminister und langjährigen SPD-Landeschef Steffen Reiche, der die Ost-SPD mitbegründet hat und der ihn 1995 für die SPD gewann, teilt er kurz und bündig mit, er sei nicht mehr dabei. »Großer, ich werde dich nicht wieder berufen.« Was eines der menschlichen Dramen auslöst, die sich manchmal in der Politik abspielen. Für Steffen Reiche, der sich einst sogar Chancen ausrechnete, Manfred Stolpe zu beerben, brechen Welten zusammen. »Ich habe mir schlichtweg nicht vorstellen können, dass er einen solchen Schnitt macht.« Er fühlt sich verraten, stürzt in eine Sinn- und Lebenskrise. Er hat die leisen Signale vorher überhört.

Auch andere Genossen überrascht Platzecks Härte, ist er doch jemand, der eine besonders menschliche Umgangsart pflegt. Sie brauchen eine Weile, bis sie die rationalen Gründe seiner rigorosen Entscheidung verstehen. Dass Steffen Reiche kein sonderlich beliebter und obendrein ein aktionistischer Minister war, dass an den Schulen Ruhe einkehren muss, wenn Brandenburg nicht mehr Schlusslicht bei den PISA-Studien sein will. Aber es spielen wohl auch emotionale Gründe eine Rolle, Misstöne, latente Spannungen.

Platzeck mag solche Störfaktoren nicht. Er kann, wenn es darauf ankommt, wenn er es für richtig hält, auch seine Ellenbogen einsetzen. Stolpe beschreibt Platzeck wohl richtig, wenn er sagt: »Ich habe eine Zeit lang geglaubt, dass es seine Schwäche ist, zu allen freundlich zu sein. Bis ich gemerkt habe, dass seine Freundlichkeit mit Härte gepaart ist.«

Aber Platzeck sorgt dafür, dass Reiche nicht ins Bodenlose fällt. Ein knappes Jahr später setzt er gegen Widerstände in den eigenen Reihen durch, dass der Sozialdemokrat der ersten Stunde in Brandenburg als Spitzenkandidat der SPD für die vorgezogene Bundestagswahl im September 2005 kandidieren kann. Und Reiche wird bald feststellen, dass der Wechsel in die Bundespolitik, in den Bundestag ihm gut getan hat: »Ich habe meinen Frieden gefunden.«

Das ist typisch für Platzeck. Er will nie verbrannte Erde hinterlassen und auch Menschen, die er einmal enttäuscht hat, in die Augen sehen können. Man muss fair miteinander umgehen. Er vollzieht selten den totalen Bruch – in der Politik nicht, auch im Privatleben nicht. Das entspricht seinem Harmoniebedürfnis, ist aber auch eine Sozialtechnik, die er ausgefeilt hat. Das erklärt, warum es mit früheren Freundinnen nie »Rosenkriege« gab, warum ihm nie lange jemand böse sein kann, egal, ob es die Freunde aus der Anfangszeit wie Günter Nooke und Marianne Birthler sind, die geschassten Minister oder die früheren Mitstreiter aus der Öko-Szene. Die frühere Landeschefin der Grünen Sylvia Voss hat das einmal so beschrieben: Der liebe Matthias erzeuge Beißhemmung.

Platzeck nennt nach der Landtagswahl noch einen Grund für seine Neubesetzungen: Er wolle eine Kabinetts-Riege, »die über die Landtagswahl 2009 hinaus wirken kann«. Also eine Mannschaft, die auch ohne ihn auskommen kann? Dass seine Karriere nicht in Brandenburg enden wird, steht nach seinem Wahlsieg jedenfalls außer Frage. Die Medien sind sich einig, dass Platzeck der sozialdemokratische »Hoffnungsträger« ist, ein Etikett, das ihn schon lange nervt. Damit seien oft irreale Erwartungen verbunden.

Es blühen nun auch wieder Spekulationen, dass er bald ins Bundeskabinett wechseln könnte. Gerhard Schröder, der mehrmals einen Korb von Platzeck bekam, hat eine ganz andere Ahnung: Der werde mal Bundesvorsitzender, prophezeit er bei einem vertraulichen Gespräch mit Hauptstadt-Korrespondenten – und wird milde belächelt.

Es läuft gut für Matthias Platzeck, aber als der Landtag ihn am 13. Oktober zum Ministerpräsidenten wählt, schrammt er haarscharf an einer Blamage vorbei. 47 Abgeordnete stimmen für ihn, nur zwei mehr als erforderlich, obwohl SPD und CDU zusammen 53 Abgeordnete haben. Dass es Heckenschützen gibt, belastet ihn nicht sonderlich. Hauptsache gewählt. »Leute, es hätte schlimmer kommen können. Ich bin doch kein Traumtänzer.« Platzeck hatte einen zweiten Wahlgang einkalkuliert.

Er will nun keine Zeit verstreichen lassen, drückt aufs Tempo. Es wirkt so, als wolle er Versäumtes nachholen, die »kleine

DDR« des Manfred Stolpe endgültig beerdigen. Bei seinem Amtsantritt war er davor noch zurückgeschreckt. Seine Regierungserklärung lässt diesmal nicht lange auf sich warten: »Ich bin ein lernendes System«, sagt Platzeck über sich. Die Probleme werden diesmal klarer benannt, anders als in seiner ersten Prosa-Übung im Jahr 2002.

Er kündigt eine Politik »aus einem Guss« an, damit der »nötige zweite Aufbruch Brandenburgs« und eine konsequente Erneuerung des Landes »aus eigener Kraft« gelingen. Er gesteht ein, dass der Umbau des Landes »in der Vergangenheit teils zu spät, zu zögerlich und nicht immer mit der erforderlichen Entschlossenheit betrieben« wurde. »Das wird sich ändern.« Er verspricht nicht den »großen Wurf«, aber ein ehrliches, engagiertes Regieren »ohne wohlklingende Versprechen und Gefälligkeitspolitik«. Entweder Menschen fühlten sich durch positive politische Leitbilder angespornt, so der Regierungschef. »Oder sie fühlen sich durch politisches Personal, das lustlos oder abgehoben zu Werke geht, im Stich gelassen und abgestoßen.« Man kann heraushören, was er von den Marktplätzen mitgenommen hat.

Auch die Eckpunkte seines Regierungsprogramms umreißt er präziser als früher: vorrangige Förderung von Bildung und Wissenschaft, »intelligente Lösungen« für die ausblutenden Randregionen, den »demografischen Wandel«, wie er sagt. Eine zielgenauere, auf Wachstumsbranchen ausgerichtete Förderpolitik statt des bisherigen Gießkannen-Prinzips und einen konsequenteren Sparkurs, weil das hoch verschuldete und von den Entwicklungshilfen aus dem Westen abhängige Brandenburg bis 2019, wenn der Solidarpakt ausläuft, »auf eigenen Füßen stehen muss«.

Mancher im Saal hört nicht so genau hin, als Matthias Platzeck nicht mehr nur über Brandenburg spricht. Es gebe etwas, sagt er, das man die »deutsche Krise der Selbsterkenntnis« nennen könnte, nämlich die bei vielen noch immer fehlende Einsicht in die schwierige Situation, in die die Gesellschaft geraten sei. »Wir hier in Ostdeutschland sind vermutlich illusionsloser.« Und er fährt fort: »Aber noch längst nicht allen im Westen ist klar, dass das ›Modell Deutschland‹, so wie es einmal funktioniert hat, heute eben kein Erfolgsmodell mehr ist, dass wir es dringend ändern und umfassend erneuern müssen.« Erst allmählich dämmert es manchem, dass Platzeck nicht mehr nur Brandenburg, sondern auch Deutschland im Blick hat.

Reformer

Es ist schwer, ein Land zu bewegen, in dem die Menschen sich an dem Wenigen festhalten, was sie haben, falls sie die Heimat nicht einfach verlassen, in dem die Beharrungskräfte besonders groß sind. Mittlerweile sind neun Jahre vergangen, seit Wolf Jobst Siedler warnte, dass der schleichende Exodus einmal zum Exitus Brandenburgs führen werde. Auch Matthias Platzeck erkennt den Ernst der Lage. Er will einlösen, was er nach dem Wahlsieg versprochen hat.

Unter der Überschrift »Das zupackende Land« formuliert er am 19. Februar 2005 auf einer Klausurtagung der märkischen SPD-Spitze in einem kleinen Hotel in Michendorf bei Potsdam nicht nur bittere Wahrheiten, er zeigt auch schonungslos die Konsequenzen auf. Die Rede, für die er Unverständnis ernten und für die man ihn beschimpfen wird, leitet eine 180-Grad-Wende in seiner Regierungspolitik ein. Sie kommt spät, manche sagen zu spät, aber sie wird die überfällige Modernisierung Brandenburgs spürbar beschleunigen.

Begonnen hat sein Aufbruch ganz unspektakulär schon ein Jahr zuvor, im Mai 2004, und zwar mehr als tausend Kilometer von Potsdam entfernt – in Jyväskylä, Mittelfinnland. Matthias Platzeck war als SPD-Landeschef dorthin gereist, nicht als Ministerpräsident, nicht auf Landeskosten, um im Wahljahr erst gar keine Debatte über den ungewöhnlichen Trip aufkommen zu lassen. Er suchte nach Ideen, Anregungen, wie Brandenburg mit seinem dramatischen Bevölkerungsschwund umgehen, wie man eine lahmende Wirtschaft auf Touren bringen kann. Damals lag der »Demografiebericht« seiner Regierung vor, der die Konsequenzen der Abwanderung penibel auflistete: dass auf dem Lande bald den örtlichen Feuerwehren, Sportvereinen und Kirchen die Mitglieder fehlen werden, den Firmen die Fachkräfte, dass die ärztliche Versorgung gefährdet sein wird.

In den Spalten des Berichts aber, wo Lösungen und Auswege stehen sollten, wurden die Formulierungen schwammig oder es herrschte Leere. Auf wegweisende Ideen aus Westdeutschland könne man kaum hoffen, erklärte Platzeck damals. Kein anderes deutsches Bundesland habe bisher die Wucht der Probleme so zu spüren bekommen. Dass er ausgerechnet Finnland als Ziel seiner Studienreise wählte, war kein Zufall: Der skandinavische Staat ist außerhalb der Hauptstadtregion Helsinki ähnlich dünn besiedelt, er hat nur fünf Millionen Einwohner, etwa so viel wie Brandenburg und Berlin zusammen. Vor allem aber hatte Finnland nach 1990, nach dem Zusammenbruch seiner Märkte in der Sowjetunion, der die Arbeitslosigkeit auf über 20 Prozent klettern ließ, einen dramatischen Strukturwandel zu bewältigen, es aber trotzdem geschafft, sich innerhalb eines Jahrzehnts zu einer führenden Nation in Europa hochzuarbeiten, in der Wirtschaft und in der Bildung. In der PISA-Studie belegte es den ersten Platz.

Die Idee, sich in Finnland umzuschauen, war in einer der Denkrunden geboren worden, zu denen sich Platzeck regelmäßig mit einem kleinen Kreis von Beratern trifft – mal im Restaurant »Fliegender Holländer« mitten im historischen Holländischen Viertel von Potsdam, mal bei sich zu Hause. Es ist eine verschworene Gemeinschaft junger und intellektueller Sozialdemokraten. Die »Platzeckianer«: Klaus Ness, der Landesgeschäftsführer, den er ins Willy-Brandt-Haus holen wird; Tobias Dürr, Politologe und Chefredakteur der SPD-nahen Monatszeitschrift »Berliner Republik«; Thomas Kralinski, Politologe und Geschäftsführer der SPD-Landtagsfraktion. Auch Rainer

Speer und Günter Baaske, seine Vertrauten aus Regierung und Fraktion, gehören dazu. Nie dringt ein Wort aus diesen Runden, aus dieser kleinen »Denkfabrik« nach draußen, obwohl das politische Potsdam sonst sehr geschwätzig ist. Es gibt auch ein lockeres Netzwerk außerhalb der Partei: Gewerkschafter, Banker, Unternehmer, mit denen Platzeck sich austauscht.

Finnland jedenfalls war ein Aha-Erlebnis für Platzeck, den Suchenden. Die Eindrücke haben sich bei ihm tief eingeprägt, wie die von der Oberschule in Laukaa, einer Kleinstadt mit 17 000 Einwohnern, dreihundert Kilometer nördlich von Helsinki, wo ganz selbstverständlich Videounterricht praktiziert wird. Anders ist in der dünn besiedelten Gegend eben Schule nicht zu organisieren. Als er sich darüber mit dem Lehrer austauschte, sagte Platzeck nachdenklich: »Ja, wir müssen in einigen Jahren auch in Brandenburg über solche Lösungen nachdenken.« Er hörte, dass in Finnland auch Dörfer aufgegeben wurden. Er erfuhr, wie schlank dort die staatlichen Strukturen sind, dass es keine Landkreise gibt. Ohne dass alles zusammenbricht.

Am meisten beeindruckte ihn aber, wie viel der finnische Staat in Kinder, in Bildung investiert. Kein Vergleich zu den Verhältnissen in Deutschland, in Brandenburg. Er sah, wie in einer Grundschule von Jyväskylä immer zwei Lehrer eine Klasse unterrichten, wie lückenlos die Betreuung von der Geburt über die »Mütterberatung« für junge Eltern, Kindergarten, Schule bis zur Universität funktioniert, die wiederum eng mit Mittelständlern und mit der Entwicklungszentrale des Weltkonzerns Nokia kooperiert. Das Land sei so klein, erklärte man ihm, dass man es sich gar nicht leisten könne, jemanden zurückzulassen.

Manches kam dem Ostdeutschen auch sehr bekannt vor, wie etwa die Oberschule, eine gemeinsame Schule bis zur 9. Klasse für alle Kinder, fast so wie in der DDR. »Es ist schon verrückt«, sagte er einem finnischen Fernsehsender, »wir lernen auf dem finnischen Umweg jetzt Dinge, die wir schon einmal wussten.«

Zu Hause, in der Regierungskoalition, löste die finnische Euphorie Platzecks Kontroversen aus. Sein Koalitionspartner Jörg Schönbohm hielt ihm vor, dass die Finnen doch ganz andere Traditionen hätten. Sachsen sei ein besseres Modell für Brandenburg, nicht nur beim Schulsystem.

Aber die skandinavischen Eindrücke beeinflussten Platzecks Vision, wohin sich Brandenburg entwickeln soll: dass es wirtschaftlich letztlich nur aufwärts gehen kann, wenn es eine gute Bildung vom Kindergarten bis zur Universität gibt. Er nennt es das »finnische Regine-Hildebrandt-Prinzip«. Seither ist Bildungspolitik für ihn immer auch Wirtschaftspolitik, beschwört er das »Miteinander«. Er tut das später auch als Bundesvorsitzender der SPD. Manche belächeln ihn dafür, halten das für naiv.

Was Matthias Platzeck aus Finnland vor allem mit nach Hause nahm: Man muss in einem armen, dünn besiedelten und wirtschaftlich schwachen Land wie Brandenburg das wenige Geld auf das konzentrieren, was Erfolg verspricht. Jetzt, im Februar 2005, auf der SPD-Klausur in Michendorf, macht Platzeck Ernst damit und entwirft ein neues Leitbild für das Land. Die Schlüsselsätze klingen harmlos: »Brandenburgs Zukunft liegt in der Metropolenregion. Aus Angst, den Groll der Menschen in der abgehängten Peripherie auszulösen, wird von Seiten der Politik mit dem Pfund der Berlinnähe noch immer nicht genug gewuchert.« Aber dahinter verbirgt sich nichts anderes als die Abkehr von der bisherigen Politik des staatlichen Ausgleichs, die Schwachen am stärksten zu fördern, also die notleidenden Randregionen wie Uckermark, Prignitz und Lausitz.

Was Platzeck stattdessen offeriert, ist über den Verdacht jeder Gefälligkeitspolitik erhaben: »Gute und zeitgemäße Bildung muss auch in den peripheren Regionen garantiert werden – ja, im Grunde gerade hier, denn Bildung ist objektiv das einzige Versprechen überhaupt, das sich hier politisch geben und einhalten lässt.« Bildung als einziges Versprechen für die äußeren Landesteile? Man stelle sich vor, Schleswig-Holsteins Ministerpräsident würde dies über Ostfriesland sagen.

Es sind brutale Sätze für ein Land, das sich längst damit abfindet, dass die Jungen und Klugen in den Dörfern der Prignitz und der Uckermark die Koffer packen, was Matthias Platzeck sogar noch begrüßt. »Wenn wir Menschen mit Hilfe moderner Bildungs- und Familienpolitik gegebenenfalls die Möglichkeit eröffnen, ihre unmittelbare Heimat zu verlassen und woanders neu anzufangen, erfüllen wir das historische Versprechen der sozialdemokratischen Freiheitsbewegung: Menschen in die Lage zu versetzen, ihr Leben immer wieder in die eigenen Hände zu nehmen. Für die Verwaltung von Perspektivlosigkeit werden Sozialdemokraten niemals irgendwo gewählt.« Und wenn die Potenziale genutzt würden, dann sei es sehr gut möglich, dass die Menschen ihrer Heimat Brandenburg beim Umzug nicht einmal den Rücken kehren müssten, sondern vom Rand in das Berliner Umland zögen.

Das ist zu viel für die märkische Seele. In Brandenburgs Randregionen löst die angekündigte Hinwendung zum Berliner Umland natürlich Wut und Empörung aus. »Wenn Platzeck so mit uns umgeht, fühlen wir uns als Menschen zweiter Klasse. Wer nur den Speckgürtel weiter mästen und den ländlichen Raum hängen lassen will, ist als Ministerpräsident ungeeignet«, empört sich etwa der Bürgermeister von Prenzlau im äußersten Nordosten Brandenburgs, Hans Peter Moser von der PDS. Er steht damit nicht allein. Selbst der CDU-Koalitionspartner wirft Platzeck eine »Entsiedlungspolitik« vor: Er gebe die ländlichen Regionen auf. Die Handwerkskammern malen ein Schreckensszenario an die Wand: »Mit alarmierender medizinischer Unterversorgung auf dem Lande, mit weiten Schulwegen, mit Kulturabbau, mit schlechten Straßen … Alles, was Beine hat, wird die Flucht antreten … In der Endkonsequenz führt diese Politik zur Entvölkerung Brandenburgs und zur Entwicklung eines Kernlandes mit menschenleerer Fläche.« Als ob die Gefahr nicht auch so bestünde.

Selbst die Regierung wird von den gewagten Thesen des Ministerpräsidenten überrascht, seine Staatskanzlei ist unvorbereitet, was etwas verwundert. Die zuständigen Minister haben einige Mühe, das von Platzeck verkündete neue Leitbild für Brandenburg in seriöse Förderprogramme und Landespläne umzusetzen, weshalb nicht nur Jörg Schönbohm das Verfahren als »unprofessionell« kritisiert. Platzeck selbst macht später Abstriche an Details, er sichert den Randregionen weiterhin eine Förderung zur »Daseinsfürsorge« zu, wiederholt auch den angreifbaren Satz von der Bildung als einzigem Versprechen für die Randregionen nicht mehr. Am Kurs aber, künftig Brandenburgs »Stärken zu stärken«, also das Berliner Umland und die wenigen Wachstums- und Industriekerne, hält der Regierungschef fest. Weil man am Ende nur so den Schwachen helfen könne. Ein klassischer SPD-Ansatz ist das nicht, aber vielleicht der einzig erfolgversprechende.

In der Folgezeit strafft seine Regierung die Förderprogramme. Die Gelder werden auf den Mittelstand, auf 16 Wachstumsbranchen sowie auf zwei Dutzend ausgewählte Städte konzentriert – das Ende der früheren Gießkannen-Politik. Auch außerhalb Brandenburgs wird die Wende registriert, die ein Modell für Ostdeutschland sein könnte. Brandenburg sei damit nicht nur den anderen Ländern weit voraus, sondern auch der Bundesregierung, attestiert die »Zeit«.[54] Platzeck lässt einen »Demografiekongress« veranstalten und drängt darauf, dass nach jahrelangen Querelen endlich die Bildungsstrukturen gestrafft, dass aus Real- und Gesamtschulen die Oberschule gebildet wird. Das Kabinett verabschiedet erste Beschlüsse, Familien stärker zu fördern. Finnland lässt grüßen.

Das listige, klein gedruckte Vorwort zu seiner Michendorfer Rede hatte in der allgemeinen Erregung niemand beachtet. Es ist ein Zitat von Woodrow Wilson, dem späteren US-Präsidenten, aus dem Jahr 1887: »Wer immer eine Veränderung in einer modernen verfassten Regierung erreichen will, muss zuerst seine Mitbürger dazu erziehen, überhaupt Veränderung zu wollen. Ist das getan, muss er sie davon überzeugen, genau die Veränderung zu wollen, die er will. Er muss erreichen, dass die

Meinung des Volkes bereit ist, auf ihn zu hören, und dann dafür sorgen, dass es auf die richtigen Dinge hört. Er muss sie zu einer Suche nach einer Meinung aufrütteln und es dann fertig bringen, die richtige Meinung in ihren Weg zu legen.« Und wieder fällt auf, dass Platzecks Anspruch bereits über den kleinen Brandenburger Horizont hinausgeht: »Etwas Besseres als den Tod finden wir überall, heißt es im Märchen von den Bremer Stadtmusikanten. So auch heute in Brandenburg. Das Motto stimmt auch hier und heute. Stillstand, Ausharren und Zuwarten wären die denkbar schlechtesten Rezepte. Die Wirklichkeit steht nicht still, also müssen wir uns erst recht bewegen, um nicht immer bloß zu reagieren. Tatsächlich hat Brandenburg einen großen Beitrag für eine neue Wirklichkeitswahrnehmung in Deutschland zu leisten. Durch die offensive und unerschrockene Auseinandersetzung mit den Herausforderungen der demografischen Entwicklung für Gesellschaft, Demokratie und Wirtschaft kann Brandenburg sich selbst als zupackendes Land neu entwerfen. Etwas anderes bleibt uns bei Licht besehen auch gar nicht übrig.«

Das kann nur einer sagen, der noch etwas vorhat. An dem Anspruch, einen »großen Beitrag für eine neue Wirklichkeitswahrnehmung in Deutschland« leisten zu wollen, wird er sich einmal messen lassen müssen.

Diplomat und Genießer

Nur kurz streift der Regierungschef auf einer Pressekonferenz im Frühjahr 2005 sein neues Leitbild, das das Land in Wallung gebracht hat. »Das läuft«, sagt Platzeck, der umso ausführlicher über seine bevorstehende Wirtschaftsreise nach China erzählt. Er will gar nicht aufhören, so sehr scheinen ihn die Feinheiten der chinesischen Außen- und Innenpolitik, von der Taiwan-Frage, über den Dalai Lama bis zum Auseinanderdriften der boomenden Metropolen wie Peking oder Shanghai und dem weiten Rest des asiatischen Riesenreichs zu bewegen. Jeder merkt, er hat Lust auf diese China-Reise, von der er erzählt, als breche er demnächst zu einer großen Expedition auf. Es ist ja auch eine Premiere für ihn, denn der Regierungschef reist zum ersten Mal als Bundesratspräsident.

Den Vorsitz des Bundesrats führt er turnusmäßig seit November 2004 – die Länderchefs wechseln sich jeweils nach einem Jahr ab. »Er bekam durch das Amt, die politisch-diplomatischen Kontakte neue Einblicke. Das hat ihm von Anfang an Spaß gemacht«, erinnert sich Bundesratsdirektor Dirk Brouër an diese Zeit, in der Platzeck nicht nur Brandenburg aufrüttelt, sondern die diplomatische Bühne der Bundespolitik entdeckt.

Dass er zu spät zu einem festlichen Dinner mit einem Staatsgast erscheint wie 1992 beim Besuch der Queen in Potsdam, passiert ihm nicht noch einmal. Damals rollte Elisabeth II. im Landauer durch den Park Sanssouci. Manfred Stolpe gab ihr zu Ehren im Grottensaal des Neuen Palais ein Essen, einer der geladenen Gäste war sein junger Umweltminister. Er kam zu spät, sein Platz an der Tafel war schon besetzt. Aber der Mann, der dort saß, verschwand blitzschnell, sodass Platzeck unauffällig auf den für ihn reservierten Sessel schlüpfen konnte. Das Protokoll hatte seinen Platz mit einem »Schein«-Gast besetzt, damit keine stillose Tisch-Lücke entstand.

Jetzt, als Bundesratspräsident, trifft er häufig hochrangige Staatsgäste der Bundesrepublik. Er kann intensive Gespräche führen und Einfluss nehmen, etwa auf die ihm wichtigen Beziehungen zu Polen und anderen Ländern Osteuropas. »Er hat durch seine unverstellte, natürliche Art überrascht«, erzählt Brouër. »Gesprächspartnern, die auf Small Talk eingestellt waren, stellte er konkrete, auch kritische Fragen, ohne Formen zu verletzen. Manche waren erst verblüfft und stiegen dann in diese Gespräche ein. Seine Art war erfrischend. Er redete nicht um den heißen Brei herum.«

In China trifft Platzeck mit dem Präsidenten des Volkskongresses, Wu Bangguo, und anderen hochrangigen Staatsfunktionären zusammen. Die Aufmerksamkeit der Chinesen hat nicht nur damit zu tun, dass er als erster Bundesratspräsident in China weilt. Die Chinesen, so hatte es die Botschaft vorher signalisiert, hielten ihn für einen der möglichen Kandidaten für die Nachfolge von Kanzler Gerhard Schröder.

Platzeck ist fasziniert von diesem riesigen Staat im Umbruch und Aufbruch, zwischen Sozialismus und Marktwirtschaft, der sich so stürmisch verändert, wo die Wirtschaft so rasant wächst, aber auch die Umweltzerstörung besonders ausgeprägt ist. Manches, was er in China beobachtet, erinnert ihn an den Umbruch in Ostdeutschland.

Er nimmt in Peking »Zeichen der Öffnung« wahr, hat Verständnis für die Politik der kleinen Schritte, die ihm nicht fremd ist. »Das so etwas bei einem Volk von 1,3 Milliarden Menschen nach anderen Ritualen abläuft, mit anderen zeitlichen Horizonten, als wir das uns in Europa wünschen oder gewöhnt sind – das bedingt unter anderem auch die Tradition, die Herkunft und auch die Menge der Menschen«, sagt Platzeck in Peking in einem Radiointerview. Er ärgert sich später, dass zu Hause aus dem Interview nur jener Satz aufgegriffen wird, der Aufregung und sogar Proteste auslöst: Das Waffenembargo gegen Peking, das nach dem Massaker auf dem Platz des Himmlischen Friedens verhängt worden war, sei nicht mehr zeitgemäß.

Wie glatt das diplomatische Parkett ist, wie schnell man ausrutschen kann, hatte er schon zu Beginn des Jahres erfahren. Es ist eine Geschichte, die nicht so recht zu Matthias Platzeck passen will: In der »Villa von Haacke«, einer jener klassizistischen Villen, die in Potsdam an jeder Ecke stehen, traf er sich am 12. Januar 2005 mit dem türkischen Generalkonsul Aydin Durusay, um einen diplomatischen Konflikt zwischen der Türkei und dem Land Brandenburg zu beenden. Platzeck sicherte dem türkischen Diplomaten bei diesem Essen zu, dass ein Hinweis auf den Völkermord der Türken an den Armeniern in den Jahren 1915/16 aus den brandenburgischen Schullehrplänen entfernt werde. Bei dem Verbrechen, das der türkische Staat offiziell leugnet, waren rund 1,5 Millionen Menschen ums Leben gekommen.

Die türkische Botschaft hatte bereits seit zwei Jahren interveniert, der Gesandte Aydin Durusay schrieb sogar einen wenig diplomatischen Brief an Platzeck, über den es in einem internen Vermerk des Bildungsministeriums an den Ministerpräsidenten hieß: »Die im Anschreiben des Generalkonsuls hergestellte Verbindung zwischen der Darstellung des Völkermords an den Armeniern und fremdenfeindlich/rassistischen Gewalttaten im Land Brandenburg ist in gröbster Weise unsachlich und unangemessen.« Umso unverständlicher erscheint Platzecks Einknicken. Offenbar wollte Platzeck das leidige Problem endlich vom Tisch haben. Er neigt zu schnellen Entscheidungen, was in schnelllebigen Zeiten durchaus eine Stärke ist. Aber sie müssen nicht immer richtig sein, wie sich bisweilen zeigt.

Nicht im Traum hatte Platzeck damit gerechnet, dass er einen Proteststurm auslösen würde. Dass ihm vorgeworfen würde, sich dem Druck der Türkei gebeugt zu haben. Der Regierungschef hatte sichtlich Mühe, das kaum Erklärbare zu erklären: Es sei der historischen Wahrheit nicht gerecht geworden, dass das Verbrechen an den Armeniern neben dem Holocaust als einziges Beispiel für Völkermorde in der Geschichte genannt worden sei. Er wies auch darauf hin, dass er sich als Oberbürgermeister für die Einrichtung einer Gedenkstätte eingesetzt habe, die an den deutschen Pfarrer Johannes Lepsius erinnert, der die Türken wegen ihrer Armenienpolitik scharf kritisiert hat, dass er damals sogar Morddrohungen von türkischen Vereinen bekommen habe.

Er wirkte dünnhäutig in diesen Tagen, fühlte sich missverstanden. Ihm wollte auch nicht einleuchten, dass er an den Pranger gestellt wird, obwohl kein anderes deutsches Land den Genozid in die Schullehrpläne aufgenommen hat. Doch die Debatte zog immer weitere Kreise, sie traf ihn an der Stelle, wo er besonders empfindlich ist: seiner Glaubwürdigkeit, für die er nach dem Oderhochwasser die »Goldene Kamera« bekommen hatte.

Es war klar, dass er einlenken musste. Am 8. Februar empfing er die Botschafterin der Republik Armenien, Karine Kazinian, und sicherte ihr zu, dass der Genozid an ihrem Volk wieder in den Geschichtslehrplan aufgenommen werde. Allerdings zusammen mit anderen Beispielen von Völkermorden wie in Kambodscha und Ruanda – ein kleines Zugeständnis an die Türken. So konnte Platzeck den Schaden halbwegs begrenzen und das Gesicht wahren.

Der Eklat ist kaum zwei Monate her, als er mit seiner Äußerung in China über das nicht zeitgemäße Waffenembargo neuen Ärger auslöst. Hier hat er nichts zurückzunehmen, hier weiß er sich auch einig mit Kanzler Gerhard Schröder. Auf dem Rückflug aus Asien nach Berlin improvisiert die Besatzung der Regierungsmaschine »Konrad Adenauer«, die den Kanzler und viele Minister flog, die auch deren Launen und manchen Standesdünkel erlebte, einen kleinen Sekt-Empfang für Platzeck – weil sie eine so offene Atmosphäre, so viel Neugier und Respekt für ihre Arbeit schon lange nicht mehr erlebt hat.

Für Matthias Platzeck sind solche Reisen wie nach Peking oder im Sommer 2005 nach Moskau eine willkommene Abwechslung. Andere Länder, andere Kulturen interessieren ihn, weil man ungewöhnliche Menschen kennen lernt. Aber da sei auch ein »Lustfaktor«, gesteht er einmal. Bedauerlich sei nur, dass er den geplanten Crashkurs in Englisch – an seiner Spezialoberschule wurde er in Russisch und Französisch unterrichtet – in den letzten 15 Jahren immer wieder verschieben musste. Er will das nachholen, irgendwann. Wahrscheinlich erst, wenn der Politikbetrieb ihn nicht mehr gefangen hält. Es ist wie mit seinem Traum, einmal quer durch Amerika zu fahren. »Mit einem Auto, das vorn eine Sitzbank hat, den Hut im Genick. Diese Ami-Wagen haben ja alle einen Tempomat. Den stellt man auf den roten Zeiger ein, dann braucht man sich um nichts mehr zu kümmern. Die Frage ist nur noch, fahren wir von Ost nach West oder von West nach Ost?«

Platzeck ist durchaus ein Genussmensch, der das gute Essen, den Wein, das gesellige Beisammensein liebt. Es passt zu ihm, dass er sich von dem 1248 in Frankreich gegründeten Feinschmeckerbund Confrérie de la Chaîne des Rôtisseurs im Mai 2005 im Berliner Hotel Maritim pro Arte zum »Chevalier d' Honneur«, zum »Ehrenritter«, schlagen lässt. Der Bund frönt der »schönsten Nebensache der Welt«, nämlich »dem gepflegten Essen und Trinken in angenehmer Gesellschaft«. Die Inthronisation erfolgt in einem feierlichen Akt: Der Präsident der Bruderschaft, der das Gelöbnis auf Französisch abnimmt, schlägt ihm mit einer Lanze einmal auf die rechte und einmal auf die linke Schulter.

In seiner Dankesrede gesteht der Potsdamer Ehrenritter, dass er seine Begeisterung für exzellente Gaumenfreuden aus aller Welt im Laufe der letzten 15 Jahre entdeckt habe, sozusagen »als genussvollen Beigeschmack der Folgen des politischen Zusammenbruchs der DDR«. Inzwischen zähle er sich zu den Freunden der Haute Cuisine, wenngleich er »die Bratwurst um die Ecke nicht grundsätzlich ausschlagen würde, so viel Ehrlichkeit muss sein«: Was er nicht sagt: Manchmal verlässt er mit Freundin Jeanette sogar einen Empfang vorzeitig, wenn dieser zu oberflächlich, zu abgehoben ist, und geht zur nächsten Imbissbude, wo beide eine Bratwurst essen. Bei »Hiemke« in Babelsberg, einer Kneipe in seinem Kiez, fühlt er sich wohler als auf manchen Empfängen.

Auch mit gewissen Delikatessen hat der Tafelritter so seine Probleme. So ist er einmal als Gast beim Botschafter Japans in Berlin. Es werden leckere Sushi- und Sashimi-Köstlichkeiten serviert, etwas ganz Besonderes, ganz Seltenes: Die zehn edelsten Fische der Weltmeere. Aber Platzeck, der Seen- und Wasserliebhaber, isst fast keinen Fisch. Er will auch nicht unhöflich sein, also probiert er vorsichtig ein, zwei Häppchen – und spült ganz schnell mit Sake nach. Damit er den Fisch nicht schmeckt.

Dann hat er genug. Als er das später seiner Tochter Erika erzählt, die in China studiert hat und ein großer Sushi-Fan ist, reagiert diese entsetzt.

In gemütlicher Runde, bei einem guten Essen, erzählt er gern von Begegnungen mit ungewöhnlichen Menschen. Einmal plauderte er über einen Besuch bei den von Arnims in der Uckermark. Eine jener Adelsfamilien, die nach 1990 wieder in die märkische Heimat zurückgekehrt sind, das Herrenhaus saniert haben und nun zumeist mit Land- und Forstwirtschaft ihr Geld verdienen. Matthias Platzeck schwärmte so vom herzlichen Empfang in der gediegenen Bibliothek, wo der Hausherr den Tee servieren ließ unter den Ahnenbildern, dass die Anwesenden perplex waren. Er fühlte sich in eine andere Zeit zurückversetzt – und so etwas mitten in Brandenburg. »Das sagst du als Sozialdemokrat?«, fragte einer in der Runde. »Na, warum denn nicht, jeder, der sich in Brandenburg engagiert, ist willkommen.«

Der bürgerlich Erzogene hat ein Faible für die Geschichte Brandenburgs, für seine Schlösser, er pflegt auch Kontakte zum Adel, zu den Nachkommen der Preußen-Könige. Mehrfach besuchte er privat die Burg Hohenzollern bei Hechingen in der Schwäbischen Alb – »als Geschichtsunterricht für meine Kinder«. Im Januar 2005 hat der Ministerpräsident eine offizielle Audienz auf der Burg, in deren Schatzkammer neben der preußischen Königskrone auch die berühmte Uniform Friedrichs des Großen aufbewahrt wird. Prinz Georg Friedrich von Preußen hatte ihn eingeladen und ließ neben der Burgherren-Fahne extra die Brandenburger Landesfahne hissen. »Eine Ehre, die bislang noch keinem Gast zuteil wurde.«

In dieser Zeit, als der sinnesfrohe Platzeck das diplomatische Parkett erprobt, taucht er auch tiefer in die Bundespolitik ein, allerdings eher im Hintergrund. Er trifft sich regelmäßig mit Gerhard Schröder, manchmal ist seine Freundin mit dabei, wenn zu abendlicher Stunde bei einem Glas Rotwein im Kanzleramt die immer ausweglosere Lage der SPD beraten wird, die mit ihren Reformgesetzen häufig im CDU-dominierten Bundesrat scheitert und in den Umfragen abstürzt. »Sie waren sehr unterschiedlich, aber sie mochten sich einfach. Sie sagten sich immer, was sie dachten. Das war völlig unkompliziert«, erinnert sich Jeanette Jesorka.

Der Kanzler weiht ihn lange vor anderen in seine Pläne zur vorzeitigen Neuwahl des Bundestags ein, falls die SPD auch noch die Landtagswahl in Nordrhein-Westfalen am 22. Mai 2005 verlieren sollte, was als sicher gilt. Platzeck, der ein Dreivierteljahr zuvor trotz des SPD-Tiefs die Landtagswahl in Brandenburg gewonnen hat, bestärkt ihn darin. Wenn das sozialdemokratische Kernland falle, könne man nicht weitermachen wie bisher, dann brauche man eine neue Legitimation für die Reformen.

So kommt es dann auch: Vertrauensfrage, Auflösung des Bundestags, die Neuwahl wird um ein Jahr auf den 18. September 2005 vorgezogen. Es ist nur eine minimale Chance für die SPD, die sich längst im freien Fall befindet. Platzeck legt sich im Wahlkampf für Schröder ins Zeug, zieht wieder über die Brandenburger Marktplätze, begleitet den Kanzler bei Auftritten in Ostdeutschland. Schröder kommt auch zum Landesparteitag der SPD am 6. August 2005, der wieder in Brandenburg an der Havel stattfindet.

Vor einem Jahr hatte Platzeck fast zur selben Zeit, am selben Ort von Gerhard Schröder mehr Sensibilität für den Osten gefordert. Diesmal richtet er diese Botschaft an seinen Stellvertreter im Kabinett, Jörg Schönbohm, der nach dem Mord an neun Neugeborenen bei Frankfurt/Oder viele Ostdeutsche mit der unbedachten Äußerung gegen sich aufgebracht hat, dass die »Zwangsproletarisierung« durch die SED eine wesentliche Ursache heutiger Gewaltkriminalität in den ländlichen Gebieten des Ostens sei. »Für jemanden, der dieses Land mitregieren will, reicht es nicht, nur die Landschaft und die Geschichte zu lieben. Man muss die Menschen mögen, achten und respektieren«, sagt Platzeck an die Adresse Schönbohms gerichtet. Niemand habe das Recht, Menschen, die in der DDR ehrlich gelebt haben, zu verdächtigen oder gar zu verunglimpfen.

Schröder hingegen, der im Osten immer noch fremdelt, wird von Platzeck diesmal in den höchsten Tönen gelobt. Er habe aus Fehlern gelernt, besitze das nötige Durchsetzungsvermögen für Reformen, er müsse Kanzler bleiben. »Weil er besser ist für Ostdeutschland – für ganz Deutschland!« Was ein Politiker im Wahlkampf über den Spitzenkandidaten seiner Partei eben sagt. Schon da legt sich Platzeck so ins Zeug, dass Schröder spontan zu ihm eilt und ihn demonstrativ umarmt: »Ich danke dir, lieber Matthias, für deine Freundschaft.« Das wirkt etwas aufgesetzt. Platzeck, der die leisen Töne liebt, aber auch mit Begriffen wie Freundschaft in der Politik vorsichtig ist, würde das auf einem Parteitag so nicht sagen.

Die Szene wiederholt sich im Potsdamer Lustgarten, auf der Abschlusskundgebung des Bundestagswahlkampfs. 5000 Menschen sind gekommen. Platzeck soll eigentlich nur das Vorprogramm bestreiten, die Rolle des »Einheizers« übernehmen. Was dann passiert, beobachten Journalisten wie der »Spiegel«-Reporter Stefan Berg so: »Mit knirschendem Kiefer verfolgte ein abgekämpfter Schröder die ungewöhnlich kraftvolle Rede Platzecks, der gegen Union und Linkspartei gleichermaßen polemisiert. Dann ging Schröder auf ihn zu, und für einen Moment schien es, als wollte er ihn nie wieder loslassen, so sehr klammerte er sich an Platzeck.«[55] Im Schröder-Tross ist man verblüfft, mit welcher Chuzpe Platzeck seinem Meister die Show gestohlen hat.

Die Verbindung der beiden ist mittlerweile so eng, dass Platzeck jenes Angebot nicht wirklich überrascht haben kann, das ihm Schröder nach der Bundestagswahl unterbreitet. Die ist zur Erleichterung der Genossen halbwegs glimpflich ausgegangen, die SPD liegt fast gleichauf mit der CDU, es gibt keine Mehrheit für Schwarz-Gelb, sodass nur Schwarz-Rot in Frage kommt. Und Platzeck, so schwebt es Schröder und Parteichef

Franz Müntefering vor, könnte Vizekanzler und Außenminister in der Großen Koalition unter einer Kanzlerin Angela Merkel werden. Was für ein Angebot.

Man präsentiert ihm auf dem Silbertablett einen der begehrtesten Jobs in der Republik, der ein ideales Sprungbrett ganz nach oben sein könnte. So wie es Willy Brandt vorgemacht hat, der Außenminister der ersten Großen Koalition in der Bundesrepublik, der auch dank der in diesem Amt erworbenen Autorität und Popularität später Kanzler wurde. Es ist ein Angebot, das niemand ausschlagen würde. Aber Platzeck lehnt ab.

Und diese »Luxus-Absage« begründet er auch noch mit seinen Aufgaben in der märkischen Provinz. Er ist erst ein Jahr zuvor zum Ministerpräsidenten gewählt worden. Er will das Land nicht im Stich lassen. Nur widerstrebend akzeptieren Schröder und Müntefering Platzecks Nein. Aber selbst Brandenburger Genossen wie der Bundestagsabgeordnete und Anwalt Peter Danckert verstehen ihn nicht: Es sei eine verpasste Chance für den Osten, für Platzeck auf dem Weg zur Kanzlerschaft.

Der bleibt zwar dabei, Brandenburg nicht verlassen zu können, weil der »zweite Aufbruch« noch labil sei, was eine Studie der Bertelsmann-Stiftung bestätigt. Seine Regierung bekommt dort schon bessere Noten als die Kabinette von Thüringen, Sachsen-Anhalt, Berlin oder Mecklenburg-Vorpommern. Es werden auch die Offenheit gelobt, mit der Platzeck »Fehler der Vergangenheit und Missstände benennt«, sowie seine beachtliche Entschlossenheit zu unbequemen Reformen. Aber objektiv liegt Brandenburg bei den Wachstumsraten nur auf Platz 14 in Deutschland, hinter wirtschaftlich erfolgreicheren Ost-Ländern wie Thüringen und Sachsen.

Doch anders als bei seinen früheren Absagen an Schröder klingt diesmal Bedauern, vielleicht sogar ein bisschen Traurigkeit durch. Ehe nichts geschafft sei, gehe es nicht, weil er kein »gutes Gewissen« habe, sagt Platzeck. Gereizt hätte es ihn schon, Außenminister zu werden, eine Aufgabe, über die er unter den

Eindrücken seines diplomatischen Sommers als Bundesratspräsident einmal bei einem Glas Wein mit Freunden sinniert hatte: Das wäre ein Traumjob. Vielleicht war es ein Fehler, dass er nicht zugegriffen hat.

Dritter Teil

Himmelfahrtskommando

Es ist formal Matthias Platzecks letzter Tag als Bundesratspräsident, als die Sozialdemokratische Partei Deutschlands in ihre größte Krise seit Jahrzehnten stürzt, ihren Vorsitzenden Franz Müntefering verliert und sich alle Blicke auf den Mann aus Potsdam richten. Der 31. Oktober 2005 ist ein Feiertag in Brandenburg – Reformationstag. Platzeck ist direkt von seiner Wohnung nach Berlin gefahren, wo ab Mittag der SPD-Bundesvorstand im Willy-Brandt-Haus tagt.

Schon bald ruft er seinen Büroleiter Albrecht Gerber zu Hause an. »Es dauert alles länger als geplant. Ich habe so ein komisches Gefühl. Ich glaube, es gibt einen großen Knall.« Platzeck hat zu denen gehört, die vergeblich versuchten, die Kampfkandidatur zu verhindern, über die der Bundesvorstand gleich abstimmen muss: Wird der bisherige Bundesgeschäftsführer Kajo Wasserhövel, der Wunschkandidat des Parteivorsitzenden Franz Müntefering, neuer SPD-Generalsekretär? Oder die Sprecherin der Parteilinken Andrea Nahles? Ihre Bewerbung, so hatte Platzeck schon beim Krisentreffen des SPD-Präsidiums am Vortag gewarnt, gefährde die Autorität des Parteichefs, der die laufenden Koalitionsverhandlungen mit der CDU führen und als Vizekanzler in die neue Regierung gehen soll.

Gegen 15 Uhr wird das Ergebnis der geheimen Abstimmung bekannt gegeben: 23 Stimmen für Andrea Nahles, nur 14 für Wasserhövel. Dem autokratischen Müntefering reicht es, das muss er sich nicht bieten lassen. Ohne zu zögern kündigt er seinen Rückzug als Parteivorsitzender an: »Wir brauchen nicht zu diskutieren, da gibt es nichts zu diskutieren.«[56] Platzeck ist wie alle im Willy-Brandt-Haus schockiert. Aber er schaltet, wie er es bei Krisen immer tut, schnell um, blickt nach vorn. Er neigt nicht zur Verzweiflung. Passiert ist passiert, jetzt muss man das Beste daraus machen.

Natürlich beginnen sofort die Spekulationen, wer den SPD-Vorsitz übernehmen wird, das »schönste Amt nach Papst«, wie es Franz Müntefering genannt hat. Nur zwei Genossen kommen überhaupt in Frage: Kurt Beck, der Ministerpräsident von Rheinland-Pfalz, dem einzigen westdeutschen Flächenland, das die SPD noch regiert. Und Platzeck, der ein Jahr zuvor die Landtagswahl in Brandenburg gewonnen hat. Sonst gibt es niemanden in der sozialdemokratischen Leere zwischen Berlin und Dortmund, Hamburg und München. Es ist klar, dass sich die beiden einigen müssen.

Beck ist der Einflussreichere, aber er steht vor einer schwierigen Landtagswahl. Platzeck hingegen hat nach seinem Sieg in Brandenburg seinen Ruf als »Hoffnungsträger« gefestigt. Er ist ein paar Jahre jünger als Beck, hat Charisma und kann überzeugen, auch wenn manche Genossen nicht so genau wissen, wofür er eigentlich steht. Was wiederum den Vorteil mit sich bringt, dass der Seiteneinsteiger in der Partei kaum Gegner hat. Aber im Grunde wäre die Partei froh, wenn sich überhaupt einer findet.

Platzeck selbst hat keine großen Ambitionen, jedenfalls nicht zu diesem Zeitpunkt. Er hat sich in den letzten anderthalb Jahren nicht geschont – erst der Landtagswahlkampf, dann die Kurskorrekturen in Brandenburg, außerdem die Bundesratspräsidentschaft und der Bundestagswahlkampf. Er will tief durchatmen, zur Kur fahren, weil er ziemlich fertig ist. Alles ist gebucht, mit Freundin Jeanette Jesorka abgesprochen – und nun das.

Er berät sich mit Freunden und Vertrauten in Potsdam und Berlin, führt ein Telefongespräch nach dem anderen, während viele ratlos herumsitzen, nicht wissen, wie es weitergeht. Zwischendurch ruft er Jeanette Jesorka an: »Da kommt etwas auf mich zu.« Er versucht Kurt Beck zu erreichen, der gerade Urlaub in Spanien macht, zunächst vergeblich. Als Beck dann zurückruft, bittet ihn Platzeck: »Kurt, du musst nach Berlin kommen.« Die beiden verabreden sich für den nächsten Tag. Als

Platzeck im Willy-Brandt-Haus von Genossen gefragt wird, ob er bereitstehen würde, antwortet er schon: »Prinzipiell ja.«

Er sieht wohl, dass alles auf ihn zuläuft, er will gewappnet sein und trifft Vorkehrungen. »Ehe er zu den Koalitionsverhandlungen fuhr, rief er mich an und bat mich, für den nächsten Abend ein Treffen in der Brandenburger Landesvertretung vorzubereiten«, erinnert sich Albrecht Gerber, sein Büroleiter. Eingeladen werden Landesvorsitzende, junge Landespolitiker. Als Platzeck das Willy-Brandt-Haus verlässt, antwortet er einem Fernsehreporter auf die Frage, ob er bereit sei, Verantwortung zu übernehmen: »Ich habe mich noch nie vor Verantwortung gedrückt.«

Es fällt auf, dass er nicht lange fackelt, dass er sich schnell entscheidet, noch Montagabend, nur wenige Stunden nach dem »Massaker«, wie es später genannt wird. Zumindest in Krisensituationen zögert er nie, das war schon auf den Oderdeichen so. Platzeck steht bereit – aber er will trotzdem Beck den Vortritt lassen, dem Älteren, in der SPD viel länger Verwurzelten. Beck ruft ihn am nächsten Morgen an, sagt ab: »Ich mache es nicht!« Er glaubt, dass er die verunsicherte Partei nicht in die Große Koalition führen und gleichzeitig Wahlkampf in Rheinland-Pfalz machen kann.

Damit sind die Würfel endgültig gefallen. Platzeck macht es, er lässt sich in die Pflicht nehmen, wie damals, als Potsdam an die PDS zu fallen drohte. Vor den Genossen, die sich Dienstagabend in der Landesvertretung Brandenburgs versammeln, sagt Platzeck für ihn typische Sätze: Er sei ehrgeizig, aber giere nicht nach Ämtern. Er wolle es mit Herzblut machen. Er könne die SPD jetzt nicht im Stich lassen, obwohl er seiner Freundin »ruhigere Jahre« versprochen habe. Mit Jeanette Jesorka, die sich sorgt, führt er ein langes Gespräch. Er brauche das Amt nicht für sich, für seine Selbstbestätigung, er sei ein glücklicher Ministerpräsident. Aber es sei sonst niemand da, der wählbar wäre.

Illusionen macht sich Platzeck keine. Er kennt das Risiko. Wie kann er die älteste deutsche Volkspartei aus ihrer bisher tiefsten

Krise führen? Er hat keine Hausmacht und nur einen der kleinsten Landesverbände hinter sich, er ist ein Ostdeutscher in dieser westdominierten Partei. Wie soll er, der erst vor zehn Jahren nach langem Zögern in die SPD eingetreten ist, diese verängstigte und zerstrittene Partei mit sich selbst versöhnen, die in den rot-grünen Regierungsjahren ihren Seelenfrieden verloren hat, die geübt darin ist, ihre Vorsitzenden zu verschleißen?

»Es ist ein Himmelfahrtskommando«, sagt er, als er mit einem Vertrauten telefoniert. Die Chancen auf einen Erfolg lägen bei 30 zu 70. Eine mögliche Niederlage kalkuliert er ein. Er ist Realist. Dass er es trotzdem macht, hat mit seinem Seelenfrieden zu tun. Er will sich später nicht vorwerfen lassen, gekniffen zu haben. Das würde er sich nie verzeihen. Und er will auch nicht als ewiger Nein-Sager gelten. Das würde ihm die Partei nicht verzeihen.

Der Parteivorstand nominiert ihn einstimmig. Einen ersten Eindruck davon, wie schwer es werden kann, bekommt Platzeck schon bei der Auswahl seiner künftigen Führungsmannschaft: Er will befrieden, die Flügel einbinden, Brücken bauen, wie er es in Potsdam als Oberbürgermeister getan hat, wie er es als Ministerpräsident versucht. Das entspricht seinem Naturell, seinem konsensorientierten Politikstil. Es ist typisch für ihn, dass er sogar Andrea Nahles als Vize-Parteichefin vorschlägt: Sie sei ihm wichtig, er wolle sie dabeihaben. Anderen im Parteivorstand ist die Abrechnung mit der »Verräterin« wichtiger – Nahles zieht ihre Bereitschaft zur Kandidatur zurück.

Platzeck hat nicht mehr viel gesagt in dieser Debatte, nicht eingegriffen, nur zugehört. Aber das Sittengemälde, das sich ihm in der sozialdemokratischen Führungsetage darbietet, beunruhigt ihn: Der Ton, in dem miteinander gesprochen wird, zeigt, wie weit sich manche Genossen von der Basis entfernt haben. Das soll ihm nicht passieren.

Zur selben Zeit tagt im »Ratskeller« in Babelsberg Platzecks Ortsverein, es ist der größte in Brandenburg und einer, der sogar wächst. Eigentlich ist das eine muntere Truppe, in der man lebhaft diskutiert. Aber jetzt sitzen gut zwanzig Genossen deprimiert zusammen, fassungslos darüber, was ihre Führung in Berlin da angerichtet hat. Dass man ohne Not den Parteichef abschießt, mitten in den Koalitionsverhandlungen. Und so mancher sorgt sich, dass das auch ihrem Matthias passieren könnte.

Und dann, gegen 23 Uhr, steht er plötzlich im Raum. Als hätte jemand einen Schalter umgelegt, ist die gedrückte Stimmung wie weggeblasen, er wird mit Jubel und Beifall begrüßt, wie eine anwesende Journalistin beobachtet. »Ja, lacht mich ruhig aus«, sagt Platzeck. »Aber eins sage ich euch gleich: Papst werde ich nicht auch noch. Schon wegen meiner Neigung zum anderen Geschlecht.« Dann plaudert er fröhlich über die Koalitionsverhandlungen. »Ein 35-Milliarden-Loch! Ich hab die Angie angeschaut und ihr gesagt: ›Wir kaufen uns besser ein Ticket und fahren nach Malle.‹« Lange kann er freilich nicht bleiben, er muss weiter. »Die allgemeine Heiterkeit im Ratskeller dauert genau so lange wie Matthias Platzecks überraschender Besuch: eine knappe halbe Stunde. Danach ist es, als sei der Zauber verflogen, und zurück bleibt der Ärger über eine Woche, die die Partei vorübergehend ins Chaos gestürzt und in ihren Grundfesten erschüttert hat.«[57]

Das entspricht der Stimmung in allen Ortsvereinen, ob in Babelsberg oder Bottrop. Sie ist so schlecht, dass Platzeck befürchten muss, das Gemetzel könnte auf dem Bundesparteitag in Karlsruhe, der am 14. November beginnt, weitergehen. Dazu will er es nicht kommen lassen. Er ist früh vor Ort in der Schwarzwaldhalle in Karlsruhe, führt Gespräche, wirbt für seine Führungsmannschaft. Natürlich nutzt er den traditionellen »Parteiabend«, den geselligen Teil jedes Bundesparteitags, für eine launige Ansprache. Viele Delegierte sind neugierig, kennen den Mann nicht, der am nächsten Tag gewählt werden soll.

»Wir müssen heute unserem bisherigen Kanzler Gerhard Schröder tschüss sagen. So einen wie ihn bekommen wir so schnell nicht wieder. Doris hat zehn Jahre auf ihn warten müssen. Jetzt hat sie ihn ganz. Doris, viel Spaß mit ihm«, sagt Platzeck und fährt, auf seine bürgerbewegte Vita anspielend, fort. »Der Gerd hat mir gesagt: Wenn ich Vorsitzender bin, werde ich zuerst einen Runden Tisch einrichten.« Kurze Pause. »Ich habe geantwortet: Das nicht, aber miteinander reden kann man ja, lieber Gerd.« Mit seiner Anspielung auf den Basta-Stil Schröders hat er die Lacher auf seiner Seite. Knapp zwei Stunden später zieht sich Platzeck ins Hotel vis à vis der Schwarzwaldhalle zurück. In seinem Zimmer brennt noch lange Licht. Er feilt bis zum frühen Morgen an seiner Bewerbungsrede, die auch eine Richtungsrede werden soll.

In der Stunde seines Triumphes profitiert Platzeck davon, dass er unterschätzt wird. Niemand hat damit gerechnet, dass das »Provinzei« die 500 Delegierten mit seiner Rede so elektrisieren kann, wie es in der Schwarzwaldhalle geschieht. »Er kommt aus dem Nichts und erobert die Herzen des Parteitags im Flug«, staunt etwa Gernot Erler, der linke Sozialdemokrat, während Platzecks Auftritt immer wieder von Beifall unterbrochen wird.

»Wir dürfen uns nicht selbst genug sein. Unsere Diskussionen dürfen nicht nur Selbstzweck sein«, mahnt Platzeck nach den Wochen der Selbstzerfleischung. »Wir brauchen eine Grundhaltung der Zuversicht und des engagierten Zupackens.« Er formuliert Grundlinien, den Anspruch, die SPD zur »prägenden Partei«, zur »Bildungspartei« Deutschlands zu machen. Er verortet sie in der »linken Mitte« des Parteienspektrums. Er sagt Sätze wie: »Nur aus dem funktionierenden Wechselverhältnis von modernem Sozialstaat und moderner Ökonomie wird in Deutschland zugleich neues Vertrauen in die eigene Kraft entstehen.«

Alles klingt irgendwie neu, irgendwie gut. Platzeck vermittelt den Delegierten das Gefühl, dass es wieder einen Kompass, eine Richtung, einen sozialdemokratischen Wertekanon gibt, was viele Genossen so schmerzlich vermisst haben. Er verspricht der unter Schröder und Müntefering zum Befehlsempfänger degradierten Partei einen offenen Dialog, stellt ganz nebenbei klar, dass er die Partei straff zu führen gedenke: Die gewählte Führung heiße so, »weil von ihr erwartet wird, dass sie die Partei führt«. Er hält sich nicht mit politischem Klein-Klein auf, vermeidet bewusst Reizworte wie Hartz IV oder Agenda 2010, überhaupt alles, was polarisieren könnte.

Man kann eine Stecknadel zu Boden fallen hören, als Matthias Platzeck nach 75 Minuten »noch zwei Worte« über sich sprechen will: Er erzählt von der Glienicker Brücke, in deren Nähe er aufgewachsen ist und über die er vor 16 Jahren, fast auf den Tag genau, erstmals wieder spazieren konnte. »Ich schäme mich nicht zu sagen, dass ich noch heute manchmal Sonntag früh, wenn dort kein Betrieb ist, über diese Brücke gehe und das Glücksgefühl immer wieder genieße.«

Er zitiert Willy Brandt, »dass nichts von Dauer« ist, dass man sich »immer den Blick für die Risiken und Chancen einer Gesellschaft offen halten« soll. Dann folgt, ganz beiläufig, eine Liebeserklärung, die ohne Kitsch und Pathos daherkommt. »Ich möchte mein Land, ich möchte unser Deutschland gegen kein anderes auf der Welt eintauschen. Es ist ein wunderbares Land.«

So emotional, so persönlich, so optimistisch hat schon lange niemand mehr zu den Delegierten eines SPD-Parteitags gesprochen. Wenn man es genau nimmt, hat Platzeck mit seiner Rede keinem Genossen einen Grund geliefert, ihn nicht zu wählen. Jeder fühlt sich angesprochen, Linke und Rechte, Junge und Alte, Gewerkschafter und »Netzwerker«. Matthias Platzeck, der Bergpredigt-Sozialdemokrat, hat alle umarmt.

Als das Ergebnis der Wahl verkündet wird, 512 von 515 Stimmen für den Vorsitzenden, ist die Sensation perfekt. 99,4 Prozent. Mehr als Willy Brandt, mehr als Schröder, mehr als Müntefering – ein besseres Ergebnis erreichte in der langen Geschichte der SPD nur Kurt Schumacher, und das war 1948. Aber das Ergebnis hat auch etwas Gefährliches, denn es schraubt die Erwartungen an den neuen Parteichef ins kaum Erfüllbare. Vielleicht ist die Stunde seines größten Triumphes ja der Urgrund für spätere Desillusionierungen.

Euphorie und Erfolgsgeheimnis

Warum es so gekommen ist, warum es vielleicht sogar so kommen musste, dass mit Matthias Platzeck auch die zweite deutsche Volkspartei von einem Ostdeutschen geführt wird, darüber ist viel geschrieben worden. Ohne den »Abstieg West«, ohne die Schwierigkeiten der westdeutsch geprägten Volksparteien bei der Selbsterneuerung ihrer Eliten wäre der »Aufstieg Ost« nicht möglich gewesen, hätten es Matthias Platzeck und wohl auch Angela Merkel kaum so weit bringen können. Es bleibt ein Paradoxon, dass in der ältesten sozialdemokratischen Partei Europas am Ende nur ein Seiteneinsteiger in Frage kam. Ausgerechnet einer, dem jeder »Stallgeruch« fehlt. Der im Wesen, im Denken, im Führungsstil so völlig anders ist als sein in der Partei beliebter und gefürchteter Vorgänger Franz Müntefering.

Platzeck, der »Anti-Münte«, hat davon profitiert, dass in der Generation der 45- bis 55-jährigen SPD-Politiker eine auffällige Personalnot herrscht, dass die Sozialdemokraten nur noch in ganz wenigen Bundesländern regieren und kaum aus einem Reservoir erfolgreicher Ministerpräsidenten schöpfen können, denen zuzutrauen wäre, die durch den Verlust der Kanzlerschaft traumatisierte Partei aus der Krise zu führen. Viele Genossen seiner Generation im Westen haben sich zudem in Flügel- und Verteilungskämpfen aufgerieben, kommen als »Integrationsfiguren« nicht mehr in Frage.

Genau genommen ist Platzeck in einem Vakuum an die Spitze der Partei gekommen, nicht durch eine nüchterne und differenzierte Entscheidungsanalyse. Die Genossen hatten Sehnsucht nach einem Erfolgreichen, einem Siegertypen, der schon bewiesen hat, dass man selbst dann, wenn die Partei in einer tiefen Krise steckt, noch Wahlen gewinnen kann. Matthias Platzeck bot sich als Einziger an, ihm traute man am meisten Fortune zu. Dass er ein Seiteneinsteiger ist, kam ihm sogar zugute, weil es ein starkes Bedürfnis nach unverbrauchten und unverstellten Politikern gibt, die nicht von der Pike auf durch Parteien geformt und nicht abgeschliffen sind.

Aber das Tempo von Platzecks Karriere bis zu ihrem vorläufigen Höhepunkt bleibt verblüffend: vom Abteilungsleiter Umwelthygiene in Potsdam zum Ministerpräsidenten in Brandenburg, in nur einem Jahrzehnt vom Eintritt in die SPD an ihre Spitze. Das passt zu der Art, wie er sich bewegt, wie er regiert, zur Geschwindigkeit seines Arbeitsalltags. Matthias Platzeck hat es immer eilig. Tempo, Tempo, keine Zeit verschwenden, das nächste Problem. Das war schon auf den Oderdeichen so, im Potsdamer Rathaus, das ist, wenn er als Ministerpräsident durchs Land fährt, nicht anders. Er geht nicht, er lebt im Laufschritt. Sogar beim Hochgebirgswandern hastet er als Erster den Berg hinauf.

Manfred Stolpe hat das schon früher beobachtet. Er spricht von Platzecks »doppelten Umdrehungen«. Es ist ein intensiver, belastender Lebensrhythmus. Man merkt Matthias Platzeck davon im politischen Alltag meist wenig an, er kann das gut mit seiner Fröhlichkeit und inneren Ruhe kaschieren. Er wirkt nie gehetzt. Aber ab und zu braucht er eine Auszeit, das war schon in seiner Zeit als Umweltminister so. Einmal verließ er völlig übermüdet eine Landtagssitzung, fuhr nach Hause, legte sich hin. Nach zwei Stunden kam er vergnügt zurück, setzte sich auf seinen Platz, als ob nichts gewesen wäre. Manchmal muss er ein paar Tage pausieren, das ist seine »Sabbat-Zeit«. Danach startet er neu durch. Platzeck selbst sieht es als eine Schwäche an, »sich die Zeit nicht immer so einteilen zu können, dass die Kraft auch reicht«.

Sein Tempo lässt Schlüsse auf seinen starken inneren Antrieb zu, erklärt aber nicht seinen Aufstieg. Der hat vor allem mit seiner Wirkung auf andere zu tun. Platzeck kann Menschen in andere Stimmungen versetzen. Psychologen behaupten sogar, dass er über gewisse manipulatorische Fähigkeiten verfügt. Dass er Menschen im Vier-Augen-Gespräch genauso für sich einnimmt wie auf Marktplätzen, Parteitagen oder beim diplomatischen Small Talk, wird ihm selbst von politischen Gegnern bescheinigt.

»Es ist seine offene Art, er geht auf Menschen sofort zu. Das schafft Vertrauen. Und er hat ein ausgeprägtes Gespür für Situationen«, sagt etwa Lothar Bisky, der Vorsitzende der Linkspartei/PDS, der anderthalb Jahrzehnte Oppositionsführer im Brandenburger Landtag war und Platzecks Entwicklung verfolgt hat. Der Christdemokrat Jörg Schönbohm, der sich mit dem Nachfolger von Manfred Stolpe an der Spitze der Brandenburger Landesregierung zunächst so schwer tat, sagt über ihn: »Er kann sich in die Gefühlswelt von Menschen hineinversetzen und sie mitnehmen, er hat eine begnadete Fähigkeit zur Kommunikation.« Sie schließt die immer wichtigere mediale Selbstinszenierung ein, bei der sich Platzeck nicht verstellen muss.

Die Hanseatin Wilma Simon, die mit ihm befreundete frühere Finanzministerin Brandenburgs, meint: »Er ist ein offener, selbstbewusster Typ. Und für einen Mann sehr emotional. Das ist seine Stärke. Offenheit kann jeden Widerstand sprengen.« So nehmen es auch Journalisten immer wieder wahr. Ob von der linken Tageszeitung »taz«: »Ein Strolchi ist er, ein unrasierter Lausbub mit blitzenden Augen. Ein begnadeter Kommunikator, der auf alle zugeht und für jeden die richtigen Worte findet. Unter Bauern redet er von Bodenständigkeit, unter Sozis von Gerechtigkeit, unter JournalistInnen und WählerInnen von der Verpflichtung zum Ehrlichsein ... Und jedes Mal wirkt er dabei Furcht erregend authentisch.«[58] Oder vom ostdeutschen Boulevard-Wochenblatt »Super-Illu«: »Ein Landesvater mit kurfürstlichem Habitus? Nein, Platzeck ist ein Kumpel-Typ geblieben. Einer, der sogar wildfremde Menschen in den Arm nimmt (Sympathie vorausgesetzt), der seinem Gegenüber geradeaus in die Augen schaut, der die Menschen mit seinem jungenhaften, ehrlichen Lachen für sich einnimmt.«[59]

In den Arm nehmen: Platzeck gewinnt Menschen nicht nur mit Worten, er setzt auch virtuos seine Körpersprache ein. Er ist jemand – für Politiker unserer Breiten eher ungewöhnlich –, der Berührungen nicht scheut, ja sucht, der gern Menschen anfasst. »Er hat jeden Alleebaum in Brandenburg umarmt«, spötteln Genossen aus dem dortigen Landesverband. Platzecks Körpersprache hat verschiedene Ausprägungen, abhängig vom Grad der Sympathie, die er für Menschen empfindet, von der Art der Beziehung, vom Anlass der Begegnung. Mal ergreift er beide Hände seines Gegenübers, schüttelt sie, reißt sie nach oben und unten. Mal fasst er einen eben noch Fremden am Arm, tätschelt ihn. Oder er legt seine Hand auf die Schulter eines Menschen, zieht ihn zu sich heran.

Platzeck stößt ganz selbstverständlich in den Halbmeterraum eines Menschen vor, in jenen Intimraum, den Nordeuropäer instinktiv um sich aufbauen und gegenüber Fremden verteidigen. Bei ihm wird das aber nicht als Übergriff oder Respektlosigkeit empfunden. Wenn er sich Menschen nähert, sie auf seine herzliche Art anfasst und umarmt, entwaffnet er sie – es ist wie eine freundliche Übernahme. So schafft er Nähe und lässt Hemmschwellen gar nicht erst entstehen. Er vermittelt Menschen nicht nur das Gefühl, dass er sich aufrichtig für sie interessiert, er tut es wirklich. Er muntert selbst mit seinen Gesten auf: Du schaffst das schon, wir kriegen das hin.

Dem Bochumer Spezialisten für Körpersprache Ulrich Sollmann, der Politiker und Manager berät, der die Körpersprache von Gerhard Schröder und vielen anderen in seinem Buch *Schaulauf der Mächtigen* analysierte, ist bei Platzecks Auftritten in Talkshows noch etwas anderes aufgefallen: Er spricht beispielsweise Sabine Christiansen, wenn sie eine Frage an ihn richtet, persönlich an – auch das ist eine Art der Berührung. Sollmann sagt, im Vergleich zu Politikern wie Gerhard Schröder und Franz Müntefering sei Platzeck völlig unprätentiös. Er verhält sich anders als andere, die unruhig auf ihren Stühlen hin und her rutschen, wie überspannte Flitzebogen wirken, nur auf eine Gelegenheit lauern, um aus der Warteposition nach vorn zu schießen, den anderen ins Wort fallen. Platzeck macht das nicht. Er erzählt in einer sehr einfachen, klaren Sprache mit einem guten Redefluss, nicht zu schnell und nicht zu langsam. »Er hat etwas Normales, nichts Aufdringliches. Er ist ruhig und sicher in seinem Körper.« Aber an einem kleinen Detail könne man merken, dass es in ihm arbeitet, dass er unter Spannung steht: »Sein Lidschlag ist unruhig.« Sollmann vermutet, dass in Platzeck »sehr viel in Bewegung ist, dass er sehr viel mit sich und in sich ausmacht«, dass er »eine enorme innere Power« hat, aber an seine tiefste Seele niemanden heranlasse, obwohl er ein sehr kommunikativer und dialogfreudiger Politiker sei. »Es gibt ein Zimmer, das er verschlossen hält.«

Der Modedesigner Wolfgang Joop, von Hause aus ein Spezialist in Fragen der Aura, glaubt, dass das Geheimnis von Platzecks Charisma in tieferen Schichten seiner Persönlichkeit liegt, in scheinbar Widersprüchlichem, das bei ihm eine Balance bildet. »Schon die ersten Eindrücke, die Matthias Platzeck vermittelt, sind so: Dieser Mann findet sein Leben schön, immer. Er hat etwas Positivistisches. Und er ist kein Lügner. Er kann zugleich fröhlich und ernst sein. Das strahlt er aus. Man merkt sofort, dass er nichts darstellen muss«, sagt Joop, der die Wurzeln einer solchen Mentalität in der Potsdamer, in der Brandenburger Landschaft vermutet. »Sein Habitus entspricht dieser ländlichen Gegend. Man kann sich Matthias Platzeck als Bauer mit Spaten und in Gummistiefeln vorstellen und genauso gut als Intellektuellen, als abstrakt Denkenden.« Auch deshalb komme keine Distanz auf, egal mit wem Platzeck spreche. Und noch etwas beobachtet Wolfgang Joop an Platzeck, etwas Widersprüchliches, das nicht völlig zu ergründen ist: »Er hat das ewig Studentische des nie älter werdenden großen Jungen, des ewigen Sohns. Er ist so, wie wir alle sein wollen. Er ist wirklich keine Vaterfigur, aber er vermittelt trotzdem ein beschützendes Gefühl: Mit Matthias kann einem nichts passieren. Man fühlt sich bei ihm gut aufgehoben. Vielleicht liegt es daran, dass er selbst so sicher wirkt. Er strahlt Sicherheit aus.« Eine Eigenschaft, die gerade in Zeiten wachsender Ängste und Unsicherheiten für Parteiführer und Staatslenker wichtig wird.

Platzeck ist ein Menschenfreund, ein »Kümmerer«, der Freude daran hat, anderen zu helfen. Sein Tag besteht aus tausend Dingen, vieles klärt er nebenbei. Da rufen alte Freunde an, Unternehmer, Parteigenossen, die ein Anliegen, die Sorgen haben. Er hört zu, fühlt mit, kümmert sich. Er lässt auch nach vielen Jahren in der Politik immer noch Probleme sehr nahe an sich heran. Es fällt ihm schwer, Nein zu sagen. Andere sind da abgebrühter.

Der Potsdamer Historiker Hartmut Knitter, der einige Jahrzehnte am dortigen Stadtmuseum arbeitete und so etwas wie das »Gedächtnis der Stadt« ist, hat das erlebt: Im Frühjahr 2002 starb Knitters Frau, er fühlte sich, als wäre er »in 10 000 Meter Höhe aus einem Flugzeug geschleudert worden«. Und dann lag plötzlich ein Brief in der Post. Absender: Matthias Platzeck, damals Oberbürgermeister. Dabei waren sich beide nur einige Male flüchtig begegnet, kannten sich nicht näher. »Es war ein sehr persönlicher Brief, zwei Seiten, handgeschrieben von A bis Z«, erzählt Hartmut Knitter, der noch heute, wenn er darüber spricht, »tief bewegt« über diese Anteilnahme ist. Es gibt viele solcher Geschichten.

In die Kategorie des klassischen Machtmenschen, der Bünde schmiedet und Gegner gnadenlos aus dem Weg räumt, passt Platzeck nicht. »Über Matthias Platzeck zu schreiben ist eine undankbare Aufgabe. Denn was bei Schröder, Kohl oder Adenauer ohne Probleme funktioniert: die Untiefen des Machtmenschen an die Oberfläche zu holen – das scheint bei Matthias Platzeck verlorene Liebesmüh. Der Nachfolger Stolpes als brandenburgischer Ministerpräsident ist aus anderem Holz geschnitzt als die klassischen westdeutschen Politprofis, die ihren Machiavelli zwar nicht gelesen, aber doch verinnerlicht haben. Nichts vom Zynismus eines Talleyrand oder Fouché, nichts von Bismarcks eisernem Willen zur Staatsräson«, stellte der konservative Publizist Alexander Gauland einmal fest.[60]

Platzeck ist keiner, der Spaß an Intrigen hat, sie widersprechen seinem Selbstverständnis. Weil sie am Ende auch nicht helfen, weil man sich selbst fesselt. Wer eine Intrige spinnt, verpflichtet sich anderen gegenüber auf eine unfeine Art und Weise. Irgendwann wird er davon eingeholt. Vielleicht ist seine Karriere auch deshalb so erstaunlich geradlinig verlaufen, weil er die Erfahrung gemacht hat, dass es auch anders geht, ohne Verschlagenheit, ohne Intrigen. Zumindest bisher war das so.

Allerdings war er in seinem Brandenburger Nest, wo die politischen Sitten milde sind, selbst auch nie ernsthaft in Gefahr, Opfer von Intrigen zu werden. Platzeck war nie gezwungen, Gegenstrategien zu entwickeln, er war unangefochten, dafür sorgten schon Manfred Stolpe und Rainer Speer. Das unterscheidet ihn auch von Angela Merkel, die seit 1990 Bundespolitikerin ist und sich Überlebenstechniken für die »Schlangengrube« antrainieren musste.

Und doch ist Matthias Platzeck ein Machtmensch, auch wenn man die unsympathischen Seiten dieses Politiker-Typs bei ihm kaum entdecken kann. Ohne Durchsetzungsstärke, ohne Härte hätte er es nicht so weit bringen können. Und erst recht nicht ohne Ehrgeiz. Dass er selbst immer betont, keine Karriereplanung zu betreiben, muss da kein Widerspruch sein. Er ist keiner der drängelt, der jeden wissen lässt, dass er nach oben will. Sein Ehrgeiz richtet sich vordergründig auf die aktuelle Aufgabe und nicht auf das nächste höhere Amt. Es ist kein reiner Altruismus. Wer so herangeht, wer sich auf die Tagesaufgabe konzentriert, kann gelassener leben – und damit rechnen, dass sich alles Weitere automatisch fügt. Ein leiser Weg nach oben.

Typisch dafür ist folgende Episode: Nach seinem Rücktritt als Regierungschef sagte Manfred Stolpe 2002: »Jetzt soll er mal acht bis zehn Jahre Ministerpräsident sein, in maximal zehn Jahren ist er dann Bundeskanzler.«[61] Als Platzeck vom TV-Talkmaster Reinhold Beckmann kurz darauf mit Stolpes Aussage konfrontiert wurde, gab er eine für ihn bezeichnende Antwort: »Ich kann mir nicht vorstellen, in die Politik zu gehen und zu sagen: Da will ich hin, und dann rüttle ich am Zaun.« Dass es bei Gerhard Schröder funktioniert habe, ließ Platzeck nicht gelten. Es gebe Unzählige, bei denen es nicht geklappt habe und die darüber ganz unglücklich geworden seien. Er sei Ministerpräsident eines Landes, das er liebe. »Alles andere wäre unverschämt.«[62]

Platzeck, ein »Anti-Machiavelli«, pflegt einen anderen Stil. Er hat in der DDR Demut gelernt. Damit kommt er in einer Zeit, in der die Politikverdrossenheit kaum noch zu überbieten ist, in der überzeugende Integrationsfiguren fehlen, gut an. Tina Hildebrandt beschrieb das in der »Zeit« so: »Als die Mauer fiel, da kam ihm die Welt dahinter so fremd vor wie eine entfernte Galaxie. Er hat sie, wie die wenigen bundesweit erfolgreichen Politiker aus dem Osten, schneller begriffen als sie ihn. Platzeck erkannte, dass man in dieser Gesellschaft, die so reformbedürftig wie veränderungsunwillig ist, nichts so sehr schätzt wie Menschen, die, wie man so schön sagt, auf dem Teppich bleiben. Er sah eine Gesellschaft, die Politiker will, die gleichzeitig vor Führungsstärke und Zurückhaltung platzen, zu denen man aufschauen kann, die aber nicht zu einem herabschauen. Deshalb wartet Matthias Platzeck meistens, bis die Aufgaben ihn übernehmen.«[63]

Sein vermittelnder, nicht auf Krawall ausgerichteter Stil trifft den Zeitgeist. Platzeck will überzeugen, nicht dekretieren. Das dauert vielleicht länger und ist für die konfliktsüchtigen Medien auch nicht besonders aufregend. Aber die Akzeptanz ist größer, die Entscheidungen sind vielleicht tragfähiger. Seine konsensorientierte Politik hat zudem den Vorteil, dass man sich weniger Feinde, weniger Gegner macht, dafür auf ein größeres Netzwerk von Verbündeten zurückgreifen und die eigenen Energien auf die Lösung von Problemen konzentrieren kann.

Platzeck hatte, was ebenfalls zum Geheimnis seines Erfolges gehört, bei seinem rasanten Aufstieg auch viel Glück: Er traf immer auf Menschen, die ihn gefördert und geschützt haben, von denen er lernte. Das war schon zu DDR-Zeiten so und auch danach, als Manfred Stolpe und Gerhard Schröder es gut mit ihm meinten. Und schließlich profitierte er auch von günstigen Konstellationen. Das beste Beispiel ist die Geburt des Deichgrafen. Das Oderhochwasser 1997 hat Platzeck bundesweit bekannt gemacht, er konnte sich als Krisenmanager profilieren. Es war Zufall, dass es in Polen und Tschechien tagelang so heftig regnete. Man kann noch so gute Potenziale mitbringen, es nutzt nichts, wenn man keine Gelegenheit bekommt, sie zu beweisen. Platzeck bekam sie. Und es gibt noch einen Umstand, der ihm geholfen hat. Er war in der Regionalliga, in der er 15 Jahre spielte, auf seinen Posten offenbar der Beste. Allerdings gab es in Brandenburg auch keine Konkurrenz für ihn.

Ernüchterung und das Prinzip Platzeck

Als SPD-Vorsitzender spielt Matthias Platzeck in der Bundesliga, hier geht es härter und ungleich schneller zu als im provinziellen Brandenburg, hier gelten andere Maßstäbe. Er steht unter permanenter Beobachtung, jede Bewegung, jeder Auftritt, jede Aussage wird von Presse, Funk und Fernsehen registriert, kommentiert, seziert. In Brandenburg hat er es als Ministerpräsident mit einem Dutzend Korrespondenten zu tun, in Berlin als Parteivorsitzender mit 300.

Und er hat Konkurrenz, härteste sogar: Bundeskanzlerin Angela Merkel sammelte nach ihrem Amtsantritt Ende November 2005 fleißig Punkte. Sie galt plötzlich als der neue Star der deutschen Politik, reiste um die halbe Welt, war jeden Tag auf den Bildschirmen präsent, wirkte erstaunlich souverän, was sich schnell in den Beliebtheitswerten niederschlug. Als sich Merkel im Januar 2006 an Platzeck vorbeischob, die SPD als Juniorpartner der Union in den Umfragen immer weiter hinter der CDU zurückblieb, machte sich Ernüchterung über den neuen Vorsitzenden breit – in den Medien, aber auch in der Partei.

Eigentlich war das absehbar. Ein Kanzler steht immer im Rampenlicht, wird naturgemäß in den Medien stärker beachtet als ein Parteivorsitzender, der nicht der Bundesregierung, nicht einmal dem Bundestag angehört. Und eine frische Kanzlerin, die sich gut einführt und keine Fehler macht, kann nur an Ansehen und Autorität gewinnen. Platzeck hingegen startete von einer undankbaren Außenposition, nicht mittendrin, sondern eher am Rande. Die Medien erwarten Fulltime-Politiker, die sie mit Schlagzeilen füttern, ständig für ein Statement bereitstehen. Platzeck ist im Hauptjob Ministerpräsident geblieben, führt die Partei ehrenamtlich. Als Teilzeit-Vorsitzender kann er nicht ständig auf der Berliner Bühne und den Bildschirmen präsent sein, so wie Angela Merkel, und er will es auch gar nicht.

Denn Platzeck sieht sich weniger für die Tagespolitik zuständig, sondern für die »langen Linien«, für die Erneuerung der Partei. Er will die eingeschlafene Grundsatzprogramm-Debatte in der SPD neu anstoßen. Nach seiner Wahl skizzierte er, wie er sich die deutsche Sozialdemokratie der Zukunft vorstellt: als »Partei der Zupacker«, weder »sozialnostalgisch« noch »marktradikal«. Vor allem aber als die deutsche Bildungspartei, die gute und gleiche Bildungschancen für alle organisieren muss – das ist für ihn die »soziale Gerechtigkeitsfrage« des 21. Jahrhunderts. Wenn man genauer hinsieht, ist es seine Vision vom »zupackenden Land«, wie er sie in seinem neuen Leitbild für Brandenburg Anfang 2005 offenbart hat.

Eigentlich hatte er auch beim Parteitag in Karlsruhe nichts anderes verkündet. Dort wurde er von den Genossen noch umjubelt, von den Medien gefeiert. Jetzt ist das Echo in der einstigen Arbeiterpartei verhalten, in den notorisch ungeduldigen Medien kritisch. Immer öfter wird die Frage gestellt, wofür der hoffnungsvoll Gestartete eigentlich steht, wohin er die Sozialdemokratie in der Ära nach Gerhard Schröder und Franz Müntefering führen will. Es fällt auf, wie einhellig dies geschieht, quer durch den Medienwald, mit welcher Wucht – und das in den ersten 100 Tagen.

Man wirft ihm Führungsschwäche vor, er löse sich nicht aus dem Schatten seines allgegenwärtigen Vorgängers Franz Müntefering, der als Vizekanzler und Arbeitsminister ohne Abstimmung mit dem Parteichef ankündigte, die Rente mit 67 Jahren schon früher als vorgesehen einzuführen. Man kreidet Platzeck an, »zu zögerlich, zu schwammig, zu durchsichtig« zu sein. Man vermisst »klare inhaltliche Ansagen« und spricht von einem »Aufbruch ins Ungefähre«, vom »unvollendeten Matthias-Evangelium«, von einer »Apologie der Worthülsen«. Man hält ihm vor, kein »Sachwalter harter politischer Themen« und ein »politisches Leichtgewicht« zu sein.

Auch manche Politikwissenschaftler legen es als Schwäche aus, dass Platzeck eindeutige Positionen zu Themen wie Staatsfinanzen, Arbeitslosigkeit und Wachstum vermeidet. »Sein Problem ist, dass er keine klaren und festen inhaltlichen Positionen bezieht. Er ist merkwürdig allgemein«, findet etwa Jürgen Dittberner von der Universität Potsdam. »Platzeck neigt dazu, zu appellieren, zu moralisieren, und meint, dass das Politik ist.« Es reiche aber nicht, das Gute anzusprechen, er müsse auf drängende politische Fragen auch Antworten geben können.

Aus der Ruhe bringen lässt sich Matthias Platzeck dadurch nicht. Er ist lange genug im Geschäft, er kennt die Mechanismen. Auf Euphorie folgt Ernüchterung. Es gibt immer ein Auf und Ab. Platzeck konnte auch gar nicht sofort den Überblick über alle bundespolitischen Themen haben, weil er viel zu kurz SPD-Vorsitzender war. Er braucht ohnehin eine gewisse Warmlaufzeit, um auf Tempo zu kommen. Das war auch in Brandenburg so, auch hier gab es Phasen der Ernüchterung, wenn Platzeck neue Ämter übernahm und die Schwierigkeiten über ihn hereinbrachen. Auch hier wurde nach seinem Profil gefragt, wurden politische Akzente vermisst. Als er zum Landesvorsitzenden seiner Partei und zum Ministerpräsidenten gewählt wurde, bekam er zu hören, dass er sich nicht deutlich genug von Jörg Schönbohm und dessen CDU abgrenze.

Aber zum Polarisierer taugt Matthias Platzeck ohnehin nicht. Es ist eine seiner politischen Grundüberzeugungen, dass Koalitionen zum Scheitern verurteilt sind, wenn ihre Partner sich permanent bekriegen. Er hat ein anderes Verständnis von seiner Rolle als ehrenamtlicher Parteivorsitzender außerhalb der Bundesregierung. Er ist nicht in der Exekutive. Er will so wenig wie möglich in aktuelles Regierungshandeln eingreifen, weil er Konflikte provozieren würde. In der SPD tue sich mancher schwer damit, dass ein Ministerpräsident die Partei führt, sagte Platzeck selbst. Das hat es in der Geschichte nur bei Willy Brandt und bei Björn Engholm gegeben. Diese Beispiele illustrieren, dass alles Weitere offen ist: Brandt hatte Erfolg und wurde Kanzler, der freundliche Engholm scheiterte nach 23 Monaten an der Parteispitze.

Aber seltsam mutet es schon an, dass die Partei erst in trauter Genossen-Eintracht Platzeck euphorisch wählte, um kurz darauf, als die SPD in den Umfragen abstürzte, zu beklagen, dass er »zu allgemein« sei. Platzeck hat sich nicht geändert, er ist der, der er immer war. »Die SPD hat verdrängt, dass sie als verbrauchte Kraft in die Regierung gegangen ist«, sagt Manfred Güllner, Chef des Meinungsforschungsinstituts Forsa. »Man kann von Platzeck gar keine kurzfristigen Erfolge erwarten, weil die SPD nicht kurzfristig aus ihrem Tief zu holen ist.« Schließlich sei die Partei seit 1945 in Kommunen und Ländern noch nie so schwach verankert gewesen wie jetzt. Deshalb hält es Güllner für »absolut richtig«, dass Platzeck langfristiger herangeht, »sich nicht im Alltagsgetümmel der Großen Koalition zerreibt«. Weil es kein Patentrezept gebe, könne er auch nur sehr allgemein die Richtung vorgeben.

Die inhaltliche Zurückhaltung Platzecks hängt auch mit seinen Erfahrungen beim Zusammenbruch der DDR zusammen – und der immer augenfälligeren Krise des bundesdeutschen Modells, das im Vergleich zu anderen Ländern Europas zumindest wirtschaftlich und sozial keines mehr ist. Willy Brandt, Platzecks Vorbild, hatte schon im November 1989 nach dem Fall der Mauer gemahnt: »Nichts wird wieder so, wie es einmal war. Dazu gehört, dass auch wir im Westen nicht an mehr oder weniger schönen Parolen von gestern gemessen werden.«[64]

Platzeck übernahm 16 Jahre danach eine SPD, die auf Willy Brandt nicht gehört hat.

Jetzt steht fast alles zur Disposition, was jahrzehntelang zu den Selbstverständlichkeiten dieser alten Bundesrepublik gehörte: gut abgefederte soziale Sicherungssysteme, wachsender Wohlstand, kurze Arbeitszeiten. Und trotzdem ist in Deutschland immer noch eine merkwürdig ahistorische Überzeugung von der eigenen Unverletzlichkeit verbreitet, auch in der SPD. Es ist Platzecks tiefe Überzeugung, dass Parteien und Politiker einfach nicht die Antworten auf alle Fragen geben können, die ihnen eine Zeit der Umwälzungen stellt. Er weigert sich, so zu tun, als hätte er »die Weisheit mit Löffeln gefressen«.

Einer, der sich nicht darüber wundert, für den Platzeck da wie ein offenes Buch erscheint, ist Gerd Gebhardt. Jener frühere Wegbegleiter und Mentor, der den Untergang der DDR ziemlich exakt vorhersagte, der mit dem damaligen Umweltkontrolleur Platzeck in den 80er Jahren über seine Forschungen zur »Selbstorganisation von Systemen« diskutierte: dass komplizierte Systeme schnell chaotisch werden und kollabieren, wenn nicht rechtzeitig auf Krisen reagiert wird. Moderne Gesellschaften seien so komplex, die Eigendynamik sei so groß, dass die Steuerungsmöglichkeiten der Politik gering sind, konstatiert Gebhardt. »Niemand kann mehr einen Masterplan machen. Ideologische Rezepte haben ausgedient, weil Ideologien die moderne Welt nicht mehr abbilden.« Die Politik habe nur wenige Stellschrauben, aber sie könne den Versuch unternehmen, dass sich Akteure nicht gegenseitig blockieren.

Hier setzt das »Prinzip Platzeck« an. Weil es keine einfachen Steuerungsmethoden gibt, um alles in den Griff zu bekommen, weil man nicht alles analysieren, planen und vorhersehen kann, geht er anders vor: Er moderiert, er versucht Debatten anzustoßen, Weichen zu stellen, einen Stimmungswandel herbeizuführen. Platzeck will Blockaden beenden, Menschen zusammenbringen, Energien freisetzen, Kräfte verstärken. So hat er es als Oberbürgermeister in Potsdam und als Ministerpräsident in

Brandenburg getan, so versucht er es auch als Vorsitzender der SPD.

»Platzeck hat offenbar begriffen, dass man in einer komplexen Gesellschaft nur durch Moderation, nur durch indirekte Lenkung erfolgreich sein kann. Und dass man auf sich selbst verstärkende Kräfte setzen kann, wenn es gelingt, die Stimmung zu verbessern«, konstatiert Birger Priddat, Professor für Politische Ökonomie an der Zeppelin-Universität Friedrichshafen, ein Spezialist für die Komplexität moderner Gesellschaften. Die inhaltliche Zurückhaltung Platzecks hält er für ein »kluges Herangehen«.

Eine »indirekte Führung« durch Moderation sei keine Schwäche, sondern »für eine moderne komplexe Gesellschaft im Wandel viel realitätstauglicher«. Ein moderner Parteiführer könne nur noch eine bestimmte »Richtung vorschlagen«, einen »Horizont eröffnen«, aber nicht als Vorgabe, sondern »als Vorschlag, als Angebot«, erklärt Priddat. Er könne ja nie genau wissen, wie sich die Mitspieler verhalten. Er könne das Ergebnis einer Debatte nicht kennen, nicht vorwegnehmen. »Demokratie bedeutet eben Absprache, Koordination und Überzeugen.«

Der Wissenschaftler bringt es auf eine provokante Formel: »Diffusität ist deshalb eine neue Normalität in der Politik. Alle Klarheit ist Theater.« Wer wie Platzeck indirekt führe, habe in einer komplexen Gesellschaft bessere Aussichten, seine Ziele zu erreichen, sagt der Wissenschaftler. »Ein komplexes System ist immer schlauer als unsere Entwürfe. Es gibt darin immer mehr Wege, als wir erkennen können. Darauf kann man setzen, damit kann man rechnen.« Am Ende klappt eben vieles doch. Man kann das auch intelligentes Improvisieren nennen. Und das Improvisieren gehört zum Prinzip Platzeck – es war in der DDR eine Überlebenstechnik.

Mit fehlenden Zielen, wie ihm manchmal unterstellt wird, hat das nichts zu tun. Platzeck hat Vorstellungen, wie die Gesellschaft einmal aussehen soll. Aber die Wirklichkeit ändert sich viel zu schnell, als dass es einen linearen Weg zum Ziel geben könnte. Was alles noch schwieriger, komplizierter macht: Die Politik muss inzwischen Reformen anpacken, ohne deren Wirkungen exakt vorhersagen zu können.

Platzeck hat das in einer für Politiker ungewöhnlichen Offenheit einmal ausgesprochen. In einem Interview ist der Befürworter der rot-grünen Agenda 2010 im Oktober 2004 von Stephan-Andreas Casdorff, einem der beiden Chefredakteure des »Tagesspiegel«, gefragt worden, ob er sich sicher sei, dass die eingeleiteten Reformen Deutschland wirklich aus dem Tal holen. Platzeck antwortete damals: »Es wäre anmaßend, die absolute Gewissheit zu haben. Wir können nur an verfügbaren Stellschrauben drehen. Niemand weiß hundertprozentig, ob es die richtigen sind. Und wir wissen auch nicht, wie sich die Welt ringsum entwickelt, mit der wir untrennbar vernetzt sind.« Und nachdenklich hat er hinzugefügt: »Manchmal macht mir das Angst. Politik sollte manchmal auch demütiger sein.«[65]

Ausblick

16. November 2009. Es ist 10 Uhr 31, als im Bundestag das Ergebnis offiziell bekannt gegeben wird. Angela Merkel, die in der ersten Reihe auf der Regierungsbank sitzt, hat es schon ein paar Minuten vorher per SMS erfahren. Sie lächelt – sie ist zum zweiten Mal zur deutschen Kanzlerin gewählt worden. Die CDU hat die Bundestagswahl mit neun Prozentpunkten Vorsprung vor der SPD gewonnen. Wahlforscher sind sich einig, dass nicht nur der Amtsbonus der Kanzlerin, die mit den Jahren lockerer geworden ist, den Ausschlag gab. Die Wähler straften die SPD für Dauerquerelen in der Großen Koalition ab. Matthias Platzeck ist nicht im Bundestag, als die Kanzlerin vereidigt wird. Noch am Abend der Bundestagswahl hatte er die Verantwortung für die Niederlage übernommen und seinen Rücktritt vom Amt des SPD-Vorsitzenden erklärt. Anschließend flog er für vier Wochen in die USA, um endlich seinen Jugendtraum

wahr zu machen: eine Reise im Auto auf der Route 66 quer durch die Vereinigten Staaten – von Ost nach West.

So kann es kommen – muss es aber nicht. Die Szene im Herbst 2009 kann auch so aussehen: Matthias Platzeck wird zum neuen Kanzler der Bundesrepublik Deutschland gewählt. 380 Ja-Stimmen, 223 Nein-Stimmen. Angela Merkel, die bisherige Unionskanzlerin, ist eine der Ersten, die dem 55-Jährigen gratuliert. Sie zwinkert ihm kurz zu und sagt leise: »Viel Glück, Matthias!« Er drückt sie für einen Moment und gibt ihr einen Kuss auf die Wange. Die beiden haben einen kurzen, fairen Wahlkampf geführt, ihre persönliche Beziehung hat nicht gelitten. Dann umarmt Platzeck seine Frau und seine drei Töchter. Kaum einer hatte es für möglich gehalten, dass er es doch noch schafft: Seine Partei hat die Wahl knapp vor der Union gewonnen, was den Sozialdemokraten seit Gründung der Bundesrepublik erst zum vierten Mal gelang. Weil es für Rot-Grün nicht reicht, gibt es wieder eine Große Koalition, aber diesmal mit umgekehrten Vorzeichen. Die CDU ist Juniorpartner. Platzeck, der 2007 ins Bundeskabinett eintrat und Vizekanzler wurde, hat seinen Wahlkampf nach bewährtem Brandenburger Muster geführt: Er ging auf die deutschen Marktplätze, diskutierte mit den Menschen. Der neue Kanzler wird schon am nächsten Morgen zu seiner ersten Auslandsreise aufbrechen – nach London, Paris, Moskau und Peking. Auf dem Rückflug will er kurz in Finnland Station machen.

Doch zurück aus der Zukunft. Es kann auch ganz anders kommen. Geschichte ist deshalb so spannend, weil sie unberechenbar ist. Und sie wird, weil sich alles immer schneller verändert, immer unberechenbarer. Deshalb würde Matthias Platzeck auch nie eine Prognose abgeben, wie es mit ihm weitergeht. Er konzentriert sich auf die Gegenwart. Er wird alles tun, um vor einem Wechsel nach Berlin geordnete Verhältnisse in seiner Brandenburger Heimat zu hinterlassen. Und er wird, da er sehr ehrgeizig ist, alles daran setzen, die SPD mit sich selbst zu versöhnen und ihr ein neues Programm zu geben. Gelingt ihm das, hätte er eine gute Ausgangsposition im Kampf um das Kanzleramt 2009. Konkurrenz muss er in der SPD nicht wirklich fürchten. Ein vergleichbar charismatischer Parteiführer ist dort nirgendwo in Sicht.

Es sieht so aus, als würde alles auf ein Duell der beiden Ostdeutschen hinauslaufen. Es würde ein spannender Showdown, vielleicht der spannendste, den es in der Geschichte der Bundesrepublik je gab. Über die Gemeinsamkeiten von Matthias Platzeck und Angela Merkel ist viel geschrieben worden: Sie sind gleichaltrig, im Osten in bürgerlich-protestantischen Elternhäusern aufgewachsen, von Hause aus Naturwissenschaftler. Die beiden Seiteneinsteiger haben es ohne Hausmacht in ihren Parteien ganz nach oben geschafft, und das auch noch in vergleichsweise kurzer Zeit.

Sie sind Pragmatiker, unideologisch, an Lösungen interessiert. In den Umbruchzeiten haben sie gelernt, dass sich die Wirklichkeit nicht nach Parteiprogrammen richtet. Beide suchen den Konsens, scheuen aber auch nicht den Konflikt, wenn das nötig ist. Beide sind ehrgeizig, aber nicht profilierungssüchtig. Sie haben genügend Geduld für die Mühen der Ebene, für eine Politik der kleinen Schritte. Sie wissen, dass die Zeiten großer Würfe längst vorbei sind. Dass die Politik nur noch begrenzte Möglichkeiten hat und das Wenige, das getan werden kann, umso konsequenter angepackt werden muss.

Beide sind alte Bekannte, sie kennen sich schon aus der letzten DDR-Volkskammer. Und aus der Zeit, als Angela Merkel Umweltministerin in Bonn und er Umweltminister in Brandenburg war. Helmut Kohls »Mädchen« und Manfred Stolpes Kronprinz. Angela Merkel und Matthias Platzeck schätzen und respektieren sich, sie kommunizieren viel miteinander. Sie haben sich schon auf den Oderdeichen geduzt.

Noch interessanter als die Gemeinsamkeiten sind die Gegensätze, die sich in ihren unterschiedlichen Politikstilen, Mentalitäten, ihren Wirkungen auf Menschen offenbaren. Das kann, weil Personen in der Politik wichtiger werden als Programme,

Im Gespräch mit Angela Merkel während der Veranstaltung zur Unterschrift des Koalitionsvertrages am 18. November 2005

weil die Unterschiede zwischen den Volksparteien verschwimmen, den Wahlausgang beeinflussen. Angela Merkel hat ihre ostdeutsche Herkunft immer versteckt, sich dem westdeutschen Politikertyp voll angepasst. Sie wollte besser sein, und sie wurde es. Matthias Platzeck hingegen verleugnet seine ostdeutsche Herkunft nicht, er betont sie sogar, auch wenn er kein »Ober-Ossi« sein will, sondern sich als gesamtdeutschen Politiker sieht.

Vom Typus her können sie kaum gegensätzlicher sein: Angela Merkel ist eine Technikerin der Macht, analytisch, nüchtern, sie gilt eher als distanziert. Aber sie beherrscht die Klaviatur, hat mächtige Männer der deutschen Politik besiegt: Helmut Kohl, Edmund Stoiber, Gerhard Schröder. Matthias Platzeck ist ein Menschenfänger, offen, warmherzig, einnehmend, er gewinnt im direkten Dialog, kann Verstand und Herz ansprechen. Es ist diese besondere Mischung aus Gemeinsamkeiten und Gegensätzen, die einen Wettkampf der beiden so spannend machen würde.

Nach ihrem Aufstieg im Herbst 2005 – sie ins Kanzleramt, er an die Spitze der SPD – sind beide Verbündete, sie wollen den Erfolg der Großen Koalition in Berlin. Aber der Zeitpunkt wird kommen, wo aus den Verbündeten Gegner werden, beide gegeneinander kämpfen müssen. Man kann davon ausgehen, dass es eine faire Auseinandersetzung wird, ohne Verunglimpfungen und Gemeinheiten, wie man sie von Gerhard Schröder, von Politikern der 68er-Generation kennt. Die beiden werden einander auch danach in die Augen sehen können. Der politischen Kultur in der Bundesrepublik kann das nur gut tun.

Das Rennen ist offen. Angela Merkel, oft unterschätzt, hat gute Karten. Aber man sollte auch Matthias Platzeck nicht unterschätzen. Wer das tut, wird womöglich überrascht – von seinem Aufstieg zum Bundeskanzler.

Anmerkungen

1 Welt am Sonntag, 30.6.2002
2 Ebenda
3 Stern Nr. 46, 10.11.2005
4 Bild Berlin, 15.11.2005
5 Ebenda
6 Spiegel Nr. 45, 7.11. 2005
7 Welt am Sonntag, 30.6.2002
8 Spiegel Nr. 45, 7.11.2005
9 Potsdam in alten und neuen Reisebeschreibungen, Düsseldorf: Droste Verlag 1992, S. 252f.
10 Die Zeit, 30.10.2003
11 Welt am Sonntag, 30.6.2002
12 Thüringer Allgemeine, Lokales Ilmenau, 5.11.2005
13 Stern Nr. 46, 10.11.2005
14 Günter Gaus, Wo Deutschland liegt, Eine Ortsbestimmung, München: dtv, 1987, S. 117
15 Tageszeitung taz, 14.11.2005
16 Potsdam in alten und neuen Reisebeschreibungen, a.a.O., S. 271
17 Tageszeitung taz, 14.11.2005
18 Mit tschekistischem Gruß. Berichte der Bezirksverwaltung für Staatssicherheit Potsdam, Edition Babelturm, 1990, S. 69
19 Ebenda, S. 161
20 Tagesspiegel, 9.11.2004
21 Tageszeitung taz, 26.9.2000
22 Stern Nr. 46, 10.11.2005
23 Tageszeitung taz, 26.9.2000
24 Cicero, Dezember 2005, S.69
25 Katrin Bluhm/Peter Schüler, Fraktion Bündnis 90/Bündnis. Ein Tagebuch aus Brandenburg, Münster: agenda Verlag, 1996, S. 27

26 Ebenda, S. 32
27 Tageszeitung taz, 26.9.2000
28 Tagesspiegel, 21.9.1992
29 Bluhm/Schüler, Fraktion Bündnis 90/Bündnis, a.a.O., S. 98
30 Ebenda, S. 197
31 Ebenda, S. 202
32 Ebenda, S. 223
33 Die Zeit, 11.11.2005
34 Ebenda
35 Tagesspiegel, 28.6.1995
36 Die Zeit, 11.11.2005
37 Berlin und Brandenburg – Ein Land? Berlin: Nicolai Verlag, 1996, S. 217
38 Bluhm/Schüler, Fraktion Bündnis 90/Bündnis, a. a. O., S. 153
39 Ebenda, S. 167
40 Tagesspiegel, 16.2.1996
41 Tageszeitung taz, 8.8.1997
42 Ebenda
43 Tagesspiegel, 17.3.1999
44 Berliner Kurier, 17.9.2000
45 Frankfurter Allgemeine Zeitung, 22.6.1996
46 Frankfurter Rundschau, 24.7.2002
47 Süddeutsche Zeitung, 4.10.2002
48 Super Illu 41/2004
49 Süddeutsche Zeitung, 4.10.2002
50 Dagmar Enkelmann, Mein Brandenburg, Potsdam: edition rotdorn, 2004, S. 21
51 Spiegel Nr. 34, 18.8.2003
52 Frankfurter Rundschau, 20.9.2004
53 Financial Times Deutschland 21.09.2004
54 Die Zeit, 4.5.2005
55 Spiegel Nr. 44, 31.10.2005
56 Spiegel Nr. 45, 7.11.2005
57 Tageszeitung taz, 5.11.2005
58 Tageszeitung taz, 27.6.2002

59 Super Illu 41/2004
60 Die Welt, 3.11.2005
61 Tagesspiegel, 6.10.2003
62 Der Hauptstadtbrief Nr. 72, Dezember 2005
63 Die Zeit, 3.11.2005
64 Willy Brandt, Erinnerungen, Ullstein Verlag 1990, S. 504
65 Tagesspiegel, 17.10.2004

Bildnachweis

ddp, Berlin: S. 123
Stern/Picture Press, Hamburg: S. 23, 25, 32
Marco Urban, Berlin: S. 55, 247
dpa, Frankfurt am Main: S. 80
Andreas Varnhorn, Bad Vilbel: S. 87
Manfred Thomas, Potsdam: S. 145
Rainer Weisflog, Cottbus: S. 177
Privatbesitz Matthias Platzeck: S. 9

Danksagung

Wir bedanken uns bei allen, die zum Zustandekommen dieser Biografie beigetragen haben, insbesondere bei unseren vielen Gesprächspartnern für ihre Offenheit. Wir danken Matthias Platzeck, der den Zeitpunkt für das Erscheinen einer Biografie zwar als »viel zu früh« ansieht (»Ich will das eigentlich nicht!«), doch trotz seiner sehr knappen Zeit für intensive Gespräche zur Verfügung stand. Für kritische Anregungen sagen wir Frank Jansen, Peter Tiede, Tobias Dürr Dank.

Personenregister